GUIDO KNOPP

BIS DASS DER TOD
UNS SCHEIDET

죽음이 우리를 갈라놓을 때까지

귀도 크놉 지음 | 신철식 옮김

울력

죽음이 우리를 갈라놓을 때까지

지은이 | 귀도 크놉
옮긴이 | 신철식
펴낸이 | 강동호
펴낸곳 | 도서출판 울력
1판 1쇄 | 2013년 11월 25일
등록번호 | 제10-1949호(2000. 4. 10)
주소 | 서울시 구로구 고척로4길 15-67 (오류동)
전화 | (02) 2614-4054
FAX | (02) 2614-4055
E-mail | ulyuck@hanmail.net
값 | 16,000원

ISBN | 979-11-85136-03-5 03900

이 도서의 국립중앙도서관 출판시도서목록(CIP)은
서지정보유통지원시스템 홈페이지(http://seoji.nl.go.kr)와
국가자료공동목록시스템(http://www.nl.go.kr/kolisnet)에서
이용하실 수 있습니다.(CIP제어번호: CIP2013024011)

· 잘못된 책은 바꾸어 드립니다.
· 옮긴이와 협의하여 인지는 생략합니다.

BIS DASS DER TOD
UNS SCHEIDET

차례

일러두기

1. 이 책은 Guido Knopp의 *Bis dass der Tod uns scheidet* (Econ, 2005)을 텍스트로 하여 번역하였다. 원서에 수록된 이미지들은 저작권 문제가 해결되지 않아 이번 판에는 수록하지 못했다.
2. 본문에서 책과 신문 등은 『 』으로 표시하였다. 그리고 영화와 연극 작품 등은 〈 〉으로 표시하였다.
3. 옮긴이의 주는 본문 중에 [ ] 안에 넣어 옮긴이의 주임을 표시하였다.
4. 각 장의 시작 부분에 사용된 사진의 출처는 다음과 같다. 19쪽 Picture Alliance(Frankfurt am Main); 73쪽 Keystone Pressedienst(Hamburg); 133쪽 개인 소장 사진; 189, 245쪽 Ullstein Bild(Berlin).

서문

사랑은 일반적으로 사적인 영역의 일이라고 사람들은 말한다. 하지만 국가 지도층 인사들에게도 이런 말이 통용될까? 그들의 하루는 주로 공적인 자리에 모습을 드러내고 공적인 결정을 내리는 일들로 꽉 차 있다. 그들의 일상은 엄청난 개인적 희생을 요구하는 고통스러운 일의 연속이다. 그렇다면 클린턴 부부, 그레이스 켈리와 레니에 3세, 괴벨스 부부, 다이애나 비와 찰스 왕세자, 소라야 왕비와 팔레비 왕은 얼마나 개인적인 삶을 누릴 수 있었을까? 그들 모두에게 결혼이란 "삶의 동반자가 되는 것"이라는 일반적인 의미와는 전혀 다른 것이었다.

우리 일반인들은 권력을 소유한 이 유명 인사들에 관한 이야기 중에 그들의 연애사에 더 인간적으로 공감을 느끼게 된다. 사랑에 빠지고, 정열을 불사르고, 서로 호감을 느끼고, 또한 실망감을 느끼기도 하고, 실수를 하기도 하고, 질투심에 불타오르기도 하는 그런 감정들이 우리들에게 매우 친숙한 것들이기 때문이다. 꿈꾸던 관계가 좌절되고 파트너가 낯설게 느껴지는 쓰라린 감정들까지도. 이러한 감정들이 가진 위력 앞에 우리 모두는 노출되어 있다. 심지어 그런 감정과는 무관할 것 같은 국가 지도층 인사들까지도 말이다.

많은 국가 지도자들에게 이런 감정은 일종의 딜레마이다. 왜냐하면 지도자들은 사려 깊고 신중한 사람으로 보이고 싶어 하지만, 동시에 감정도 없는 차가운 사람으로 비치고 싶지는 않기 때문이다. 사랑도 좋지만 어떠한 경우에도 업무에 영향을 끼쳐서는 안 되기 때문이다. 그 때문에 대중들은 보통 예법에 따라 격식을 갖추어 등장하는 모습이나 연출된 개인적 삶의 겉모습만을 보게 된다. 아주 드물게 감추어진 삶의 본모습이 잠시 드러나기도 하지만, 그때는 이미 결혼 생활이 파국에 이르고 난 뒤이다. 그렇게 되면 환상적인 부부라는 이미지가 왜곡된 것에 불과했다는 사실이 적나라하게 드러나게 된다. 연애사와 공적인 업무, 개인사와 대중 앞에 모습을 드러내는 일은 결코 서로 분리될 수 없는 것이다. 앞으로 다룰 다섯 쌍의 부부들에 관한 이야기들이 이 점을 너무나 분명하게 보여 줄 것이다. 국가 지도층 인사들의 삶에서 사랑과 권력은 항상 혼재되어 나타난다. 연애 사건이 국가적인 스캔들로 발전할 때 무슨 일이 일어날 수 있는지 클린턴 부부의 예가 잘 보여 준다.

그 당시 세상에서 가장 막강한 권력자였던 빌 클린턴은 대중들에게 통통한 백악관 인턴 직원과 정사를 가졌으며 이 불미스런 사건의 진실을 몇 달 동안 숨겼다고 고백해야만 했다. 유례가 없던 이 진흙탕 싸움을 통해 아주 외설스런 세세한 부분까지 공개되었다. 힐러리는 대중의 사랑을 받지는 못했지만, 존경받는 퍼스트레이디에서 몇 주 사이에 미국에서 가장 심한 굴욕을 당한 여자로 전락하고 말았다.

예의 그렇듯이, 모든 것이 낭만적으로 시작되었다. 힐러리와 빌은 예일대학 법학부를 다닐 때 서로에게 한눈에 반해 사랑에 빠졌다. 재능 있는 법학도였던 힐러리는 자신의 경력을 뒤로 하고 남자 친구를 따라 촌구석인 아칸소 주로 따라갔고, 그곳에서 빌은 정치 무대에 혜성처럼 등장한 스타가 되었다. 빌 클린턴은 32살의 나이로 주지사가 되었고, 힐러리는 썩 내키지 않았지만 주지사 부인 역할을 수행했다. 귀여운 딸아이를 얻은 것은 그들의 결혼 생활에서 가장 행복한 순간이었다. 클린턴 부부는 더 높은 자리에 어울리는 사람들로 여겨졌는데, 1992년 드디어 성공을 거두게 된다. 클린턴이 미국의 42대 대통령으로서 워싱턴 백악관에 입성하게 된 것이다.

혜성처럼 등장해 급격한 신분 상승을 이루긴 하였지만, 이 시기부터 이미 암울한 그림자가 드리워지기 시작했다. 클린턴이 주지사 시절 호감을 가지고 대했던 젊은 여성들로부터 계속 좋지 않은 말들이 나왔다. 힐러리는 항상 남편의 든든한 버팀목이 되었지만, 남편만큼 대중의 사랑을 받지는 못했다. 주위의 모든 사람으로부터 호감을 받는 남편에 비해 그녀는 항상 냉정하고 권력을 좇는 여성이라는 나쁜 평판에 맞서 싸워야만 했다. 이런 상황이 워싱턴에 입성한 뒤에도 그다지 많이 바뀌지는 않았다. 사람들은 힐러리를 권력욕에 사로잡힌, 클린턴의 후견인으로 여겼다.

클린턴 정부 시절, 정치적으로는 대단한 성과가 있었지만, 개인사적으로 보면 클린턴 부부는 불행했다. 클린턴 부부에 대한 조사가 계속적으로 이루어졌다. 처음에는 부동산 투기 의혹에 대하여, 나중에는 혼외정사에 대한 조사가 진행되었다. 마침내 1998년 1월에 스캔들이 불거져 나왔다. 르윈스키 스캔들은 그의 대통령직, 특히 그동안 쌓아 왔던 그의 명성을 송두리째 앗아갈 뻔했다. 그럼에도 불구하고 힐러리는 언제나 그의 편이었다. 그녀는 클린턴과 자신의 결혼 생활을 지키기 위한 투사가 되었다. 그렇게 그녀는 스캔들을 헤쳐 나오는 과정에서 적어도 대중들에게는 강한 인상을 남겼다. 그녀가 보여준 절제된 행동과 신뢰는 존경심을 불러일으켰다. 힐러리 클린턴은 전직 영부인으로서 고위 관직에 취임한 최초의 여성이다. 2000년에 그녀는 뉴욕 주 상원 의원으로 당선되었다. 이런 일련의 과정은 익히 잘 알려진 상투어가 이따금 실제와는 맞아떨어지지 않는다는 점을 보여 준다. 정말로 여자는 남자보다 분석적이지 않을까? 그러면 무엇이 힐러리 클린턴으로 하여금 "이혼이라는 간단한 절차"를 택하지 않도록 했을까? 만약 이혼을 했다면, 미국 대통령 클린턴은 정치적 퇴진을 선택할 수밖에 없었을 것이다. 아마도 그것은 힐러리의 정치적 꿈, 특히 미국 최초의 여성 대통령이 되려는 그녀의 꿈이 종말을 고하는 것을 의미하였을 것이다.

아마도 영국 역사상 가장 비극적인 결혼으로 기록될 찰스 왕세자와 다이애나 비의 결혼 또한 클린턴 부부의 경우와 같이 복잡한 양상을 띤다. 정치적인 계산과 사랑 사이에 감추어진 날카로운 무언의 대립은 가장 오래된 입헌군주국인 영국을 위태롭게 만들 수도 있는 파국으로 몰고 갔다. 다이애나 스펜서는 웨일즈의 왕자를 사랑했고, 정말이지 그를 공경했다. 이와 달리 엘리자베스 여왕과 대중들의 계속되는 압력에 시달리며 자신의 많은 나이 때문에 압박을 받고 있던 찰스는 무엇보다도 윈저 왕가를 존속시켜 줄 수 있는 여성을 찾고 있었다. 즉, 예의범절이 바르고 호감이 가며, 고결하고 '숫처녀이며,' 신교도이고 귀족적인 품위가 있으며 아름다운 외형을 갖춘 여성을 선택하려 했던 것이다. 다이애나 비는 지나치게 경건한 마음의 소유자도, 특별히 반항적인 성격의 소유자도 아니었으며, 특별한 재능을 가진 사람도 아니었다. 한마디로, 왕족들의 눈에는 그녀가 바로 적임자로 보였던 것이다!

찰스 자신은 물론 의구심을 가지고 있었다. 한번은 그가 절친한 친구에게 속내를 털어놓은 적이 있었다. "이 나라와 나의 가족들을 위해 정말로 올바른 결정을 내리고 싶다. 그러나 난 가끔 혹시 평생 후회할 지도 모를 약속을 하게 될 지도 모른다는 생각에 몸서리치곤 해." 1980년 가을, 언론이 두 사람 사이의 관계에 대해 눈치를 챘을 때 느꼈던 압박감은 이루 말할 수 없을 정도였다. 국민들은 열광했고, 사태는 걷잡을 수 없는 지경으로 빠져들었다. 찰스의 오랜 연인 카밀라 파커 볼스조차 그에게 다이애나와 결혼하라고 다그쳤다. 그녀 형부의 말처럼, 카밀라는 "다이애나를 멍청하고 제정신이 아니라고 생각했고, 그래서 찰스가 그녀를 손쉽게 다룰 수 있을 거라고 생각했다." 결국 찰스는 왕실과 왕위 계승권을 확실히 보장해 줄 적임자가 다이애나라고 확신하기에 이른다.

1981년 2월 24일에 거행된 약혼식 기자회견에서는 왕실에서의 이들의 결혼 생활이 어떠할지 미리 엿볼 수 있는 순간이 있었다. 눈치 없는 한 기자가 두 사람이 서로 사랑하고 있는지 질문을 했다. "그럼, 물론이죠!"라고 다이애나는 그를 비웃는 듯한 미소를 지으며 대답했다. 그러나 찰스는 머뭇거리며, "사랑을 어떤 의미로 부르든지 간에 말이죠"라고 덧붙였다. 늦었지만 이때라도 젊은 신부는 일이 잘못되어 가고 있다는 경고음을 인지했어야 했다. 일반적으로, 대단한 사랑 이야기라면, 더구나 영연방 국가에서 가장 결혼하고 싶은 대상 1순위와 연관된 사랑 이야기라면, 그러한 유보적인 표현을 쓰지는 않을 것이다. 다이애나가 이미 찰스와 카밀라의 관계에 대해 어느 정도 알고 있었음에도 불구하고, 세기의 결혼식은 런던의 유명한 세인트 폴 대성당에서 예정대로 거행되었다. 다이애나는 이로써 연적을 밀어냈다고 믿고 싶었을 것이다. 언론들은 이런 현실과는 달리 그녀를 신데렐라 공주로 묘사하고 있었다. 결혼식 날 캔터베리 대주교는 "이것은 동화의 소재가 될 만한 일이다"라고 말했다. 그러나 옛 동화 속의 결혼은 환상적인 결론으로 그 끝을 맺지만, 이 결혼은 이제 곧 그 모든 환상들이 깨어지게 각본이 짜여 있었다. 세기적인 이 결혼은 혼외정사, 말도 안 되는 삼류 희극 같은 일들로 점철되어, 결국 이혼이라는 파국을 맞게 된다. 결국, 영국 왕실과 언론 그리고 전 세계가 그렇게 보고자 했던 왕실의 러브스토리는 이루어지지 않았다. 다이애나가 파리의 센 강을 지나는 터널 속에서 교통사고로 목숨을 잃었을 때, 그녀는 완전히 신화가 되었고, "사람들 마음속에 자리한 왕비"가 되었다.

왕세자비로서의 불행했던 그녀의 삶은 비극적인 결말을 맞았다. 다이애나는 윈저 왕가에서 그녀의 임무를 충실히 수행했다. 찰스 왕세자의 미래와 무관하게 윌리엄과 해리 두 왕자 덕분에 왕가는 확고하게 존속하게 되었다. 대중들의 비판에서 자유롭고 전해 내려오는 도덕관이 없는 세습군주국에서도 직계 혈통은 왕가 존속의 영원불변한 전제 조건이다. 이란 팔레비 왕과 소라야 왕비의 관계도 천일야화에 나오는 동화처럼 시작되었다.

그것은 첫눈에 반한 사랑이었다. 국왕은 열여섯 살인 소라야 에스판디아리의 사진 한 장을 보고는 "바로 이 사람이야"라고 말했다. 이 미인은 양갓집 출신이었다. 그녀의 아버지는 페르시아의 영주였고, 어머니는 독일인이었다. 열여덟 살 때 그녀는 페르시아 국왕의 두 번째 아내가 되어 왕비 자리를 차지하게 되었다. 그러나 그들의 관계는 처음부터 저주를 받은 것처럼 보였다. 소라야는 대사를 치르기 전에 티푸스라는 중병을 잃었고, 그 때문에 결혼식을 수차례 연기해야만 했다. 동화처럼 왕비가 된 그녀는 특히 독일 여성들에게 숭배의 대상이었고, 50년대의 다이애나 비였으며, 그녀들의 꿈을 대리 충족시켜 주는 일종의 대리 왕비였지만, 불길한 전조들이 처음부터 소라야를 괴롭혔다. 그녀와 국왕 사이에 진솔한 사랑의 감정이 불타오르고 있었는데, 두 사람 지인들의 얘기와 왕비가 남긴 개인 사진들이 그들 두 사람의 밀접한 관계를 증명해 준다. 그러나 왕의 꿈은 시작도 전에 끝난 것처럼 보였다. 결혼식 직후에 서방 강대국들 사이에서 이란의 석유를 둘러싼 다툼이 일어났고, 부부는 테헤란의 불안한 정국을 피해 망명길에 올랐다. 불과 며칠 뒤에 국왕은 미국 CIA의 도움을 받아 왕권을 되찾았다. 소라야는 위기가 그들 관계를 더욱 돈독하게 만들었다고 느끼고 있었다.

그러나 이 환상적인 커플은 7년 동안 자식을 가지지 못했다. 가슴이 아팠지만, 이 때문에 팔레비 왕은 자신의 아내를 내쳐야 했다. 권좌를 유지하기 위해서는 후사가 있어야 한다는 국시에 따라 이혼이 결정되었다. 소라야에게 지불된 위자료는 수백만 달러에 달했고, 온갖 보석으로 가득 찬 보석함도 주어졌다. 그러나 그녀가 지불했던 대가는 그 이상이었다. 소라야가 죽을 때까지 다시 결혼을 하지 않았던 것과 달리, 팔레비 왕은 이혼하고 불과 여섯 달 뒤에 다시 약혼식을 올렸다.

페르시아 왕의 새로운 부인은 이 나라에 그토록 고대하던 아들을 선사했다. 이제 국왕은 왕위 계승자를 얻게 되었다. 하지만 이란 혁명 기간인 1979년에 그는 망명길에 올라야 했기 때문에 왕권은 더 이상 의미가 없어졌다. 팔레비 왕이 젊은 시절에 다른 여인에게 흠뻑 빠져 있었다는 사실에 대해서는 잘 알려져 있지 않다. 그는 20대의 동년배이자 은막의 여왕이었던 그레이스 켈리와 사귄 적이 있었다. 그러나 두 사람에게 이 만남은 아마도 장난 같은 연애 그 이상의 의미는 아니었던 것 같다. 그레이스 켈리가 이 만남을 통해 왕실 세계의 매력에 빠져든 것은 아니었을까?

무엇보다도 부모가 원하던 결혼상을 충족시켜 주기 위해서 그레이스 켈리는 수많은 남성의 구애를 물리쳤다. 모나코 군주인 레니에 대공이 청혼했을 때 비로소 그녀의 마음이 흔들렸다. 결혼은 순식간에 이루어져서 절친한 친구들조차도 놀라지 않을 수 없었다. 1956년 봄, 25개국에서 1,200여 명 이상의 사람들이 몬테카를로의 모나코 대성당으로 몰려들었다. 신랑은 제복을 입고 있었고, 신부는 그녀가 마지막으로 일했던 MGM 영화사로부터 선사받은 드레스를 입고 있었다. 많은 사람들은 전통을 고수하는 귀족 출신과 변덕스러운 쇼 비즈니스 세계 출신의 이 낯선 만남을 아주 이상하게 받아들였다. 그러나 할리우드 스타와 유복한 귀족 간의 결혼은 처음부터 성사될 그 나름의 이유가 있었다. 수많은 사람들에게 환상의 영역을 제공하는 두 꿈의 세계가 이 결혼을 통해 하나가 되기 때문이었다. 그레이스 켈리는 모나코의 왕비가 되어 아내이자 어머니로서 그녀가 영화를 찍었던 장소이기도 한 코트다쥐르의 지중해 연안에서 살았다. 영화계의 스타 배우가 상류 귀족인 공비가 되었고, 그럼으로써 모나코는 국제 사교계의 새로운 메카가 되었다. 언제나처럼 그레이스 켈리는 이 역할도 완벽하게 소화해 냈다. 그녀는 모나코 왕국이 오랫동안 고대하던 왕세자를 선사했고, 이 고루한 귀족 가문에 매력적이고 세련된 스타일을 가져다주었다. 어느 누구도 그녀처럼 사랑받았던 왕비는 없었다.

그러나 정작 그녀의 삶도 많은 문제로 어려움을 겪고 있었다. 그녀의 매력이 곧 그녀의 행복을 의미하는 것은 아니었기 때문이다. 언어적인 어려움, 궁정의 엄격한 의전 규범, 이미 오래전부터 서먹해진 남편 등, 이 모든 것들이 그녀의 삶을 어렵게 만들었다. 그녀는 다른 사람들이 이런 사실을 눈치 채지 못하도록 행동했지만, 항상 이혼을 염두에 두고 있었다. 이 부부는 마지막에 가서야 그레이스 켈리가 그토록 갈망했던 화합을 이룰 수 있었다. 그녀의 죽음 또한 그녀의 삶과 마찬가지로 파란만장하고 수수께끼 같았다. 1982년 가을, 그녀는 곡선 도로에서 자동차 추락 사고로 목숨을 잃었다. 그녀의 막내딸인 스테파니 공주는 중상을 입었지만 살아남았다. 그레이스 켈리는 오늘날 신화가 되었다. 보잘것없던 소녀가 왕비가 된 아메리칸드림의 전형이 되었다.

제3제국의 모범 부부 역할을 했던 괴벨스 부부가 보여 주었던 모습은 앞서 기술한 부부들과는 전혀 다르다. 요제프와 막다 괴벨스는 전혀 롤 모델이 될 만한 사람도 아니었으며, 대중매체의 주목을 받는 사람도 아니었다. 히틀러가 마지막 순간까지 벙커에서 결혼을 하지 않았기 때문에, 괴벨스 부부는 나치 제국의 정상 내외는 아니었지만 모범적인 부부상을 보여주는 역할을 했다. 나치의 최고 지도자들이 정상적인 가족 관계를 유지하지 못하고 있었기 때문이기도 했지만, 이 "키 작은 박사"는 자신의 가족을 국민들의 모범이 되는 가족으로 부각시키려 했다.

요제프 괴벨스와 같은 타입의 선전선동가, 범죄자에게 사랑과 같은 인간적인 감정이 일어나는 일은 매우 드문 일이겠지만, 두 사람이 같이 지낸 처음 몇 해 동안을 기록한 그의 일기에는 이런 감정들이 드러난다. 비록 소유하고 있다는 자부심이라든지 자아 확인과 같은 심리가 그에게 우세하게 나타나고 있었지만 말이다. 어쨌든 그가 1931년에 부유한 기업가와 이혼한 이 이혼녀와 결혼한 것은 처음부터 정치적 목적을 띠고 있었다. 막다는 괴벨스에게 사교계에 어울릴 수 있도록 그에 걸맞은 예의범절을 가르쳐준 사람이었다. 히틀러가 정권을 잡고 괴벨스를 제국 선전장관으로 임명함으로써 두 사람의 목적은 달성된 것처럼 보였다. 그들은 이제 새로이 국가가 부여한 역할을 수행하게 되었다. 하지만 초창기에 서로에게 열정적이었던 시기가 지나자 그들 관계에 금이 가기 시작했다. 요제프 괴벨스는 부인의 후견인 노릇을 하고자 했으나, 부인 스스로는 독립적인 역할을 수행하길 원했다. 그들 관계는 점점 소원해졌다. 괴벨스는 부인의 후견인 노릇을 가장으로서의 당연한 권리라고 생각했고, 막다는 히틀러와 밀접한 관계를 다시 구축하려고 했다. 이 때문에 괴벨스의 결혼은 애초부터 삼각관계였던 것처럼 보였다.

전쟁이 발발하기 오래전부터 결혼 생활은 엉망이었다. 히틀러가 개입한 덕분에 겨우 별거라는 상황을 막을 수 있었으며, 이로써 선전용 부부의 파국을 피할 수 있었다. 더 이상 사랑과 애정이 결혼 생활의 근간이 되지 못하자, 이 결혼 생활을 유지시켜 준 것은 국가사회주의 이념이었다. 독일인들은 괴벨스 부부가 전쟁이 끝날 무렵 자살로 생을 마감하면서 여섯 명의 자식 목숨까지 앗아간 것을 알고 나서야 비로소 이들 부부의 결혼이 실제로는 부서지기 쉬운 허약한 토대 위에 맺어진 것임을 알게 되었다.

세 쌍의 입헌군주국 부부, 한 쌍의 대통령 부부, 그리고 비인간적인 이데올로기에 인간적인 허상을 덧씌운 한 쌍의 선전용 부부. 교회 결혼식 가운데 나오는 "죽음이 우리를 갈라놓을 때까지"라는 구절이 이 다섯 쌍의 부부들에게도 특별한 방식으로 구현되고 있다. 즉, 그들의 모든 관계가 파트너의 삶에 지속적인 영향을 미치고, 대중매체와 일반 대중들에 의해 유명하게 된 이런 관계를 어느 누구도 궁극적으로 끝내지 못하는 식으로 말이다. 이는 대중들이 이상적이거나 모범이 되는 인물들에게 들이대곤 하는 높은 도덕적 잣대, 동시에 많은 "평범한 인간들"은 결코 충족시킬 수 없는 척도가 무엇인지 보여 준다. 그러나 이것은 저명한 부부들에게서 나타나는 하나의 특징이

기도 하다. 일반 대중들은 그들의 결혼 생활에 자신들이 추구하는 행복과 완벽함을 투영한다. 국가 수장의 위치에 있는 인사들의 사생활에도 대부분 예외 없이 이런 현상이 나타나는데, 이와 달리 아주 평범한 사람들은 특히 자신의 배우자에 대해서 이런 현상을 보인다. 이 다섯 쌍의 부부들의 삶의 단면들은 그들 주위에 있던 대중들에 의해 일상적이고 특별한 순간들과 행복하고 비극적인 순간들을 담고 있는 흥미진진한 모습을 띠게 되었다. 각각의 이야기들은 흔적을 남겼는데, 다음 장들에서 이를 다루게 될 것이다.

클린턴 부부

HILLARY UND BILL CLINTON

스캔들이 대중들에게 알려진 뒤에
대중매체와 정적들은 클린턴 부부의
사생활을 즐기듯 낱낱이 파헤쳤다.
개인사가 전 세계의 이목을 집중시킨 것은
전대미문의 일이었다.
이를 통해서 고통스럽고
유감스러운 일들이 드러났다.
그리고 이에 대해 많은 사람들이
던지고자 했던 질문들보다
더 많은 것에 대한 답이 이루어졌다.
그러나 아직 답이 없는 채로
남아 있는 것이 하나 있다.
클린턴 부부가 그럼에도 불구하고
왜 아직까지
부부 관계를 유지하고 있는가?

1998년 8월 어느 날 저녁, 한 무리의 남자들은 뒷문으로 들어오라는 지시를 받았다. 벌써 날은 어두컴컴했지만 발각될 위험이 있었다. 왜냐하면 수많은 기자들이 워싱턴의 펜실베이니아 가 1600번지에서 일어나는 모든 움직임을 주의 깊게 살펴보고 있었기 때문이다. 밥 비트먼은 전혀 긴장하지 않았다. 오랫동안 법률가 생활을 해 온 그는 어떤 일이 있어도 침착함을 유지했다. 물론 그에게도 오늘과 같은 상황은 전혀 경험하지 못했던 일이었다. 동료와 함께 그는 사람이 보이지 않는 백악관 복도로 안내되었다. 그들은 일명 맵 룸 Map Room 앞에 도착했다. 그들의 목적지였다. 비트먼은 ZDF[독일 공영 TV: 옮긴이]와의 인터뷰에서 "매우 조용했다. 우리는 거기 서서 누군가가 우리를 불러들일 때까지 기다렸다"고 회상했다. 마침내 문이 열렸을 때, 이 특별조사위원회의 직원은 자신의 경력에서 경험한 가장 기이한 장면 중의 하나를 두 눈으로 보게 되었다. 의사 한 명, 변호사 한 명과 함께 미합중국 대통령이 자리하고 있었다. 빌 클린턴은 그들에게 매우 정중하게 인사를 했는데, 심지어 자기 이름을 소개하기도 했다고 비트먼은 회상했다. "대통령께서 착석하시고 오른팔을 걷어 올리셨다. 그리고 의사가 피를 뽑기 위해 가압대를 그의 팔에 둘렀다.” 클린턴의 변호사는 무거운 분위기를 조금 풀어보려고 농담을 던졌다. 그는 항상 이러한 상황에 처한 의뢰인을 보고 싶었다며 싱긋 웃었다. “대통령께서는 거기 앉으셔서… 그를 물끄러미 바라보셨다. 그는 농담이 전혀 웃기지 않는다고 생각하셨다.”

검사용 피를 뽑은 뒤에 위원회 직원들은 백악관을 떠났다. 가방에는 몇 밀리그램의 중요한 증거가 들어 있었다. 거짓말로 얼버무릴 수 없는 증거였다. 왜냐하면 DNA 분석을 통해 클린턴-르윈스키 스캔들에서 나온 증거물 중에서 가장 치명적인 증거물에 남아 있는 수상쩍은 흔적이 그의 것과 일치됨을 밝힐 것이기 때문이었다. 그 증거물은 사랑에 빠진 인턴 직원 모니카가 대통령과 가진 그들만의 시간에 입었던 푸른색 옷이었다. 빌 클린턴은 1998년 8월 그날 밤에 무슨 생각을 했고 어떤 감정을 느꼈는지에 대해서는 결코 밝히지 않았다. 그러나 그는 이제 모든 것이 세상에 알려지게 될 것이라는 점은 분명히 알고 있었을 것이다. 그가 거짓말한 것을 세상 사람들이 알게 될 것이라는 것을, 그리고 아내 힐러리가 이 모든 것을 알게 될 것이라는 것을 말이다.

2주 뒤인 8월 15일에 일이 시작되었다. 클린턴은 아침에 아내에게 모니카 르윈스키와의 불륜에 대해 고백했다. 이틀 뒤 늦은 밤에 그는 TV를 통해 대국민 연설을 했다. “부적절한 관계”를 가졌다는 것이었는데, 자리가 위태로웠던 대통령이 궁지를 벗어나기 위해 의도적으로 만들어 낸 표현이었다. 물론 많은 사람들이 오래전부터 이런 내용을 추측하기는 했다. 하지만 이 공식적인 고백은, 특히 뒤이어 진행된 사건의 전개 방식은 세계에서 가장 힘 있는 남자에게 가늠할 수 없을 정도의 굴욕을 안겨 주었다.

미국 보수 진영의 분노와 여타 세계의 경악감이 잦아들자 이야기는 극히 진부한 내용으로 정리가 되었다. 매력적인 대통령과 이에 홀딱 반한 인턴 직원이 오벌오피스에서 십대 아이들이 주차장에서나 할 법한 행동을 저질렀다는 내용이었다. 대통령의 과실에 대한 케니스 스타 특별검사의 자세한 보고서, 일명 스타 보고서는 대부분의 미국인들이 절친한 친구들로부터도 결코 들을 수 없고, 또 많은 사람들이 전혀 알고 싶어 하지도 않는 상세한 내용을 밝혔다. 거기에는 시가를 일반적이지 않은 용도로 사용한 것에 대한 얘기[모니카가 시가로 자위행위를 한 뒤 그 시가를 피운 것을 가리킴: 옮긴이]와 대통령이 오벌오피스에서 "일을 치르는 중"이었기 때문에 대통령 일정을 "연기한" 얘기 등 많은 이야기들이 들어 있었다. 스타 검사가 꼼꼼하게 작성한 이 리스트는 전 세계 대부분의 사람들에게 가십거리를 제공했다. 이 스캔들은 수백만 달러의 비용이 들어간 조사를 시작하게 한 원인을 제공했고, 이 조사로 인해 수개월 동안 중요한 정치적 사건들이 헤드라인에서 밀려나게 되었다.

가장 오래된 이 민주 국가는 자기 대통령의 성생활에 대한 품위 없는 말싸움들을 통해 바나나 공화국과 같은 소국 수준으로 전락했고, 그 명성은 계속 훼손되었다. 그와 달리 빌 클린턴은 놀랍게도 이 쓰라린 스캔들로부터 아무 상처도 받지 않고 벗어날 수 있었다. 그를 상대로 미국 역사상 두 번째로 진행된 대통령에 대한 탄핵 절차는 무산되었다. 또한 그는 이미 중임을 한 상태였기 때문에 국민투표를 통해 심판을 받아야 할 선거도 없었다. 오늘날 빌 클린턴은 원로 정치가로서 세계에서 가장 명망 높은 사람 중의 하나가 되었다. 그의 연설료는 상상 이상이며, 그의 자서전 『나의 인생』은 밀리언셀러가 되었다. 그러나 오늘날까지도 한 사람의 반응에 대해서 만큼은 정말 어떻게 해석해야 할지 아는 사람이 아무도 없다. 그녀는 전세계 대중 앞에서 상상할 수 없는 치욕을 당했지만 남편을 도왔고, 지금도 돕고 있는 힐러리 로드햄 클린턴이다.

그들이 어떻게 만나게 되었는지에 대해서는 클린턴 부부가 이미 수천 번도 더 설명을 했다. 1970년 가을, 힐러리 로드햄은 예일 대학 도서관에서 두꺼운 안경 너머로 법률 서적을 읽고 있었다. 현관 로비에서 키가 훤칠한 한 학생이 동료 학생과 대화를 나누고 있었다. 힐러리 클린턴은 그녀의 자서전 『살아 있는 역사』에서 "그러나 빌은 마음이 딴 데 가 있는 것처럼 보였다"고 그 당시를 회상하고 있다. "나는 그가 계속 나를 쳐다보고 있다는 것을 알았다. 잠시 뒤에 나는 자리에서 일어나 그에게 가서 말을 건넸다. '서로 계속 지켜보는 것보다 바로 인사를 나누는 게 어때. 나는 힐러리 로드햄이야'라고 그랬다. 빌은 처음에 너무나 당황했는지 자기 이름을 떠올리지 못했을 정도였다."

빌 클린턴은 이 얘기를 확인해 주었다. "내가 몇 안 되는 사람들한테서 들은 것처럼, 그녀는 그런 자제력과 강력함의 기운을 발산하고 있었다"고 그는 회상했다. 며칠 뒤, 힐러리가 다음 학기 강의 신청을 하러 가는 길에 두 사람은 다시 마주쳤다. 빌 클린턴은 이 절호의 기회를 이용했는데, 힐러리는 창구 앞에 길게 늘어선 줄 때문에 그에게서 벗어날 수 없는 상황이었다. 그는 그녀를 따라갔다. 창구 앞에 다다르자 그는 아주 난처한 상황에 처하게 되었다. 직원이 클린턴에게 이미 아침에 등록을 마쳐 놓고 도대체 여기서 뭐하고 있느냐고 물었다. "나는 얼굴이 벌게졌고, 힐러리는 나를 보며 활짝 웃었다"라고 클린턴은 밝혔다. 얼마 뒤에 힐러리와 빌은 떼려야 뗄 수 없는 사이가 되었다. 빌의 친구들은 그들 둘 사이에 진지한 감정이 싹터 오르고 있음을 재빨리 알아챘다고 전한다.

클린턴은 이전에도 많은 여자 친구들이 있었으나, 그들 중 어느 누구와도 관계를 오래 지속한 적은 없었다. 그 당시 친구였던 브룩 시어러는 ZDF와의 인터뷰에서 "빌이 우리에게 대단한 아가씨를 알게 되었는데, 그녀를 소개하겠다고 말했다"고 밝혔다. 그때 이를 전하는 그의 목소리 톤이 매우 특별해서 다른 사람들의 주의를 금방 끌었다고 한다. 빌의 동창 중 몇몇은 그가 하필이면 수수한 외모의 힐러리를 선택했는지 의아해했다. 70년대 초반까지만 하더라도 힐러리는 어찌 보면 칠칠치 못한 인상을 주고 있었다. 긴 치마에 긴 머리, 거기에다가 헐렁하게 받쳐 입은 청색 블라우스나 스웨터, 그것이 그녀의 외출

복장이었다. 빌도 그 당시에는 대걸레와 바이킹을 섞어 놓은 듯한 후줄근한 인상을 주었다. 새 여자 친구의 스타일이 그의 마음에 든 것처럼 보였다.

힐러리 주변에서도 빌 클린턴이 이 젊은 아가씨에게 특별한 존재임을 금방 알아차렸다. 한 여자 친구의 어머니는 평소 매사에 집중력을 보이고 진지했던 힐러리가 다른 모습을 보이는 것을 한동안 지켜보고는 그녀를 넌지시 불렀다. "네가 원하는 것을 해라. 그러나 어떤 경우에라도 빌이 떠나게는 하지 마라. 너에게 웃음을 주는 사람을 나는 아직까지 보지 못했다." 이 관계는 단순한 로맨스 이상이었다. 빌 클린턴은 자신에게 필적하는 파트너를 찾게 되었다. 브룩 시어러는 "그녀는 그에게 지적인 도전이었다"라고 말한다. 그리고 힐러리는 그의 매력에 빠져들었고, 평상시에는 잘 정돈된 그녀의 일상에서, 빌이 가져다주는 뜻밖의 모든 일들에 대해 그녀는 마치 어린 소녀처럼 즐거워했다. 비록 처음에는 주저하고 조심스러운 태도를 보였지만 말이다. "그 당시 가장 내 눈에 띈 것은 그의 가느다란 손이었다. 우리가 사귀던 초기에 나는 책장을 넘기는 그의 손가락을 몇 시간이고 바라봐도 질리지 않았다"고 그녀는 자신의 회고록에서 밝히고 있다. 동료들은 이 닭살 커플 얘기를 하며 즐거워했는데, 이 커플이 애정 행각을 멈출 때는 오직 공공의 관심사에 대해 손짓 발짓을 동원해 논쟁할 때뿐이었다. 두 사람은 거의 정치에 빠져 있었다. 원칙에 대한 논쟁이나 건설적인 대화를 나눌 때면 끝이 없었다. 후에 힐러리의 고문이 된 딕 모리스는 "정치는 그들 두 사람에게는 삶이었다"라고 말한다. "그들은 마치 식당에서 숙식을 해결하며 식당을 경영하는 중국인 부부와 같았다. 정치는 그들의 삶 전체를 지배했다." 빌 클린턴은 이미 일찍부터 자기 곁에 있을 여인은 어떠해야 한다는 생각을 확고하게 가지고 있었다. 청소년기 친구인 캐럴린 옐델 스탤리는 그가 전에 그녀에게 한 말을 기억하고 있다. "나처럼 자신의 일을 사랑하는 여인이 필요한 것 같아." 힐러리는 이런 그의 생각에 딱 들어맞는 사람이었던 것 같다. 그리고 그녀도 자신을 능가할 수 있고 동시에 여성의 지적 능력에 대한 선입관을 가지고 있지 않는 파트너가 그라고 생각했다. 이런 생각은 70년대 초의 미국에서는 일반적인 것이 아니었다.

두 사람은 강의에 많이 참석하지는 않았지만 학업에 전혀 어려움을 느끼지 않았다. 두 사람은 법학에 관한 천부적인 재능을 가지고 있었는데, 그들의 열정과 자질은 다른 많은 동료들보다 훨씬 더 뛰어났다. 힐러리가 1973년에 예일 법대를 졸업하고 난 뒤, 두 사람은 유럽으로 여행을 떠났다. "매우 아름다운 호수 공원인 영국 에너데일 호숫가에서 여명을 맞으며 빌은 마침내 내게 청혼을 했다"고 힐러리 클린턴은 회고록에 적고 있다. "나는 그를 너무나 끔찍이 좋아했지만, 내 인생을 어떤 식으로 살아야 할지 아직 몰랐다. 그래서 나는 '아니야, 지금은 아니야'라고 대답했다. 원래 나는 '내게 시간을 조금 줘'라고 말하려 했었다. 내 외조부모님은 이혼을 했는데, 그 뒤에 어머니가 겪은 쓸쓸하고 외로운 유년기를 나는 늘 마음에 간직하고 있었다. 내게 있어 분명했던 것은, 내가 만약 결혼을 하기로 결심한다면, 그 결혼은 평생을 가야 한다는 것이었다." 그녀는 여러 차례 구혼을 받은 뒤에야 결심을 하였는데, 자신의 결혼은 평생을 가야 한다는 확고한 의지를 그 바탕에 깐 결심이었다.

1975년 10월 11일, 아칸소에서 결혼 선서를 한 이 부부는 그 출신 성분부터 거의 차이가 없었다. 빌 클린턴은 그의 유년기를 비쳐 본다면 마약 중독자나 범죄자가 될 운명이었다. 그의 아버지인 윌리엄 블라이드는 여자들에게 인기가 많았던 인물로, 클린턴이 태어나기 전에 교통사고로 사망했다. 그의 어머니인 버지니아는 기인이라고 불러도 좋을 인물로, 눈에 띠는 화장을 좋아하고 도박을 즐겼으며, 어둠침침한 칵테일 바를 찾아 밤새도록 춤을 췄는데, 어린 빌이 태어난 뒤에도 그녀의 생활은 바뀐 것이 없었다. 그녀의 이런 품행 때문에 아칸소 주의 조그마한 구역인 호프에서도 지역 유지가 되지는 못했다. 하지만 그녀는 언제나 친절하고 활기찬 모습을 보여 주었고, 이로써 주위 사람들의 마음을 얻었다. "그녀는 엄청나게 매력적인 사람이었다"고 빌 클린턴의 청소년기 친구였던 캐럴린 엘델 스탤리는 회상하고 있다. "그녀는 하얀색 뷰익을 몰고 다녔고, 항상 짙은 갈색으로 피부를 태웠으며, 눈썹을 엄청나게 위로 들어 올렸다. 거기에다가 머리에 하얀색으로 부분 염색한 브리지로 치장을 했다." 버지니아가 잠에서 깨어나 처음으로 하는 의식은 두꺼운 화장을 하는 것이었다. "화장하는 것은 아주 중요한 일이다. 누가 자신을 보게 될지 모르기 때문에 예쁘게 치장을 해야 한다"고 그녀는 캐럴린에게 가르쳤다. 그러나 겉모습과 달리 그녀는 전혀 천박한 사람이 아니었다. "버지니아는 항상 우리들에게 토론을 하자고 했다. 그녀는 집으로 오면 하루 일과 중에 무슨 일을 듣고 보았는지 설명했다"라고 캐럴린은 말한다. "그리고 나서 우리들은 이런저런 상황들을 어떻게 하면 가장 잘 해결할 수 있는가라는 질문을 받았다. 그녀는 이 세상에서 올바르게 진행되지 않는 일에 대해 작은 논쟁을 하도록 자극을 주었다. 한마디로 대단했다." 캐럴린은 버지니아를 통해 빌 클린턴이 정치를 하게 된 근본 동기를 알게 되었다. "그녀는 우리에게 미국에 대한 사랑, 우리 나라와 정치에 대한 사랑을 일깨워 주었다."

이 시기에 버지니아의 연애 생활은 롤러코스터를 타는 듯했다. 곧 빌에게 로저 클린턴이라는 의붓아버지가 생겼는데, 빌은 그의 성을 받게 되었다. 오늘날 로저 클린턴은 빌이 아주 정직하고 성실한 아이였다는 것을 증명해 주고 있다. 그러나 로저 클린턴의 알코올 중독증은 가족을 치유할 수 없는 혼돈 속으로 빠트렸는데, 그사이 그의 가족은 리틀 로저가 태어나 그 수가 늘어나 있었다. 폭력과 학대가 훗날 대통령이 된 빌 클린턴의 유년기를 각인시켰다. 빌 클린턴은 회고록에서 의붓아버지가 부부 침실에서 권총을 사방에 쏴 대고는 어머니를 구타했다고 밝히고 있다. "어느 날 밤, 아빠가 침실 문을 닫고는 어머니에게 소리치기 시작했다. 그리고 어머니를 때렸다…. 나는 골프채를 들고 와서는 침실 문을 밀치고 들어갔다. 어머니가 땅바닥에 누워 있었다. 아빠가 그 위에 올라선 채 그녀를 때리고 있었다. 나는 아빠에게 당장 그만두지 않으면 흠씬 패주겠다고 소리쳤다. 그는 행동을 멈추고는 당황한 채 나를 바라보았다. 그리고 무너지듯 의자에 쓰러져 머리를 떨군 채 앉아 있었다… 나는 우리 가족의 이런 어둡고 감추어진 이면을 내 인생의 평범한 한 부분으로 받아들이는 데 익숙해져 있었다." 유년기의 이런 공격적인 행동이 그를 폭력적인 인간으로 만들지는 않았다. 완전히 반대였다. 후에 그의 고문이 된 딕 모리스는 클린턴의 유년 시절에서 아주 판이한 이런 성격이 나오게 된 원인을 발견했다. "그는 언제나 감정을 제어하려고 했다. 그는 유년기에 경험한 고함이나 폭력에 그렇게 대처했다."

빌이 같이 가족을 이루고자 했던 여인은 교외의 전원적인 환경 속에서 자란 고전적인 여성이었다. "남자들이 근거리 교통수단으로 직장에 출퇴근하는 동안, 여자들은 집안을 돌보고 아이를 키웠다"고 힐러리는 기억하고 있다. 시카고 근교 파크리지의 가지런히 정돈된 정원 울타리는 이 집이 가진 예의범절과 윤리관의 정도를 반영하고 있었다. 권위적이고 보수적인 휴 로드햄은 집안의 분위기를 좌우했다. 힐러리와 두 동생은 어머니인 도로시와 마찬가지로 그에게 복종했다. "아버지와 어머니는 우리가 나중에 열악한 환경 속에서도 잘 대처하기 위해서는 엄격한 생활이 필요하다고 확신하고 있었다"라고 힐러리는 밝히고 있다. 그녀는 유년기에 겪은 다음의 일화를 자주 언

급한다. 어머니는 그녀가 이웃 소녀를 두려워한다는 것을 알게
되었다. "어느 날 내가 집으로 도망쳐 들어왔을 때, 어머니는
나를 길거리로 내보냈다. 그녀는 내게 '다시 집 밖으로 나가거
라. 그리고 수지가 너를 때리면 내 말대로 되받아쳐야 한다'라
고 명령했다. 너는 자신을 지키는 법을 배워야 한다. 이 집에
는 겁쟁이를 위한 공간은 없다.' … 몇 분 뒤에 나는 자부심으
로 가득 차서 돌아왔다. 나는 어머니에게 '이제 나는 남자아이
들하고 놀 수 있어'라고 말했다." 비록 현직인 케네디 미국 대
통령을 악마의 화신에 빗대었던 아버지의 기준에 따르긴 했지
만, 영리한 이 소녀는 눈에 띄게 일찍부터 정치에 관심을 가졌
다. 그녀는 "골드워터 걸"[1964년 대통령 선거에 공화당 후보로 나온 배
리 골드워터를 지지하던 젊은 여성들을 뜻하는 용어: 옮긴이]로서 극단적
인 보수주의자인 공화당의 배리 골드워터 상원 의원을 지지하
는 캠페인에 참가하며 그의 관심사를 매우 진지하게 대변했다.
청소년부 목사였던 돈 존스는 한 인터뷰에서 그 당시를 다음
과 같이 회상하고 있다. "힐러리는 이미 다 큰 어른이 되어 있
었다. 15살인가 16살 때, 그녀의 눈높이는 고등학교 상급생 수
준이었다. 그녀는 항상 선배들과 보조를 맞출 수 있었다."

　고등학교를 졸업한 뒤에 힐러리는 여자들만 다니는 사립학
교인 웰즐리 칼리지에 진학하기로 결심했는데, 그곳은 고향인
파크리지로부터 1천 마일이나 떨어져 있었다. 후에 미국 국무
장관이 된 매럴린 올브라이트도 수학한 이 명성 있는 학교는
여학생들에게 피난처를 제공했는데, 그곳에서 그들은 남성들

의 지배 없이 자신의 학업에만 전념할 수 있었다. 웰즐리에 있는 동안 힐러리는 개인적으로나 정치적으로 독립적인 젊은 여성으로 성숙했는데, 그녀의 자질과 헌신은 교사들과 동료들 사이에 널리 알려져 있었다. 칼리지 생활을 마칠 때, 그녀가 졸업사를 했다. 그 연설에 나오는 한 구절이, 비록 정치적인 함의가 들어간 내용은 아니었지만, 그녀의 인생을 미리 예견해 주는 것 같았다. 젊은 힐러리 로드햄은 "연민의 문제점은 그것이 우리를 아무 데도 데려가 주지 못한다는 것이다"라고 말했다.

빌 클린턴은 자신의 인생 계획을 남들에게 한 번도 비밀로 해 본 적이 없었다. 그는 타고난 정치가였다. 그는 이미 학생일 때부터 항상 책임 있는 자리를 맡으려고 했다. 그에게 있어 자신에게 필요한 표를 모으는 것은 항상 쉬운 일이었다. 그는 자신의 인생에서 전환점이 된 순간으로, 1963년 7월에 '보이스 네이션Boys Nation'의 '상원 의원'으로서 워싱턴을 방문해 케네디 대통령과 함께하는 일정에 백악관의 초대를 받은 것을 들었다. 보이스 네이션은 청소년 조직인데, 이 조직은 특히 각 주의 고등학생들이 다양한 '정치적 직위'를 얻기 위해 치르는 선거를 개최한다. 승자는 워싱턴으로 초대되고, 일주일간 실제 상원 의원 및 하원 의원들과 논쟁을 하게 된다. 보이스 네이션의 대표자들은 주의 알파벳순에 따라 정렬을 했는데, 아칸소는 이에 따라 제일 앞 열에 위치했다. 앞 열에 서 있던 가장 키가 큰 소년이 자신만만하게 앞으로 나아가 카리스마를 가진 대통령과 악수를 나누었다. 그가 바로 빌 클린턴이었다.

적어도 이 만남 이후로 소년은 열렬한 민주당원이 되었다. 이미 칼리지를 다닐 때부터 그는 민주당 상원 의원인 윌리엄 J. 풀브라이트의 사무실에서 일하고 있었다. 어머니에 따르면, 클린턴은 이미 세 살 때부터 글을 읽을 수 있었다고 하는데, 다른 사람들의 눈에는 그가 크게 노력을 기울이지 않고도 학창 시절에 좋은 성적을 거둔 것처럼 보였다. 그는 워싱턴의 조지타운 대학을 우수한 성적으로 졸업했다. 영국의 로즈 장학금은 그의 뛰어난 성적에 대한 보상이었고, 그를 2년 동안 옥스퍼드로 보내 주었다. 비록 그의 경력이 결코 전형적인 방식으로 시작된 것은 아니었음에도 불구하고, 선생님이나 가족들의 눈에 그의 성공가도는 이미 예견되어 있는 것처럼 보였다. 1973년 예일 대학에서 학위를 마치고, 그는 촌구석인 아칸소 주로 돌아와, 페예트빌에 있는 아칸소 대학에서 강사 자리를 얻었다. 후에 왜 자신의 경력을 매우 후미진 남부 주에서 시작하려고 했는가라는 질문에, 그는 "집으로 가고 싶었다"라고 대답했다. 그의 친구 맥스 브랜틀리에게 아칸소 주로 돌아가려는 빌의 결정이 놀랄 만한 일은 아니었다. "빌은 이곳 출신이고, 상대적으로 손쉽게 높은 관직에 오를 수 있다는 것은 분명했다." 실제로 이 대학 강사 자리는 클린턴의 출세를 위한 도약대에 불과했다. 막 27살이 된 1974년 초에 그는 이미 민주당 후보로 하원 의원 선거에 뛰어들었다.

빌과 힐러리의 관계는 그사이 더욱 공고해졌고, 몇 년 동안 동거를 했다. 그러나 힐러리는 처음에는 빌을 따라 아칸소로 가지 않고 매사추세츠 주 캠브리지에 있는 아동보호기금에서 일하기로 결심했다. 물론 몇 달 뒤에 워터게이트 사건에 연루된 리처드 닉슨 대통령의 과실을 조사하는 조사위원회에서 일할 기회가 생기자 그녀는 워싱턴으로 돌아왔다. 진상을 파악하기 위한 열정에 불타오른 이 젊은 아가씨에게 그 시기는 무척이나 흥분된 시기였다. 20여 년 뒤에 자기 남편의 과실을 이와 비슷한 조사위원회가 다룰 거라고는 그 당시에는 꿈에도 생각하지 못했을 것이다. 그녀는 자신의 일에 매우 유능했지만, 빌과 떨어져 있는 것은 그녀에게 무척 참기 힘든 일이었다. 1974년 8월 어느 날 밤에 그녀의 친구인 사라 어만이 힐러리 로드햄과 같이 사는 아파트로 돌아왔을 때, 그녀는 힐러리가 가방을 싸고 있는 것을 보았다. 힐러리는 "나는 아칸소에 있는 빌에게로 갈 거야"라고 말했다. 사라는 자신의 귀를 의심했다. 이 말은 사실일 수가 없었다. 사라에게 이 결정은 자발적으로 시베리아 포로수용소로 들어가는 것과 다름없었다. 그녀는 힐러리에게 아칸소까지 태워 주겠다고 제안했는데, 차를 타고 가는 동안 이런 결정을 말리기 위한 기회를 잡기 위해서였다. 그러나 소용이 없었다. 페예트빌에 도착해 사라가 눈물을 흘리기까지 했지만, 힐러리는 꿈쩍도 하지 않았다. 빌은 아칸소를 원했고, 힐러리는 빌을 원했다. 그뿐이었다.

빌 클린턴은 하원 의원 선거에서 패했다. 27살 청년에게 이 패배가 더 이상 슬퍼해야 할 일은 아니었다. 2년 뒤에 그는 주 법무장관이 되었고, 1978년에는 32살의 나이로 아칸소 주 역사상 최연소 주지사가 되었다. 정치 무대에 혜성같이 등장한 스타가 된 것이다. 저널리스트인 조 클라인은 자신의 책에서 빌 클린턴을 "천부적인 재능의 소유자"라고 불렀다. 실제로 아칸소의 새 주지사는 유권자의 마음을 얻기 위해 태어난 사람이었다. 그의 친구인 맥스 브랜틀리는 클린턴의 비밀을 알고 있다. "그는 당신의 눈을 똑바로 쳐다본다. 그는 남녀노소뿐만 아니라 심지어 개들까지 모든 이들을 감동시킨다. 그는 당신과 대화를 나눌 때면 항상 당신 곁에 아주 가까이 다가선다." 몇 초 안에 클린턴은 아무도 불쾌하게 생각하지 않는 친밀한 인간관계를 구축할 수 있었다. 그는 대개 대화 상대방에게 팔을 갖다 대고 있었고, 한 손으로 아래팔을 잡거나 다른 손을 잡고 있는 경우가 자주 있었다. "그러나 그것 이상의 것이 있다. 그는 당신이 무슨 말을 하는지 기억해 낸다. 그는 아무리 사소한 것이라도 15년, 20년 뒤에 그것을 기억해 낼 수 있다. 이것은 정말 주목할 만한 일이다"라고 맥스 브랜틀리는 말한다. 클린턴의 연설문 작성자인 로버트 부어스틴은 "그를 개인적으로 만난 거의 모든 사람들이 아무 이유 없이 그에게 투표를 한다. 그는 이처럼 사람을 끌어당기는 엄청난 카리스마를 가지고 있다"고 확인해 주고 있다. 게다가 그의 고향인 아칸소는 클린턴의 본거지였다. 그는 이 나른한 연방 주에서 일이 어떻게 진행되는지 알고 있었다.

그의 곁에 있는 힐러리는 남부 사람들이 주지사 부인이라면 이래야 한다고 생각하는 이미지와는 물론 맞지 않았다. 그녀가 별로 심각하게 생각하지 않았던 첫 번째 금기는 그녀가 남편 성을 따르지 않은 것이었다. 1975년 10월에 결혼한 그녀는 그 후에도 자신의 처녀 적 성인 로드햄을 그대로 간직하고 있었다. 아칸소 출신 상원 의원인 제리 부크아웃은 "그 당시 아칸소 여성 중에서 남편의 성을 따르지 않은 사람은 아마 하나도 없었을 것이다. 한 사람도. 그것은 모든 전통에 반하는 것이었다. 아칸소에서는 전통에 많은 의미를 부여했다"라고 기억하고 있다. 이 시절 친구였던 조 퍼비스는 이런 중세적 분위기에 대해 다음과 같이 확인해 주고 있다. "6-70년대에 아칸소 출신 소녀는 가정주부나 선생이 되었다. 다른 직업은 결코 생각할 수 없었다." 힐러리는 이질적인 존재였다. 현대적이었으며, 자의식이 강하고 페미니스트였다. "힐러리에게는 쓰라린 교훈이었다"라고 그녀의 전기 작가인 캐티 마턴은 말한다. "그녀는 웰즐리와 예일의 지적인 환경에서 성장해서 이제 머리카락이 얼마나 금발이고 얼마나 반짝이는지에 따라 사람이 평가받는 곳으로 왔다. 어떤 책을 읽었는지에 대해서는 아무도 관심이 없었다. 그녀에게는 분명 이런 상황이 충격으로 다가왔을 것이다."

힐러리는 개인적으로도 인정받기 위한 싸움을 치르고 있었다. 버지니아 클린턴도 며느리에 대해서 아주 다르게 생각하고 있었다. "힐러리는 미스 아칸소가 아니었다"라고 말하며 캐티 마턴은 낄낄대고 웃는다. 버지니아의 화장술에 대한 조언을 갓 결혼한 이 며느리보다 마땅찮아 한 사람은 없었다. 그녀는 연신 두꺼운 안경 너머로 아칸소의 푸른 산을 쳐다보고 있었고, 그녀의 옷은 막 세탁물 바구니에서 꺼낸 것처럼 엉망이었다. 그러나 두 사람은 서로를 존중하게 되었고, 애정으로 가득 찬 관계로 발전했다. "힐러리는 자신이 남편을 위해 매우 중요한 사람이라는 생각이 들도록 만들 만큼 매우 영리했다"라고 캐티 마턴은 말한다. "일 년에 한 번 크리스마스에 보고 평소에는 생각할 필요도 없는 그런 시어머니가 아니었다." 이에 대해 힐러리 자신은 "언젠가 우리는… 결론에 도달했다. 우리를 떨어트리게 만든 것이 우리를 결합시키게 만든 것보다 중요하지 않다는 것이었다. 우리를 결합시키게 만든 것은 빌에 대한 사랑이었다"라고 말한다. 버지니아와의 관계는 시간이 흐를수록 부드러워졌다. 또한 남부 사람과의 관계, 제대로 표현하면 남부 사람들의 힐러리에 대한 관계는 좋아졌는데, 그 반대의 관계, 즉 남부 사람들에 대한 힐러리의 관계는 결코 좋아지지 않았다. "그녀는 주지사 부인이 통상적으로 하는 그런 일, 그러니까 차 모임을 갖고 자선행사를 개최하는 등의 일을 아칸소에서 하지 않았다. 이런 일들이 빌에게 정치적인 타격을 주었다"고 맥스 브랜틀리는 기억하고 있다.

힐러리는 자기 직업에 대한 야망을 포기하지 않았다. 1977년에 그녀는 오랜 전통을 가진 명문 법률 회사에서 변호사로 일하기 시작했는데, 아칸소에서 나온 최초의 여자 변호사 중 한 명이었다. 그녀는 로즈 앤 파트너 법률 회사에서 사람들의 인정을 받았으며, 특히 많은 보수도 받았다. 그녀가 받은 보수는 빌이 법무장관이라는 자리에 있었음에도 불구하고 연간 수입이 얼마 되지 않았기에 더욱 중요했다. "돈은 그에게 아무런 의미가 없었다. 분명 그는 주머니에 20달러 이상을 가지고 다닌 적이 없었다"고 빌의 청소년기 친구였던 조 퍼비스는 기억하고 있다. 힐러리에게는 돈이 절대적인 의미를 가지고 있었다. 그녀는 가족의 재정을 관리하고 있었으며, 전도유망한 몇 가지 사업을 하고 있었다. 그녀가 관여한 이런 사업이 가져올 결과를 클린턴 부부는 수년 뒤에야 비로소 알게 된다. 결혼 5년 뒤에 기쁜 소식이 들렸다. 힐러리가 임신한 것이다. 두 사람은 아이 갖기를 학수고대하고 있었는데, 드디어 귀여운 딸 첼시를 품에 안게 되자 그 기쁜 마음은 이루 말할 수가 없었다. 그들은 아이 이름을 자신들이 매우 좋아하는 팝송인 〈첼시 모닝〉을 따라 지었다. 일정으로 꽉 찬 바쁜 부모는 아이를 위한 시간을 확보해야 했기 때문에, 이제 임기응변 능력이 요구되었다. "그들은 생활방식을 전혀 바꾸지 않았다"고, 당시 주지사 부부의 개인 경호를 담당했던 래리 글렉혼은 밝히고 있다. "빌은 어떻게 아이를 다루어야 하는지 전혀 몰랐다. 그러나 두 사람은 금세 새로운 방식을 발견했다. 힐러리는 딸을 그냥 회의에 데리고 갔다. 그녀가 그사이 관여하고 있던 워싱턴의 위원회에서 처리해야 할 일이 있을 때면, 주지사는 때때로 부인과 동행해서 아이를 돌봤다. 모든 것이 힐러리와 빌이 항상 꿈꿔왔던 대로 흘러가는 것처럼 보였다.

1980년 가을, 불쾌한 일이 벌어졌다. 빌 클린턴은 주지사로 재선되는 것을 당연하게 생각하고 있었다. 유권자들의 심판을 받아 단 한 번의 주지사 임기만 채운 채 물러나게 되자 성공에 길들여진 이 젊은 정치가는 심한 모욕감을 느꼈다. 조 퍼비스는 한 인터뷰에서 다음과 같이 말하고 있다. "선거에서 패배한 것은 아마도 그의 인생에서 가장 뼈아픈 경험 2-3가지 중 하나였을 것이다. 내가 확신하건대, 그는 지금도 각 지역구에서 몇 표차로 패배했는지 말할 수 있을 것이다." 빌은 정치적 실수를 저질렀다. 그의 개혁 의지는 완고한 남부 사람들의 생각에 비해 너무 앞서 나간 것이었다. 그는 자동차세 인상과 같은 건드려서는 안 될 영역을 건드렸던 것이다.

그러나 그의 부인 때문에 선거에서 패배하게 된 부분도 적지 않았다. 실제로 이 선거 패배는 두 사람에게 교훈을 주었다. 정치적 성공은 그들에게 자동적으로 주어지는 것이 아니라 혹독한 싸움을 거쳐야 한다는 것이었다. 클린턴 부부가 1982년에 주지사로 재입성하게 된 것을 축하하는 자리에서 주지사 부인은 거의 눈에 띄지 않게 행동했다. 손질한 금발머리를 머리끈으로 가지런히 묶고 몸에 딱 맞는 실크 옷을 입은 "클린턴 부인"이라고 불리는 여성이 빌 클린턴 곁에서 웃고 있었다. 수년간 자신의 처녀 때 성만을 고집해 온 그녀가 드디어 남편의 성을 받아들인 것이었다. 그녀의 친구인 브룩 시어러는 "그녀는 좀 더 부드러워졌고, 또한 말수를 줄이는 법을 배웠다"라고 말한다. 이 시기에 그녀의 남편이 보여 주는 노련함은 완성도를 더하고 있었다.

80년대에 아칸소 주지사 재임 기간 동안 이의의 여지가 없는 확실한 능력으로 정치 인생에서 많은 성공을 거두었음에도 불구하고 힐러리와 빌의 결혼 생활은 폭풍이 몰아치고 있었다. 경호원인 래리 글렉혼은 클린턴 부부가 다투는 것을 여러 번 보았다. "당연히 고함소리와 문이 쾅 하고 닫히는 장면이 있었다. 하지만 젊은 부부들한테 비일비재한 일이 아닌가?"라고 말한다. 그럴 수도 있다. 하지만 클린턴 부부의 경우에는 싸움의 발단으로 구체적인 이름이 자주 언급되었고, 그것이 대개 여자였다는 게 문제였다. 다양한 남부 여성들이 주지사의 특별한 호의를 받고 있다는 소문이 점점 더 무성해졌다. 경호원인 글렉혼은 그러나 지금까지도 자기 보스에 관해 아무것도 말하지 않고 있다. 그는 한 인터뷰에서 "그가 어떤 부정한 일을 저지르는 걸 전혀 볼 수 없었다"라고 밝히고 있다. "예, 맞아요. 이동하는 동안에는 물론 잡담을 나눴죠. 저기 저 여자 봐, 아니 이 여자 봐 봐. 우리는 겨우 30대 중반의 나이였어요." 명예를 지키기 위한 경호원의 충성심, 그러나 그것은 그 당시 수많은 친구들이 확인해 주는 소문 그 이상의 의미를 가지고 있었다. "힐러리는 빌의 부정을 마치 극복해야 하는 병처럼 취급했다. 그녀는 문제점을 발견하고 해결책을 마련한 뒤, 그 해결책을 실행에 옮겼다." 그러나 그녀의 해결책이 강제적으로 그의 해결책이 될 수는 없었다. 그 당시 클린턴이 많이 신뢰하고 있던 그의 고문 딕 모리스는 오늘날 이렇게 말한다. "80년대에 그는 힐러리로부터 속박을 많이 받고 있다는 느낌을 받았으며, 그 때문에 스캔들이 점점 더 늘어났다. 스캔들은 점점 더 잦아졌으며, 더 공개적이 되었다.” 딕 모리스의 말을 빌자면, 이미 이 시기부터 결혼 생활은 파탄 직전이었다. “빌이 내게 그녀와 헤어져야 할지 생각할 시간을 갖기 위해 플로리다에 있는 내 집을 쓸 수 있는지 물어봤다”라고 모리스는 말한다. “그가 이혼을 정치적으로 극복한 주지사가 있었는지 물어봤다. 그리고 내게 사람들이 이혼에 대해 어떻게 반응하는지 여론조사를 해달라고 요청했다.”

그러나 상황이 달라졌다. 그 이유는 바로 클린턴 부부를 다시 결합시킨 새로운 목적, 즉 미국 대통령에 입후보할 수 있는 가능성 덕분이었다. 힐러리는 이 새로운 과제에 열성적으로 몸을 던졌다. 그녀는 청소년부 목사였던 돈 존스와 가진 티타임에서 “장차 미국의 영부인”이 될 것이라고 털어놓아서 그를 당황하게 만들었다. 그녀는 확신에 가득 차 이를 선전하고 다녔으며, 그래서 1987년 7월 15일 각 미디어 대표들은 빌 클린턴이 미국 대통령 입후보 사실을 공표할 것이라고 확실하게 믿으면서 언론 기자회견장에 나타났다. 그러나 놀랍게도 빌 클린턴은 “나는 입후보하지 않을 것입니다”라고 발표했다. 그의 뒤에 서 있던 힐러리는 자제력 있던 평상시와는 달리 눈물을 흘리고 있었다. 이런 놀라운 입후보 사퇴에 대해 추측이 난무했다. 클린턴의 고문이었던 벳시 라이트가 제공한 불길한 리스트가 언급되었다. 거기에는 주지사의 모든 정사情事와 스캔들 그리고 밀회 내용이 상세하게 열거되어 있었다고 한다. 이 사람이 세상에서 가장 막강한 자리에 입후보했다면, 그것은 정치적으로 핵폭탄급 폭발 효과를 가진 기폭제가 되었을 것이다. 힐러리는 자신의 회고록에서 "왜 그가 입후보를 포기했는지에 대해서 쓸 말이 많지만, 결국 단 하나의 단어, 즉 첼시로 요약할 수 있다"라고 그 사건에 대한 자신의 해석을 적었다. 딸과 더 많은 시간을 보내고자 하는 내적인 소망이 빌로 하여금 대통령에 입후보하는 것을 그만두게 했다는 것이다.

4년 뒤에는 그를 주저하게 만들었던 생각들이 모두 사라진 것처럼 보였다. 클린턴과 그에 못지않은 앨 고어가 백악관의 공화당 시대를 종식시키기 위해 같이 발을 내디뎠고, 그들은 미국에서 이때까지 보지 못했던 선거전을 치렀다. 마치 록 스타처럼, 두 사람은 부인을 대동하고 미국 전역을 순회했다. 그들은 강당에서, 쇼핑센터에서, 골프장에서, 그리고 특수학교에서 연설을 했다. 빌 클린턴은 방송에서 색소폰 연주를 했고, 힐러리 클린턴과 티퍼 고어는 많은 카메라 앞에서 비공식 선거송인 팝그룹 플리트우드 맥의 〈Don't stop thinking about tomorrow〉에 맞춰 춤을 췄다. 사람이 우선이라는 "Putting people first"가 선거 모토였다.

이 모든 것이 엄청나게 재미 있는 것처럼 보였고, 무미건조한 현직 조지 부시 대통령을 더욱 생기 없고 시대에 뒤떨어진 인물로 보이게 만들었다. 리틀록의 선거본부에서는 기름진 피자 상자가 첩첩이 쌓여 있고 반쯤 빈 다이어트 콜라 캔 등이 굴러다니는 커다란 대학생 아지트 같은 분위기가 연출되곤 했다. 베이비 붐 세대의 시대가 도래할 거라는 것은 의심의 여지가 없었다. 그러나 클린턴 부부는 전국 무대에서는 완전 초짜였다. 브룩 시어러는 오늘날도 힐러리 팀이 선거 중에 보여 준 순진함을 유쾌하게 떠올리곤 한다. 이제 이 주지사 부인은 처음으로 광범위한 개인 경호를 받게 되었다. "대부분의 경호원들은 예전에 미식축구 선수였던 거구들로 한 번도 아칸소를 벗어난 적이 없었다"라고 말하며 시어러는 낄낄 웃었다. "그들은 미니바 안에 있는 것들이 공짜라고 생각하고는 그 안에 들어 있는 작은 병들과 초콜릿, 그리고 칩스로 주머니를 가득 채웠다. 곧 우리 캠페인에 경비가 너무 많이 들어간다는 비난을 초래하게 되었다."

긴장의 연속이었음에도 불구하고 클린턴 부부는 이 시기를 매우 즐겼던 것으로 보인다. 이 시기에 힐러리를 수행했던 시어러는 "그들 두 사람은 믿을 수 없을 만큼 에너지가 넘쳤다. 그들은 결코 지친 적이 없었다"라고 말한다. 부부는 새벽 5시에 〈투데이 쇼〉나 라디오 인터뷰를 위한 스타일링을 하며 일과를 시작해서 다음 날 새벽 2시에 일정을 모두 끝내곤 했는데, 모든 사람들이 그 많은 일정을 소화한 뒤에는 녹초가 되어 잠자리에 쓰러졌다. 부부간의 관계는 적어도 외부 사람들 눈에는 회복된 것처럼 보였다. 빌을 대통령으로 만들기 위한, 순전히 이성적인 결정이었을까? 빌과 힐러리 클린턴 외에는 어느 누구도 진실을 알지 못한다. 브룩 시어러는 두 사람이 계속 관계를 유지하고 있는 것을 관찰했다. "서로 몇 번이고 전화 통화를 하지 않고 지나간 날은 단 하루도 없었다. 그는 그녀의 조언이 필요했다”라고 시어러는 말한다.

그리고 빌은 옛날 스캔들이 걸림돌로 작용할 우려가 있었기 때문에 조언 이상의 것이 필요했다. 아칸소 출신인 제니퍼 플라워스가 주지사와의 아주 특별한 관계를 폭로할 참이었다. 뜬소문에 또 한 가지가 더해진 것인가? 아니었다. 이번 비난은 조금 더 구체적이었다. 언론 매체들이 클린턴과 플라워스의 부정한 관계를 확실하게 유추할 수 있는, 물의의 여지가 있는 내용의 전화 통화 녹음 기록을 입수했기 때문이다.

버림받은 이 애인은 한 발 더 나갔다. 그녀는 기자회견에서 “예, 저는 빌 클린턴의 연인이었습니다, 12년 동안”이라고 밝혔다. “마지막 2년 동안 나는 그를 보호하기 위해 거짓말을 했습니다. 진실은 내가 그를 사랑한다는 것입니다.” 이미 오래전부터 미국 대중들의 관심의 초점이었던 클린턴 부부는 이 상황에서 벗어나기 위해 전면에 나서기로 결심했다. 인기 있는 시사 프로그램인 〈60분〉에 두 사람이 같이 나가 기자들의 질문을 받았다. “대부분의 미국인들은 당신들이 헤어지지 않고, 문제를 해결하기 위해 합의점을 찾아 화해를 했다는 것에 대해 경탄하고 있습니다”라고 비교적 완곡하게 스캔들이 암시되었다. 그러나 빌 클린턴은 곧바로 반격에 들어갔다. “잠깐만요. 여기 당신들 앞에는 서로 사랑하는 두 사람이 있습니다”라며 질문을 던진 사람을 꾸짖었다. “그리고 이것은 합의도 화해도 아닙니다. 이것은 결혼입니다.” 힐러리는 머리를 끈으로 가지런히 묶은 단정한 소녀의 모습으로 그의 곁에 앉아서 맞는 말이라며 머리를 끄덕였다. 그런 다음 그녀가 던진 말은 그녀가 수년간 지켜야 할 말이 되었다. "나는 이 자리에 태미 와이네트[미국 컨트리 가수. 여자 컨트리 가수가 부른 노래 중 미국 역사상 가장 많이 팔린 컨트리 송 중 하나인 〈Stand by your man〉이 그녀의 대표곡임: 옮긴이]처럼 남편 곁을 지키는 아내로서 자리한 것이 아닙니다"라고 힐러리는 도전적인 목소리로 외쳤다. "나는 남편을 사랑합니다. 나는 그를 존경하고 존중합니다. 그것으로 충분하지 않다고 생각한다면, 빌어먹을 그를 그냥 뽑지 않으면 될 일입니다."

힐러리 클린턴은 태미 와이네트를 언급함으로써 — 힐러리는 원래 그녀의 노래 〈Stand by your man〉을 언급할 의도였음 — 큰 실수를 저질렀고, 정말 대단한 분노의 물결을 야기했지만, 유권자들은 그럼에도 불구하고 클린턴을 선택했다. 빌 클린턴은 자신의 회고록에서 "미국인들이 베이비 붐 세대의 후보자, 게다가 미국 역사상 세 번째로 젊고 조그만 주의 주지사를, 문제가 많았음에도 불구하고, 선택한 이유는 다양했다"라고 말하며 매우 냉정하게 분석했다. "선거 여론조사 결과, 유권자에게 가장 중요한 이슈는 압도적으로 경제 문제였으며, 그 다음이 재정 적자와 의료보험 문제였다. 반면, 후보자의 성향에 관한 것은 '별로 중요시하지 않는' 문제였다."

1993년 1월 20일부터 백악관에는 완전히 새로운 바람이 불기 시작했다. 펜실베이니아 가 1600번지의 백악관 직원들은 이런 분위기를 처음으로 감지할 수 있었다. 클린턴 부부가 무도회 행사로 녹초가 되어 잠자리에 든 다음 날 새벽에 확신에 찬 노크 소리가 그들을 깨웠다. 갓 대통령에 취임한 이 부부가 제대로 정신을 차리기도 전에 턱시도 복장을 한 급사가 은쟁반을 들고 그들 앞에 서 있었는데, 이는 일찍 잠자리에서 일어났던 부시 전 대통령의 습관에 맞춰 아침을 제공하기 위한 것이었다. "이 가여운 직원이 미국 42대 대통령으로부터 들은 첫 말은 '이봐요, 뭐하자는 겁니까?'"였다고 힐러리 클린턴은 기억하고 있다. "나는 이 급사보다 더 빨리 도망치듯 사라지는 사람을 본 적이 없다."

그러나 클린턴 부부는 자신들의 느슨한 생활방식이 워싱턴에 맞지 않는다는 것을 금방 알아차렸다. 정권 초창기에는 몇몇 일들이 잘 돌아가지 않았다. "솔직하게 말하면, 그들 부부가 아칸소에서 몇 사람을 데리고 왔는데, 이들은 정부 차원의 일을 하기에는 충분치 않은 사람들이었습니다"라고 힐러리 클린턴의 고문인 로버트 부어스틴은 시인한다. 워싱턴의 영향력 있는 인사들은 클린턴 부부가 백악관의 핵심 요직을 옛 친구들이나 지인들로 채워 가는 걸 탐탁지 않게 생각했는데, 그들은 몇몇 케이스에서 매우 의심스런 자질을 가진 것으로 드러났다. 정실 인사라는 비난이 금세 퍼졌다. 힐러리가 다니던 리틀록의 법률 회사 동료이자 친구였던 빈스 포스터도 쏟아지는 비난을 감당해야 했는데, 그를 힐러리가 워싱턴으로 데려왔다. 1993년 7월 20일에 빈스 포스터는 자살로 생을 마감했다. 그는 유서에 "나는 워싱턴 일에 맞지 않는 것 같다. 여기서는 사람을 파괴하는 걸 스포츠처럼 생각한다"라고 적었다. 친구를 잃은 힐러리와 빌 클린턴은 심한 타격을 받았다. 결국에는 힐러리와 빈스가 관계를 가지고 있었다는 말이 퍼졌으며, 심지어 살해되었다는 소문까지 돌았다.

빈스 포스터의 죽음은 새 대통령 부부가 처한 엄청난 중압감을 아주 단적으로 보여 주는 징표였다. 대중매체들과 정적들은 전에 없던 방식으로 클린턴 부부의 과거와 현재를 낱낱이 파헤쳤다. 그리고 그들은 아주 빠른 시간 내에 풍부한 자료를 얻게 되었다. 후에 같은 운명을 공유했던 모니카 르윈스키가 경멸조로 "아칸소 출신의 입이 가벼운 여자"라고 부른 폴라 존스가 대중 앞에 등장했다. 존스는 클린턴 부부의 정적들로부터 폭로하라는 사주를 받은 것이 분명했다. 그녀가 밝힌 것은 일반적으로 스캔들에서 나오는 시시껄렁한 수준의 얘기가 아니었다. 왜냐하면 빌 클린턴이 그녀에게 오럴섹스를 하도록 강요했다고 그녀가 진술했기 때문이다. 그녀는 물론 명백하게 거부 의사를 밝혔다고 했다.

1993년 말에 클린턴 부부가 리틀록에 사는 동안 투자했던 투명하지 못한 부동산 거래에 대한, 이른바 화이트워터 스캔들에 대한 조사가 시작되었다. 친구인 짐과 샘 맥두걸과 함께 힐러리와 빌은 오차크 산에 있는 대규모 전원 택지를 분양하려고 했다. 수개월에 걸친 조사에도 불구하고 클린턴 부부가 투자자들을 속였다는 것을 증명할 수 없었지만, 이로 인해 그들의 명성은 심각한 타격을 입게 되었다. 조사라는 형식을 통해 대통령 부부를 몰아붙인 방식은 무척 가혹했는데, 이런 방식은 이전에는 결코 없었던 방식이었다. 특히 힐러리는 이 시기에 "우익"의 음모에 말려들었다고 확고하게 믿고 있었다. 그녀의 반응은 당연한 것이었다.

외부로부터의 비난이 더욱 거세질수록 부부는 서로에게 더욱 가까이 다가섰다. 그러나 비판가들은 그것도 비판의 대상으로 삼았다. 힐러리가 일종의 "여자 맥베스"라는 것이었다. 그녀가 대통령의 결정에 입김을 불어넣는다고도 했다. 정치권력을 획득하기 위해 자신의 개인적인 영향력을 관철시키는 사악한 배후 조종자가 그녀라는 것이었다. 연설문 작성자인 로버트 부어스틴은 이런 비난을 단호하게 부인한다. "그녀가 공동 대통령이라는 소문을 퍼트린 것은 완전히 어리석은 짓이었다. 그들은 서로 화해했고, 서로를 잘 이해했으며, 어느 방향으로 가야 할지 알고 있었다"라고 그는 말한다.

대중들도 영부인이 영향력을 행사하고 있다고 의심의 눈길을 보내고 있었다. 이미 선거전을 치르는 동안 힐러리는 이른바 "쿠키와 차Cookies and Tea" 사건으로 실수를 저지른 바 있었다. 그녀는 한 인터뷰에서 영부인으로서 그녀의 역할에 대한 질문에 "쿠키를 굽고 차를 끓이기 위해 집에 있을 수도 있겠죠"라고 대답했다. 그것은 가정주부들에 대한 모욕이었다. 그녀의 친구인 멜라니 버비어는 이제 그 당시의 소동에 대해 차분하게 살펴본다. "영부인의 역할에 대한 문제는 어디에도 확실하게 규정된 것이 없었다. 미국인들은 그들이 바라는 영부인 상에 대해 정말 제대로 알지 못하고 있다. 그녀가 어떤 입장을 취하면, 언제나 이 입장에 반대하는 다수의 국민 집단이 있다." 힐러리가 취한 입장은 물론 국민 대다수가 반대하는 것이었다. 그러나 그녀는 어떤 관직도 가지지 않았는데, 어디에서 남편의 정치에 영향력을 행사하는 권리를 얻게 되었을까? 대통령은 아내의 조언을 구했고, 그녀의 재능을 높이 샀다. 빌 클린턴은 이미 선거전을 치르면서 "당신들은 하나 가격으로 두 개를 얻게 될 것"이라고 선전했고, 이 말을 실행에 옮겼다. 선거가 끝난 직후에 그는 힐러리에게 형편없는 미국의 의료보험 시스템을 개선할 광범위한 개혁 작업을 마무리하는 중요한 임무를 맡겼다. 영부인이 기껏해야 국빈 행사에서 차 모임과 부인 행사를 담당하는 것으로 생각하던 사람들에게 이것은 충격적인 일이었다.

힐러리에게 의료보험 개혁 임무를 맡긴 것은 빌 클린턴의 첫 번째 임기 중에 행한 가장 중대한 오판 중의 하나로 여겨진다. 미국 의료보험 시스템을 획기적으로 변혁하는 임무는 실패로 돌아갔다. 그리고 아내가 결과에 책임을 져야 했기 때문에, 이 실패는 대통령의 직접적인 부담으로 전가되었다. 힐러리 클린턴은 분명히 이 프로젝트에 상당한 자신감을 보였다. 이 프로젝트에서 가장 긴밀한 관계에 있었던 직원 아이러 매거지너와 함께 그녀는 모든 것을 한꺼번에 해내려고 했다. 그 결과물이 1,300페이지에 달하는 무시무시한 두께의 새 법령집이었는데,

아무도 이 책을 이해하는 사람이 없었다. 원래 힐러리 클린턴은 보다 많은 국민들에게 보험 혜택을 확대하기 위한 의도만 가지고 이 개혁 작업에 뛰어들었다. 어쨌든 그 당시에 3,700만 명의 미국 국민들이 보험에 가입하지 않고 있었는데, 그 주된 이유는 고용주에게 피고용인을 보험에 가입시키고 그 보험료를 분담하게 하는 것이 의무화되어 있지 않았기 때문이다. 그러나 어찌되었든 그 의도가 다른 결과를 가져왔고, 종국에는 힐러리의 복잡한 법령이 의회를 통과할 가능성이 없다는 점은 분명했다. "그 일이 그녀에게 생각할 수 없을 정도로 심대한 타격을 주었다"고 로버트 부어스틴은 말한다. "또한 그에게도 심대한 타격을 주었다. 왜냐하면 그는 한편으로는 아내가 그런 실패로 인해 괴로워하는 것을 보고 있어야 했기 때문이고, 다른 한편으로는 이 개혁에서 정말 많은 것을 기대하고 있었기 때문이다."

1994년 가을에 있었던 하원 선거에서 민주당은 산사태에 흙이 휩쓸려가듯, 많은 의석 상실을 감내해야만 했다. 51명의 하원 의원이 자리를 내줌으로써 민주당은 지난 40년 이래 처음으로 다수당의 지위를 잃었다. 힐러리에게는 남편의 집권 초반 2년이 개인적으로나 직업적으로 재앙이 연속된 시기였다. 그녀의 아버지가 죽었고, 친구인 빈스 포스터가 스스로 목숨을 끊었으며, 의료보험 개혁은 실패로 돌아갔다. 그녀 자신은 남편에게 터진 몇몇 곤혹스런 스캔들의 중심에 서 있었다. 대통령 부부는 역할을 새롭게 분담함으로써 집권 하반기를 버텨

내려고 했다. 그녀의 고문이었던 멜라니 버비어는 새로운 이미지를 선택하는 데 적극적으로 나선 사람이 바로 힐러리 자신이었다고 기억한다. "그녀는 다른 일을 해야만 한다는 것을 알고 있었다. 그녀는 아주 영향력이 많은 영부인으로 남아 있었지만, 전면에 나서 스포트라이트를 받는 일은 피하기 위해 뒤로 물러나 있었다. 그녀는 그런 식으로 앞으로 나갈 수 있다는 것을 잘 알고 있었다." 힐러리의 전기 작가인 캐티 마턴도 거의 같은 생각을 가지고 있다. "그녀는 이제 전통적인 역할을 하는 영부인이 되었다. 그녀는 자신의 역할을 능숙하게 활용했으며, 이런 역할을 예전에 재키 케네디가 했던 것처럼 잘 해냈다. 그녀는 권력을 행사하려면 직접 정무직 자리를 차지해야 한다는 것을 잘 알고 있었다."

1996년 말에 이루어진 빌의 재선은 클린턴 부부의 입지를 강화시켜 주었다. "우리는 인생의 이 새로운 국면을 단단한 각오로 시작해야 한다고 느꼈다. 어떤 일이 일어나도 밀어붙일 각오로"라고 힐러리 클린턴은 회고록에 적고 있다. 힐러리와 빌 클린턴은 결코 정치적으로 성공했다고 할 수 없는 첫 4년의 집권 기간 뒤에 백악관에서의 자신들의 역할을 찾은 것처럼 보였다. 힐러리는 이제 공개적으로 전면에 나서지 않았다. 대통령은 외교 정책을 역사의 한 페이지를 장식할 수 있는 무대로 생각했다. 어린아이 같은 슈팅스타가 이제 겉보기에도 정치인이 되었다. 이제 갓 50대가 된 대통령은 회색빛 머리카락으로 인해 품위 있는 겉모습을 갖추게 되었다. 그러나 외적인 성숙이 내적인 성숙으로 이어졌을까? 2년 뒤에 이 질문에 대한 명확한 답이 주어지게 된다.

1998년 1월, 빌 클린턴의 비밀이 폭로되었다. 이야기는 다른 많은 스캔들과 비슷하게 시작되었다. 20대 초반의 매력적인 아가씨인 모니카 르윈스키는 백악관에서의 인턴 일을 원래의 의미보다 더 넓게 이해하고 있었다. 젊은 아가씨가 여러 번 대담하게 대시를 하자 대통령은 유혹에 넘어갔다. 모니카 르윈스키는 이 운명적인 스캔들이 어떤 식으로 시작되었는가에 대한 질문에, "공작은 관심이 있다는 것을 나타내기 위해서 깃을 펼친다. 나는 내 슬립 끈을 보여 주었다"라고 간결하게 대답했다. 빌 클린턴의 기억에는, 자연스런 현상이지만, 그 과정이 보다 냉정하게 묘사된다. "1995년 말에 연방 행정부가 마비되었을 때(그 당시 하원의 다수당이었던 공화당이 예산 문제와 관련해서 민주당과 합의를 보지 못한 상황이었다), 소수의 사람들만이 백악관에서 업무를 볼 수 있도록 허가를 받았다. 그리고 그들은 보통 밤늦게까지 남아 있었다. 그 시기에 모니카 르윈스키와 부적절한 관계를 맺게 되었으며, 1995년 11월과 1996년 4월 사이에 수차례 그런 관계가 이루어졌다." 이런 관계가 눈에 띄게 드러나 보이자 클린턴의 고문은 이 여인을 국무부로 전근시켰다. 클린턴의 회고록에는 "나는 그녀에게 당신은 매우 총명하고 관심을 끄는 사람이며 아직도 아름다운 인생이 많이 남아 있다고 말했다. 또 그녀가 원한다면 친구로서 그녀를 도울 것이라는 말도 했다"라고 적혀 있다. 그러나 모니카는 그 이상을 원했다. 그녀는 선물을 보냈으며, 공개적인 자리에서 과시적으로 대통령 앞에 나타나기도 했다. 그녀가 전 연인을 보고 감격한 채 머뭇거리며 포옹하는 장면을 우연하게 담은 비디오 영상은 20세기에 가장 자주 보여진 필름이 되었다. 이 모든 것은 분명 두 사람 모두에게 시간이 흘러감에 따라 아마도 아름다운 기억으로, 적어도 가슴 아픈 기억으로 남아야 했고, 그리고 전적인 신뢰를 받은 이 아가씨는 사랑의 번민에 휩싸였어도 그 고민을 친구와 나누지 말았어야 했다. 자칭 그녀의 지인이라고 하는 린다 트립은 이 이야기가 폭발적인 위력을 갖고 있음을 알아차렸다. 그래서 울면서 고백한 얘기를 그대로 녹음기에 담았다.

당시 케니스 스타 특별검사의 부하 직원이었던 밥 비트먼은 린다 트립이 전화상으로 많은 파장을 불러일으킨 녹음테이프에 대해 말했던 그날, 즉 1998년 1월 12일에 대해 이야기할 때면 오늘날까지도 흥분이 된다고 한다. "조사원이었던 우리에게 이 일은 엄청난 사건이었다. 우리는 이 여인이 진실을 말하고 있는지 검증하기 위해서 즉시 그 테이프를 FBI에 보냈다. FBI는 모든 것이 사실이라는 의견을 내놓았다." 그러나 이것만으로는 증거가 충분하지 않았다. 왜냐하면 르윈스키가 증언할 준비가 되어 있지 않았기 때문이다.

"나는 그녀가 아직도 클린턴을 사랑한다고 생각했다"라고 그녀를 여러 번 심문했던 밥 비트먼은 말한다. "그녀는 그저 그에게 해를 끼치고 싶어 하지 않았다. 그녀는 우리와 얘기를 하게 되면 그를 다치게 할 수 있다는 것을 알았다." 그리고 클린턴이 여전히 의혹이 해소되지 않은 폴라 존스 스캔들과 관련해 조사를 받으면서 곁가지로 모니카 르윈스키라는 이름의 직원에 대한 질문을 받았을 때, 그는 관계를 부인했다. 그는 그녀와 성적인 관계를 갖지 않았다고 말했다. 그러고는 그만이었다. 법적으로만 본다면, 이 시점부터 조사관들이 할 수 있는 일은 아무것도 없었다. 그러나 대중매체의 시각에서 보면, 그 이야기는 엄청난 위력을 지닌 메가톤급 폭탄이었다.

르윈스키 이야기가 1998년 1월 21일자 『워싱턴 포스트』지의 헤드라인을 장식했다. 과거에 있었던 사건도 이렇게 떠들썩했고, 클린턴이 이러한 상황에 처한 것도 처음이 아니었다. 그는 언제나 궁지에서 빠져나올 수 있었다. 제니퍼 플라워스와 폴라 존스의 경우에도 결국 소나기구름은 지나갔다. 클린턴은 불가피한 행동을 취했다. 그는 부인에게 불쾌한 일이 기사화될 것이라고 미리 마음의 준비를 하도록 말하면서 피해를 최소화시키고자 했다. 클린턴은 자신의 자서전에 "스타 검사가 문제를 떠들썩하게 만드는 데 성공했다. 사태가 진정될 때까지 여론의 압력을 2주간 버텨낼 수 있기를 바랐다"라고 적었다.

같은 날 PBS 방송의 〈뉴스 아워News Hour〉 시간에 대통령에 대한 비난이 제기되었다. 클린턴은 눈에 띄게 몸이 불편해 보였다. 평소 같으면 쾌활하고 생기 있었을 대통령의 얼굴은 창백하고 군데군데 검버섯이 보였다. 불안하고 초조해서 밤에 잠을 제대로 자지 못했다. 그는 아무에게도 거짓을 말하라고 요구한 적이 없었다고 주장했다. 그의 표현이 명확하지 않아서 이런 식으로도 또는 저런 식으로도 해석할 수가 있었다. 그러고 나서 5일 후에 42대 미국 대통령은 자신의 일생을 건 거짓말을 했다. 한 기자회견에서 클린턴은 한순간 자제력을 상실했다. 비난조로 집게손가락을 카메라 쪽으로 가리키면서, 그는 갑자기 소리를 버럭 질렀다. "내 말을 똑바로 잘 들으세요, 다시 한 번 말하겠습니다. 난 이 여인, 르윈스키 양과 성적인 관계를 가진 적이 없습니다." 그렇게 말하고는 사라졌다. 그는 노란 옷을 입고 뒤에 서 있던 부인과 평상시처럼 자주 눈길을 마주치지 않았다. 무덤덤하게 박수를 치면서 힐러리 클린턴은 남편을 따라 방을 나갔다.

운명적인 저 1998년 1월 21일 수요일 아침에 남편이 자기를 매우 일찍 깨웠다고 예전 영부인은 자신의 회고록에서 기억하고 있다. "그가 침대 가장자리에 앉은 채로 '신문에 어떤 기사가 나왔는데 당신이 꼭 알아야 돼'라고 말했다… 빌은 내게 2년 전에 모니카 르윈스키라는 인턴 직원과 친하게 되었는데, 그녀는 예산 문제로 정부가 마비되었을 때 자발적으로 백악관 웨스트 윙에서 일을 했다고 설명했다. 그는 그녀와 몇 번 대화를 나누었고, 그녀는 그에게 일자리 찾는 것을 도와달라고 부탁했다고 한다. 이런 일은 내가 이미 수십 번이나 경험한 일인데, 왜냐하면 이런 행실이 완전히 빌의 본성과 맞아떨어지기 때문이었다… 나는 빌에게 계속 스캔들에 대해 물었다. 그는 부적절한 행동에 대해서는 모두 부인했지만, 이 젊은 아가씨가 자신의 관심을 아마도 잘못 해석했을 수는 있다고 인정했다. 나는 그날 남편이 도대체 무슨 생각을 하고 있었는지 결코 알 수 없을 것이다." 사람들은 스캔들에 대한 힐러리의 설명을 거의 믿지 않는다. 그녀의 고문인 딕 모리스는 솔직하게 힐러리 클린턴이 여기서 아무것도 모르는 아내의 이미지를 만들어 냈다는 의견을 밝혔다. 그는 ZDF와의 인터뷰에서 "당연히 힐러리는 모든 것을 알고 있었다"라고 말했다. "만약 그녀가 그 사실을 몰랐다면, 그녀는 바보 멍청이일 것이다. 그녀의 남편은 파경의 책임을 져야 할 일이 수없이 많았다. 그리고 이번 경우에는 심지어 밤중에 통화도 하고 선물도 주었다. 그러나 그녀는 이 사실을 그냥 인정할 수가 없었다. 만약 그녀가 이 사실을 인정했다면, 그녀는 남편을 더 이상 방어할 수 없었을 것이다. 만약 그녀가 '예, 그가 그렇게 했어요. 하지만 그럼에도 불구하고 대통령직을 유지하도록 했죠'라고 말했다면, 그것은 '내게 있어 권력이 결혼보다 더 중요해요'라고 인정하는 것이 될 것이다." 어쨌든 힐러리는 싸움을 시작했다.

1월 27일 아침에 그녀는 〈투데이쇼〉라는 방송 프로그램에 출연했다. 어두운 색상의 단정한 옷에 완벽하게 머리 손질을 하고 화장을 하는 등 빈틈없는 모양새를 갖추고 출연했다. 오늘날 힐러리 클린턴은 "내 치근 치료 일정을 앞당겨야 했는데, 그렇게 못했죠. 오래전에 잡은 일정을 취소하면 수많은 억측을 불러일으킬 수 있었을 테니까요"라고 몸서리치며, 진이 다 빠질 만큼 신경을 곤두세웠던 그날을 상기한다. 방송을 보던 사람들은 그녀의 그런 모습을 전혀 눈치 채지 못했다. 단지 눈가의 어두운 그림자만이 지난주에 영부인이 신경을 많이 썼다는 것을 짐작하게 해 줄 뿐이었다. 그녀는 인터뷰 진행자의 질문에 자세를 곧추세웠고, 마치 탄환이 발사되듯 그녀의 답변이 질문자에게 되날아갔다. "나는 이곳에서 전투가 벌어지고 있다고 확신하고 있습니다! 그 전투에 관여한 사람들만을 봐 주세요"라고 힐러리는 말했다. 그리고 이어서 확실하지 않은 추측에 대해 말했다. "내 남편이 대통령 입후보 출마를 발표하던 날 이후로 그에게 씌어진 극우주의자들의 광범위한 음모가 있습니다." 잠시 뒤에 그녀는 노골적으로 위협을 가했다. "만약 이 모든 것이 연관 있다는 것이 밝혀지면, 몇몇 사람은 많은 것에 대해 책임을 져야만 할 것입니다." 새끼를 지키려고 싸우는 암사자처럼 그녀는 남편을 변호했는데, 많은 여성들은 이 남편을 백악관 문 밖으로 확실하게 내치는 것이 낫다고 생각하고 있었다. 이 모든 것이 쇼에 불과했을까? 실제로 힐러리는 남편이 자신을 가장 비열한 방법으로 속이고 기만한 것을 알면서도 남편을 위해 그런 열정을 쏟아 부을 수 있었을까? 캐티 마턴은 이런 상황을 달리 해석한다. "어떤 일을 의식에서 떨쳐 버리는 인간의 능력은 가히 상상을 초월할 정도죠. 만약 무언가를 인정하려고 하지 않으면, 그것이 그의 눈에 보이지 않는 법이죠. 그녀는 그를 믿어야만 한다는 것을 알았기 때문에 그를 믿었습니다. 그의 과실이 상상을 초월하는 엄청난 것이어서 이성적으로는 그를 이해할 수 없었을 것입니다." 의도된 감정이었든, 아니면 마음에서 우러난 감정이었든 간에, 빌 클린턴은 부인이 출연한 것을 보고는 괴로워했다. 오직 그만이 그 고통의 크기를 가늠할 수 있었다. 힐러리 클린턴은 자신이 한 모든 발언으로 인해 치욕과 은폐로 점철된 소용돌이 속으로 점점 더 깊이 끌려 들어갔다. "힐러리가 적들의 특성을 제대로 평가하고 있었음에도 불구하고, 그녀가 나선 것은 나의 수치심을 더 증대시켰다"고 클린턴은 『나의 인생』에서 적고 있다. 아내가 자신의 명예와 경력 그리고 일생의 업을 걸고 남편을 위해 대중 앞에 나선 것을 보고 그가 보인 반응치고는 너무나 점잖은 표현이다.

왜 클린턴은 그런 거짓말을 했을까? 이런 질문은 수없이 제기되었고, 당사자만이 이에 대해 답을 줄 수 있을 것이다. 그는 자신의 회고록에서 자기 영혼의 어두운 면에 대해 얘기할 때면 "평행 이론"이라는 용어를 사용했다. "나는 내가 저지른 과실이 부끄러웠고, 그 과실을 아내와 딸에게 숨기고자 했다. 나는 켄 스타 검사가 내 사생활을 범죄로 만드는 것을 돕지 않고, 미국 국민들이 내가 속인 사실을 알지 못하게 만들고자 했다. 나는 악몽을 꾸게 되었다. 평행 이론이 나를 완전히 다시 장악했다"라고 말이다. 그럼에도 불구하고 그의 행실은 수수께끼다. 클린턴은 모든 것을, 인생에서 생각할 수 있는 모든 것을 이루었다. 그는 세상에서 가장 막강한 자리에 올랐고, 조건 없이 그를 도운 아내를 얻었으며, 무엇보다도 사랑하는 딸을 얻었다. 그는, 신은 자신이 사랑하는 사람들을 모두 일찍 데려가는 것은 아니라는 얘기의 살아 있는 증거처럼 보였다. 클린턴은 왜 모니카 르윈스키와 관계를 맺었느냐는 질문에, 언젠가 "그냥 내가 할 수 있었으니까"라고 대답한 적이 있었다. 단순하지만 분명 그 질문에 적절한, 유일한 설명일 것이다.

그러나 의심할 나위 없이 매우 지적인 남자가 왜 자신이 쳐 놓은 거짓이라는 그물에 점점 더 깊이 빠져 들어갔을까? 이른 시점에 확실하게 사소한 일로 만들 수 있었던 이 스캔들이 그의 모든 것을 앗아갈 수 있을 만큼 엄청난 스캔들로 커질 수 있다는 걸 왜 그는 분명하게 보지 못했던 것일까? 여러 해 동안 그의 고문을 지낸 딕 모리스는 이 점에 대해 아주 냉정한 판단을 내리고 있다. "나는 그가 힐러리에게 두려움을 갖고 있었기 때문에 그냥 거짓말을 한 것이라고 생각한다. 그는 진실을 말하는 것이 자신의 결혼 생활에 종지부를 찍는 것이고 또한 자신의 정치 경력도 끝을 내는 것이라고 생각했다. 그는 그것을 우려했다. 그는 언제나 사건을 거짓말을 통해 타개해 나갔다." 적어도 마지막 말은 분명히 진실이다. 그렇게 클린턴은 계속 거짓말을 했다. 백악관 내에서는 아마도 이 모든 얘기를 오래전부터 알고 있었을 것이다. 오랫동안 이 백악관 스캔들을 면밀하게 관찰해 온 『뉴요커』지의 편집자 조 클라인은 자신의 책 『천부적인 재능』에서 다음과 같이 적고 있다. "나중에 놀랍게도 진실로 밝혀진 거의 모든 상세한 내용들, 즉 정액이 묻은 옷, 진부한 선물들, 밤에 주고받은 열정적인 전화 통화, 구강성교를 성교로 간주하지 않으려는 생각 등, 그 모든 것들이 스캔들이 터진 후 며칠 사이에 이미 널리 알려져 있었다.”

그사이 국정은 기름을 칠한 것처럼 잘 돌아갔고, 전반적으로 성공적으로 운영되었다. 이 불사조 대통령에게 이번에도 궁지에서 벗어날 수 있는 좋은 기회가 생긴 것처럼 보였다. 1998년 1월 27일에 하원에서 “국정 연설”을 했는데, 그의 예전 연설과 비교하면 훌륭한 연설이었다. 실제로 그의 집권 기간 동안 거둔 많은 결과물들이 매혹적이었다. 공화당 소속 전임 대통령인 조지 부시로부터 넘겨받은 엄청난 재정 적자가 해소되었고, 실업률도 기록적인 속도로 줄어들고 있었다. 클린턴이 연설을 끝맺고 받은 기립 박수는 그의 영혼을 달래 주었다. 사태가 진정되자 그는 희망을 품었다. 조사가 계속되었지만, 그 조사가 “슬릭 윌리slick willy”를 잡지 못할 것처럼 보였는데, “슬릭 윌리”는 사람들이 오래전부터 비밀스럽게 빌 클린턴을 가리키던 별명이었다.

“봄 동안 우리는 제자리걸음을 하고 있었다”고 밥 비트먼은 시인하고 있다. “대통령은 우리와 얘기하는 것을 거부했다. 그리고 르윈스키도 우리와 얘기를 나누지 않았다.” 사랑에 빠진 이 아가씨는 꿈적도 하지 않았다. “그녀는 여러 면에서 매우 순진했다”라고 비트먼은 말한다. “그녀는 자신이 처한 상황이 정말 심각하다는 것을 이해하지 못했다. 그녀가 우리와 얘기하는 것을 거부하면 감옥에 갈 수도 있다는 사실을 말이다.” 르윈스키는 여전히 옛 연인을 매우 강력한 비난으로부터 보호해야 한다는 낭만적인 생각을 품고 있었던 게 분명했다. 물론 클린턴이 그녀의 이름을 명시적으로 언급하며 격렬하게 부인함으로써 그녀는 상처를 받은 것처럼 보였다. "우리는 르윈스키가 우리에게 협조하도록 설득하기 위해 마지막으로 한 번 더 시도해 보기로 했다. 그리고 마침내 그녀가 협조했다"라고 비트먼은 말한다. "우리는 그녀에게 이 하루에 대한 면책권을 주었다. 그 의미는 이날 한 그녀의 진술이 그녀에게 불리하게 사용될 수 없다는 뜻이었다."

해당 서류에 채 잉크가 마르기도 전에 르윈스키는 대통령과의 정사를 인정했고, 모든 증거물 중에서 가장 결정적인 증거가 있음을 확인해 주었다. 이 아가씨는 클린턴과 만났을 때 입었던 옷을 빨지 않고 그대로 간직하고 있었다. 대통령의 거짓말을 밝힐 증거물로, 정액이 묻어 있었다. 얼마 지나지 않아 이 흥미로운 옷가지가 FBI에 전달되었다. 밥 비트먼은 "FBI는 재빠르게 결과를 내놓았다. 옷에 진 얼룩은 정말로 인간의 정액이었다. 어쩌면, 이것은 아무 쓸모없는 쓰레기가 될 수도 있었을 것이다"라고 말한다. 이로써 특별검사가 미국 대통령에게 DNA 분석을 요청하기에 충분한 증거가 확보되었다.

1998년 8월 15일 토요일 아침, 마침내 클린턴 부부에게 진실의 순간이 도래했다. 지난 1월의 그날 아침처럼 빌이 다시 자신을 깨웠다고 힐러리 클린턴은 그녀의 회고록에서 밝히고 있다. "그는 이번에는 침대 가장자리에 앉지 않고, 예전에 그가 내게 고백했던 것보다 지금 상황이 훨씬 더 심각하다고 처음으로 밝히면서 방 안을 왔다 갔다 했다. 그가 자신의 진술을 통해 부적절한 내밀한 관계를 가졌다고 인정해야만 한다는 것은 그에게 분명해 보였다. 그와 르윈스키 사이에 있었던 일은 짧고 일시적이었다. 그는 너무나 수치스러웠기 때문에, 7개월 전에는 그 사실을 밝힐 수 없었다고 말했다."

빌 클린턴도 자신의 회고록에서 그 난처했던 순간에 대해 다루었다. "나는 그녀에게 미안했고, 벌어진 일에 대해서 누구에게도, 특히 그녀에게는 더 말할 수 없었다고 분명히 말했다. 나는 그녀에게 그녀를 사랑하고 그녀와 첼시에게 상처를 주지 않으려고 했으며, 내 행실에 대해 부끄러워하고 있고, 가족에게 근심거리를 덜어주고 대통령의 명예를 실추시키지 않기 위해 모든 것을 비밀로 했다는 얘기를 했다." 힐러리 로드햄 클린턴에게 23년간의 결혼 생활이 마침내 한계점에 도달한 것처럼 보였다. 입이 가벼운 고용인들의 말에 따르면, 그녀의 반응이 못들은 척 넘어갈 수 있는 정도가 아니었다고 한다. 힐러리 클린턴 자신도 "숨이 막혔다"라고 말한다. "필사적으로 숨을 터트리고는 나는 울기 시작했다. 그리고 그에게 소리쳤다. '도대체 무슨 말을 하는 거예요?! 무슨 얘기를 하는 거냐고요? 왜 당신은 나를 속였나요?' 나는 쳐다볼 때마다 더 화가 났다. 빌은 그냥 그 자리에 서서 계속 말을 했다. '미안해요. 정말 미안해요. 나는 당신과 첼시를 보호하려고 했어요.' 나는 그의 말을 믿을 수 없었다… 나는 그가 우리의 결혼 생활과 가족을 위험에 빠트릴 것이라고는 상상도 하지 못했다. 이제 나는 벼락을 맞은 것 같은 심정이었다. 나는 그를 믿었기 때문에 분통이 터졌고 절망했다." 그러나 단호한 그녀의 성격에 맞게 그녀는 남편과 맞섰다. 그리고 곧바로 딸 첼시에게 아버지가 거짓말을 했다는 사실을 직접 알려주라는 과제를 내렸다. 아마도 빌에게는 이것이 자신과 나눈 대화보다 더 고통스런 과정이라는 것을 그녀는 알고 있었을 것이다. "잠시 뒤에 내가 빌에게 첼시와 얘기를 해야만 한다고 말했을 때, 그의 눈은 눈물로 글썽거렸다"고 그녀는 회고록 『살아 있는 역사』에서 적고 있다. "우리 두 사람은 이 단절된 간극을 더 이상 메우기 어렵다는 것을 알고 있었다. 그것은 우리 모두가 겪은 가장 고통스런 순간이었다. 나는 우리 결혼이 이 기만적인 상황을 극복할 수 있을지, 아니면 극복해야 하는지 알지 못했다. 그것은 내 생애에서 가장 처참하고 충격적이며 고통스런 경험이었다."

클린턴 부부에게는 대통령이 대중 앞에 나서기 전까지 주말을 버텨내는 것이 중요했다. 한 가족이 그런 상황에서 도대체 무엇을 할까? 아내는 남편의 가방을 문 밖으로 내던질까? 남편은 믿을 만한 친구를 찾아가서 술을 엄청 퍼마실까? 아내는 친한 친구에게 가서 눈물을 흘리면서 부정한 남편을 욕할까? 이 모든 것이 클린턴 부부와는 관련이 없었다. 그들이 취하는 행동들은 철저하게 감시를 받고 있었다. 고문, 법률가, 기자, 이 모든 사람들이 상황이 어떻게 진척될 것인지 알려줄 신호를 기다리고 있었다. 그러나 여기에 관련된 사람들은 그런 신호를 전혀 발견할 수 없었다. 클린턴 부부는 한 사람에게 도움을 청했는데, 사람들은 이 사람이 도움을 줄 것이라고는 거의 예상하지 못했다. 아무도 알아채지 못하게, 저명한 민권운동가인 제시 잭슨이 백악관에 도착했다. 클린턴 부부는 그를 오래전부터 알고 있었고, 이 목사와 긴밀한 관계를 맺었다. "나는 그들이 위기를 극복하도록 돕고 싶었다"라고 제시 잭슨은 ZDF와의 인터뷰에서 밝히고 있다. "특히 나의 관심사는 첼시를 돕는 것이었다." 잭슨은 세 사람과 대화를 시도했는데, 더 중요했던 것은 그가 가족과 함께 기도를 한 것이었다. "우리는 각자 그리고 같이 기도를 했다"라고 목사는 말한다. "그들에게 친구가 곁에 있는 것이 중요하다는 느낌이 들었다."

8월 17일 월요일, 클린턴은 대배심에 출석해야 했고, 거기서 4시간에 걸쳐 진술을 했다. 특별검사측은 "예, 나는 모니카 르윈스키와 관계를 가졌습니다"와 같은 진술을 기대했지만 헛된 일이었다. 아주 영악한 변호사인 대통령은 이번에는 잘못된 진술을 하지 않기 위해 자신이 빠져나갈 여지가 있는 표현을 골랐다. 그렇게 클린턴은 새로운 정의를 사용했는데, 이는 원래 "성교"를 의미하는 것이었다. 게다가 그는 별로 설득력은 없었지만, "…이다"라는 단어도 새로 정의하려고 시도했다. "그것은 당신들이 '…이다'라는 단어를 어떻게 이해하는지에 달려 있습니다. "만약 그것이…, 만약 그가…, 만약 '…이다'의 의미가 현재에 있고 과거에는 전혀 없었다는 뜻이라면 그것은 맞지 않는 진술입니다. 그것이 하나입니다. 그리고 만약 …이다의 의미가 지금은 없다를 뜻한다면 그것은 완전히 맞는 진술입니다." 그러나 대배심에서의 마라톤 진술로 클린턴의 하루가 끝난 것은 아니었다. 그는 저녁에 방송을 통해 국민들 앞에 서서 자신의 견해를 밝혀야 했다.

짧게 '저녁 인사'를 하고 그는 본론으로 재빠르게 들어갔다. 그의 시선은 카메라에 고정되어 있었고, 화면 배경은 별다른 것 없이 밋밋했다. 다만 클린턴 왼쪽 어깨 뒤쪽으로 보이는 꽃다발이 최소한의 장식이었다. 꽃들이 참회의 색깔인 보라색으로 다양하게 꽂혀 있는 것이, 우연이었겠지만, 이 순간에 맞는 적절한 장식이었다. 왜냐하면 로마 황제 하인리히 4세가 카노사에서 교황에게 저 유명한 사죄를 구한 이래로 전혀 없었던 참회의 여정을 빌 클린턴이 눈앞에 두고 있었기 때문이다. 만약 클린턴에게 선택권이 있었다면, 분명히 그는 얼음같이 찬 눈을 맞으며 털로 짠 참회복을 입고 고정된 카메라 앞에 섰을 것이다.

"오늘 오후 나는 이 방에서 특별검사와 대배심원들 앞에서 진술을 했습니다"라고 말하며 대통령은 말을 계속 이어갔다. "나는 그들의 질문에 진실에 의거해서 대답을 했습니다. 내 사생활에 관한 질문에도요. 이 사건에 대한 나의 공식적인 발언과 침묵이 부정적인 인상을 주었다는 사실을 나는 알고 있습니다. 나는 사람을 속였습니다. 내 아내도요. 이제 내가 가장 사랑하는 내 아내와 우리 딸, 두 사람과 나 사이의 일이 남았습니다. 그리고 우리들의 신神하고도요."

대통령의 고문들은 그의 연설이 전혀 호감을 주지 않았다는 데 의견의 일치를 보았다. 그는 거만하고 뻔뻔스러우며 어딘가

귀에 거슬리게 말을 했다. 나쁜 짓을 하다 현장에서 잡힌 아이가 하는 듯한 건방진 태도였으며, 잘못을 고백하는 정치인의 노련한 등장 장면도 아니었다. 이 장면을 지켜본 많은 사람들은 만약 이날 밤에 클린턴이 감정에 충실하고 솔직한 연설을 했다면 그 뒤 몇 달간 지속될 조사와 외설스런 스타 보고서가 출간되는 것도 막을 수 있었다고 한결같이 생각했다. 그러나 평소 같으면 여론의 목소리에 본능적으로 반응하고 대중들이 그에게 바라는 것을 금세 알아채는 이 사람의 육감이 이 시점에는 완전히 쓸모가 없는 것처럼 보였다. 스캔들은 클린턴이 더 이상 통제할 수 없는 지경이 되었다. 다음 날 클린턴 부부가 일단 워싱턴 무대와 작별을 고하는 기사 사진이 모든 것을 적나라하게 보여 주었다. 이때까지 모든 행사에서 대중들 앞에 모습을 보일 때는 팔짱을 꼈던 부부가 거리를 두고 걷고 있었다. 마사스 바인야드에 있는 휴가 별장으로 떠날 때, 그들은 더 이상 겉으로 아무렇지 않은 듯한 모습을 유지할 수가 없었다. 현명한 첼시가 이 순간을 모면하게 했다. 그녀는 부모의 손을 잡고 그들을 기다리고 있던 헬기로 이끌었다. 그러나 그녀가 짓고 있는 미소에도 고통이 배여 있었다. 클린턴의 오른쪽에서 즐겁게 뛰고 있던 애완견 버디만이 보스를 배척하지 않는 듯 보였다.

마사스 바인야드에서의 휴가는 비참했다. 힐러리는 지난 몇 달 동안 보여 준 남편의 태도에 너무나 깊은 상처를 받았다. "그는 계속해서 내게 자초지종을 설명하려고 했고, 이 모든 것이 자신에게 무척 고통스럽다고 힘주어 말했다. 그러나 나는 그를 용서할 수는 있을지라도 그와 같은 방을 쓰고 싶다는 생각은 들지 않았다"고 그녀는 기억한다. 이 죄인은 침실에서 거실 소파로 쫓겨났고, 힐러리는 그를 피해 긴 해변 산책을 나갔다. 힐러리 클린턴에게는 애정 관계 외에 더 많은 것이 위태로워 보였다. "낮에는 밤보다 견뎌내기 쉬웠다. 나는 이제 누구를 찾아가야 하는지 자문해 봤다. 그는 내가 어려운 시기에도 언제나 내 곁을 지켜준 가장 좋은 친구였는데, 그 사람이 내게 엄청난 고통을 안겨 주었다. 나는 완전히 혼자가 된 느낌이었다. 아마 빌도 같은 느낌이었을 것이다."

이 시기 언제쯤엔가 클린턴 부부가 결혼 생활을 지키는 싸움에서 지지 않기로 결심한 것이 분명하다. "나는 아내로서 빌의 목을 비틀고 싶었다. 그러나 그는 나의 남편일 뿐만 아니라 나의 대통령이다. 그는 내가 예나 지금이나 지지하는 방식으로 미국을 이끌었다. 그가 그런 짓을 저질렀다 하더라도, 나는 어느 인간도 그가 받고 있는 것처럼 그런 무자비한 취급을 당해도 되는 사람은 없다고 생각한다"라고 힐러리 클린턴은 자신의 회고록에서 말한다. 그러나 상처는 쉽게 아물지 않았다. 빌 클린턴 자신은 더 이상 개인적인 실책이나 정치적인 실책을 저지르지 않고 워싱턴의 일상을 헤쳐 나가려고 노력하고 있었다. 그사이에 클린턴도 자신의 방송 연설이 국민들의 마음을 다시 얻기에는 부족했다는 것을 깨닫게 되었다. 이제 스스로에게 채찍을 가하는 편타고행자[자신에게 채찍질하는 고행을 수행의 방법으로

하는 13-14세기 수도사: 옮긴이]처럼 클린턴은 이 행사 저 행사에 참석했다. 그는 아내와 딸, 심지어 모니카 르윈스키와 그의 가족에게도 공개적으로 재삼재사 사과를 했다. 실제로 그는 이를 통해 여론조사에서 좋은 평가를 받았다. 이제 그가 거짓말을 한 것도 괜찮았다. 이제 그가 스캔들에 연루된 것도 괜찮았다. 대중들은 품위 없는 이전투구에 점차 염증을 내고 있었다. 스타 보고서가 발간되었을 때, 사람들은 보고서에서 읽을 수 있는 대통령의 과오에 대해 혐오하기보다 그런 내용이 인터넷에 올라 있다는 것에 대해 분노했다.

그러나 힐러리의 마음을 다시 얻기 위해서는 계속 사과만 하는 것 이상의 뭔가가 필요했다. 그녀가 어디서 힘을 얻고 또한 계속 남편을 도우려는 의지를 얻게 되었는지는 이 부부 이야기에서 가장 큰 의문 사항이다. 청소년부 목사였던 돈 존스는 이에 대해 간단하지만 아마 유일하게 적절한 설명이 될 말을 하고 있다. "힐러리는 평생 동안 매주 일요일에 감리교회에서 예배를 보았고, 그곳에서 우리가 우리에게 죄지은 자들을 용서하여 주듯이 우리 죄를 용서하여 달라는 기도를 올렸다"라고 존스는 말한다. "나는 사람들에게 그 말이 그녀에게는 결코 헛된 말이 아니었다는 것을 언제나 알려준다. 그것은 경건함을 올바르게 실천하는 행위이다. 그녀는 용서해야 한다는 의무감을 느끼고 있다. 그녀는 티내지 않고 신앙생활을 한다. 그녀는 신앙을 삶으로 실천한다."

그녀의 독실한 신앙심과 결혼의 영속성에 대한 그녀의 확고한 믿음은 힐러리가 이 고통스러운 몇 달 동안 진심을 다해 매달렸던 구원의 닻이었다. 그리고 그녀의 남편도 종교적인 도움을 구했다. 그는 세 명의 목사에게 적어도 한 달에 한 번 자신을 위해 시간을 내주기를 청했다. "우리는 함께 기도를 하고 성경을 낭독했으며, 지금까지 한 번도 얘기한 적이 없었던 몇 가지 일들에 대해 대화를 나누었다"라고 그는 『나의 인생』에서 밝히고 있다. 일 년 동안 클린턴 부부는 결혼 생활에 대한 부부 치료를 받았다. 미약하지만 치료가 성공할 것 같다는 첫 번째 예감을 느낄 수 있었다. "그때까지 나는 우리 침실 옆에 붙어 있는 작은 거실의 소파에서 잠을 잤다. 내게는 책을 읽고, 사색을 하고, 그리고 일을 하기 위한 시간이 많이 있었다. 소파는 매우 불편했다. 그러나 나는 내 삶의 나머지 기간을 그곳에서 보내지 않기를 희망하고 있었다."

사건이 잠잠해지고 분노의 폭풍이 잦아들었을 때, 대중들은 클린턴 부부가 여전히 함께라는 사실에 놀랐다. 그리고 그들에게 20년 동안 익숙했던 이미지와 현격한 차이를 보이는 클린턴 부부의 새로운 이미지가 생겼다. 이때까지는 공감을 얻은 사람이 거의 빌이었지만, 갑자기 그의 아내가 많은 공감을 얻었다. "이 스캔들은 힐러리에 대해 대중들이 가지고 있던 인식을 바꾸어 놓았다. 그녀는 더 이상 냉혹한 사람이 아니었다. 그녀는 갑자기 희생자가 되었다"라고 로버트 부어스틴은 말한다. 엄청나게 큰 치욕이 그녀의 이미지를 훼손시키지 않았다. 정반대였다. 완벽함으로 인해 많은 사람들에게 두려움을 불러일으키던 "그의 곁을 지키는 아내"가 평범한 수준의 사람이 되었고, 갑자기 기만당한 부인들뿐만 아니라 다른 사람들에게도 롤 모델이 되었다. 그녀가 모욕을 당한 사람처럼 행동하지 않고, 자신의 분노와 상실감에 굴복하지 않고 이 스캔들을 견뎌냈다는 점은 주목할 만하고 또한 분명히 경탄할 만하다.

힐러리 클린턴은 종종 엘러너 루스벨트의 격언인 "여자는 티백과도 같다. 여자를 뜨거운 물에 넣기 전까지 당신은 여자가 얼마나 강한지 모른다"를 인용하곤 한다. 그녀는 자신이 얼마나 강할 수 있는지 증명했고, 이전 영부인들은 하지 않은 행보를 취하기로 결심했다. 1999년 여름, 힐러리 자신의 선거전이 시작되었다. 그녀는 감사 인사에서 농담조로 "열여섯 달, 세 번의 토론, 두 명의 경쟁자, 그리고 여섯 벌의 여성 바지 정장"이라고 말했고, 선거전에서 승리했다. 2000년 11월 8일, 민주당이 대통령 선거에서 패배한 그 극적인 선거가 있던 날 밤, 힐러리 클린턴은 독자적인 의석을 차지하며 뉴욕 상원 의원이 되었다. 23시 6분에 그녀는 지지자들의 환영을 받기 위해 그랜드 하이야트 호텔에 도착했다. 하늘색 바지 정장을 입은 그녀는 검은 양복을 입고 늘어선 남자 무리들 앞에 홀로 서서 차분하고 겸손한 연설을 했다. 이 순간에 적지 않은 사람들이 그녀를 보지 않고 그 뒤에 서 있는 남자를 주시했다.

그는 말없이 거기에 서서 딸 첼시의 손을 잡고 미소 짓고 있었다. 자기 아내인 상원 의원 힐러리 클린턴에 대한 자부심이 가득한 미소였다. 클린턴 부부의 미래에 대한 전망이 정치에 관심 있는 사람들이 맞추고 싶어 하는 물음이 되었다. 존 F. 케리의 선거 패배 이후에 적지 않은 사람들이 2008년 민주당 대통령 후보로 힐러리 클린턴을 꼽고 있다. 그녀 자신은 극도로 발언을 삼가며 너무 일찍 위험을 무릅쓰는 행보를 취하지 않으려고 한다. 그러나 그러면 그럴수록 기자들과 정치인들은 더 추측에 빠지게 된다. 대부분의 사람들은 그녀가 충격에 빠진 민주당을 위해 새로운 진로를 잡아 줄 것이라고 믿고 있다. 세계에서 가장 강력한 자리에 여성이 처음으로 오르는 시기가 성숙되어 있는 것처럼 보인다. 대통령 고문인 딕 모리스는 "그녀가 2008년에 출마할 것이라고 확신한다. 그리고 빌이 사자처럼 그녀를 위해 싸울 것이다"라고 말한다. 그렇다면 그것은 앞에만 서 있던 남자에게 아주 새로운 역할이 될 것이다. 할리우드 감독이자 클린턴의 친구인 볼프강 페터젠은 다가올 일을 다음과 같이 생각하고 있다. "만약 클린턴이, 어떻게 불러야 될지 모르겠지만, 미국의 '퍼스트맨First Man'이 된다면, 정말 우스꽝스러울 것이다."

대부분의 사람들은 빌 클린턴이 대통령의 남편이라는 자리를 즐길 것이라는 데 의견이 일치한다. 빌 클린턴을 어렸을 때부터 알고 지낸 캐럴린 옐델 스탤리는 "그는 대통령 남편으로서의 역할을 대단히 세련되게 수행해 낼 것이다. 그녀는 그의 조언을 들을 것이고, 또한 조언을 주도록 요청할 것이다. 그녀는 그의 능력과 정열을 잘 알고 있고, 그 두 가지를 적절하게 활용할 것이다"라고 확신한다.

그러면 이 이야기는 개인적인 면에서 어떻게 될까? 클린턴 부부는 뉴욕의 차파쿠아에 집을 구해서 살림을 꾸리고 있다. 그곳에서 상원 의원과 일찍 연금 생활자가 된 빌 클린턴이 자주 눈에 띄지는 않지만 계속 관계를 유지하고 있다. 힐러리의 전기 작가인 캐티 마턴은 한 인터뷰에서 "그들은 서로 애기하는 것을 결코 중단한 적이 없다"라고 말한다. "나이 든 많은 부부들은 어느 날부터 갑자기 바라만 보고는 더 이상 아무 애기도 나눌 필요가 없어지게 된다. 힐러리와 빌은 아무도 할 수 없는 그들만의 언어가 있다. 그것은 한 사람이 다른 사람의 의중을 꿰고 있다는 것에 국한되지 않는다. 그들 사이에는 그 이상의 것이 있다. 에너지와 서로를 정말 존경하는 마음 같은 것이 그것이다. 이는 30년이 지난 뒤에 생긴 것이다." 청소년기 친구였던 조 퍼비스는 "그들은 여전히 서로 사랑하고 있다. 그들은 서로에게 여전히 반해 있다. 그들이 어떻게 그렇게 되었는지 나는 알 수 없다"라고 말한다.

다이애나 비와
찰스 왕세자

LADY DI UND PRINZ CHARLES

그들은 현대사에서
가장 환상적인 부부로 간주된다.
20세기에 맺어진 그 어떤 부부도
그들처럼 인간의 상상력에 날개를
달아준 부부는 없었다.
그들은 함께 영국 왕실을
가장 성공적으로 알린 전도사가 되었다.
그들은 함께 입헌군주국인 영국에
21세기를 위한 활력을
불어넣어 줄 수도 있었다.
그러나 아름다워 보였던 허상은
산산이 부서졌다.
남은 것은 거짓, 배반
그리고 비극적인 죽음이었다.

19 81년 7월 29일 거행된 찰스 왕세자와 레이디[공작, 후작, 백작의 여식에게 붙여진 칭호: 옮긴이] 다이애나 스펜서의 결혼식에서 캔터베리 대주교는 "이것은 동화의 소재가 될 만한 일이다"라고 표현했다. 그리고 실제로 그것은 사람들이 믿고 싶어 했던 하나의 동화였다. 갓 20살이 된 신부가 유리로 만들어진 의전용 마차를 타고 런던의 세인트 폴 대성당 앞에 나타났을 때, 70개국 이상에서 7억 5천만 명의 시청자가 그 장면을 TV 화면을 통해 주시하고 있었다. 이전에는 결코 없었던, 대중매체를 통해 중계된 장관이었다. 상아빛 비단으로 만들어진, 고풍스런 레이스가 장식된 환상적인 드레스를 입은 신부가 성당 계단을 오를 때, 우레와 같은 박수소리와 환호성이 터져 나왔다. "동화 속 공주"를 보기 위해 울타리 밖으로 약 60만 명의 구경꾼들이 몰려들었다. 당시 신부 들러리 중 한 명이었던 인디어 힉스는 "내가 정말 많은 군중과 박수소리를 경험해 봤지만, 그 순간처럼 그런 격정적인 갈채 소리를 들어본 적은 없었다. 사람들이 감격에 겨워 소리를 지르고 환호를 보내는 정말 특별한 광경이었다"고 기억하고 있다.

딸의 팔을 잡은 스펜서 백작이 성당의 긴 중앙 통로를 따라 고통스러울 정도로 천천히 걸어가고 있을 때, 하객들로 가득 찬 성당에는 경건한 침묵이 흘렀다. 뇌졸중 발작을 일으킨 이래로, 당당했던 이 신사는 신체적으로 심한 타격을 입었다. 그와 다이애나가 드디어 제단에 도착했을 때, 젊은 신부는 잠시 몸을 돌려 기대에 가득 찬 하객들의 얼굴을 바라보았다. 여기에는 영국 왕실의 가까운 친척들 외에도 유럽 왕족들과 국가 수반 그리고 전 세계에서 온 귀족 집안 사람들이 모두 모여 있었다. 영국의 전 총리인 해롤드 윌슨도 하객 중 한 명이었다. 그는 나중에 가진 한 인터뷰에서 "찰스는 다이애나를 얻는 대단한 행운을 가졌다"라고 밝힌 바 있다. "모든 영국 국민들이 어느 정도 그녀에게 반해 있었다."

몇 시간에 걸친 화려한 식을 통해 예전에 유럽 명문 집안 자제들 중에서 최고 선망의 대상이 되었던 이 총각은 부부의 연을 맺었다. 레이디 다이애나 스펜서는 지난 3백 년 동안 왕위 계승권자와 결혼한 최초의 잉글랜드인이었다. 유치원 보조 교사에서 웨일즈 왕세자비가 되고, 미래의 잉글랜드, 스코틀랜드, 웨일즈 및 북아일랜드의 왕비가 되는 장면을 수백만 명이 지켜보고 있었다. 갓 결혼한 부부가 성당 밖으로 나서자 그곳에 모인 군중들은 다시 환호를 보냈다. 이 젊은 신부는 무개마차를 타고 버킹검 궁으로 향하면서 카메라를 향해 환한 미소를 지었고, 길가에 자리한 사람들의 행복한 얼굴들을 바라보았다. 찰스 왕세자도 눈에 띄게 여유 있는 모습이었으며, 군중들의 인사에 미소로 답했다.

몇 분 지나지 않아서 갓 결혼한 부부가 궁전 발코니에 모습을 드러냈다. 발코니 앞에 운집한 군중들이 앞으로 몰려들었다. 하지만 수많은 경찰들도 그들이 몰려드는 것을 막기에는 충분치 않았다. "나는 군중들이 '키스 해, 키스 해!'라고 소리치는 것을 들었다. 우리는 당연히 몸을 돌렸고, 그 장면이 매우 재미있다고 생각했다. 사람들이 키스할 것을 요구한 것이었다"라고 인디어 힉스는 기억한다. 그리고 군중들은 그들의 키스를 보게 되었다. 영국 왕실 역사상 처음으로 영국의 왕위 계승권자가 전 세계 대중들이 보는 앞에서 아내에게 키스를 했다. 이 광경은 사람들의 기억 속에 잊히지 않을 순간으로 자리잡았다. 적어도 이 순간만큼은 모든 군중들에게 이 결혼식이, 이 부부가 역사에 기록될 것이라는 것은 자명해 보였다.

그러나 겉으로 보이는 것과는 달리 동화 같은 것은 아무것도 없었다. 레이디 다이애나 스펜서도 언론에서 그렇게 보고자 하는 저 "신데렐라"가 아니었으며, 찰스 왕세자도 그의 왕위가 주는 압력에 굴복하여 순진무구하고 아리따운 아가씨에 의해 "구제를" 받을 수밖에 없는 "고독한 총각"이 아니었다. 찰스와 다이애나를 맺어 준 캔터베리 대주교는 훗날 자신의 전기 작가에게 "그것은 계산된 결혼식이었다"고 밝혔다. "그는 다이애나가 통로를 지나 찰스의 곁에 서기 위해 제단으로 걸어오는 순간에 그 사실을 알고 있었다"라고 크리스토퍼 윌슨 기자는 말한다. "만약 그가 알았다면, 다른 사람들도 다 알았다. 즉, 여왕도 이 결혼식이 약속에 따라 치러졌다는 것을 알고 있었고, 여왕 부군인 필립 공과 아마 왕실의 모든 구성원들도 이 사실을 알고 있었을 것이다. 깃발을 흔들며 낭만적인 동화를 믿었던 지구상의 수많은 사람들, 방송을 지켜보거나 성당 앞을 지켰던 그 수많은 사람들은 기만당한 것이었다."

"세기의 로맨스"가 희대의 거짓이었다? 25년 이상 왕실 전문 기자였던 제임스 휘태커도 그 결혼식이 거짓이었다고 확신한다. 왜냐하면 대영제국에서 1953년에 치러진 엘리자베스 2세 여왕의 대관식 이래로 가장 큰 규모의 국가 행사가 준비되는 동안 왕궁 뒤에서는 정말 삼류 드라마 같은 일이 벌어지고 있었다. 『선데이 미러*Sunday Mirror*』지에 실린 1980년 11월 16일자 기사에 따르면, 다이애나는 윌트셔의 스태버튼 마을 대피선로에 정차해 있던 왕실 열차에서 찰스와 하룻밤을 보냈다고 한다. 지난 몇 달 동안 레이디 다이애나 스펜서는 평범하고 자연스런 외모로 사람들의 마음을 사로잡고 있었다. 그녀는 "수줍은 다이애나"라고 불렸다. 왕실에서 무엇보다 중요하게 생각했던 것은 미래의 영국 왕비가 그 어떠한 도덕적 의구심으로부터도 자유로워야 한다는 것이었다. 이 때문에 여왕은 대변인을 통해 『선데이 미러』지 기사에 대해 강도 높게 항의를 했고, 머리 면에 사과 기사를 낼 것을 요구했다. 이 문제는 스캔들로 확대되었다. 이 기사 내용이 해명되지 않는 한 무엇보다도 다이애나의 명성이 타격을 입게 될 상황이었다. 그녀는 계속 "나는 거짓말을 하지 않습니다"라고 맹세했다. "나는 기차에 타고 있지 않았으며, 그 근처에도 간 적이 없습니다… 제발 내 말을 믿어 주세요. 나는 절대 진실만을 말합니다." 실제로 그녀는 진실을 말했다. 하지만 다이애나 외에 다른 여자가 찰스와 밤을 보냈다고는 어느 누구도 상상할 수 없었기 때문에, 이 소문은 끈질기게 계속되었다. 몇 년이 지난 뒤에야 "금발 여인"이 기차 안으로 급히 올라탔다는 사실이 밝혀졌다. 그녀는 찰스의 오랜 연인인 카밀라 파커 볼스였다.

 여왕이 결혼식 이틀 전에 버킹검 궁에서 무도회를 개최했을 때, 파커 볼스 대령과 그의 부인도 참석했다. 찰스 왕세자는 카밀라에게 여러 번 춤을 청했다. 이때 아무도 의심을 품지 않았는데, 두 사람이 오래전부터 알던 사이였으며 "좋은 친구"로 생각되었기 때문이다. 이 때문에 어느 누구도 카밀라 파커 볼스가 그날 밤을 찰스 왕세자와 보냈을 것이라고는 생각할 수 없었다. 레이디 다이애나는 런던에 있는 침실 네 개짜리 주택을 놔두고 이미 버킹검 궁에 있는 왕세자 방 옆으로 거처를 옮긴 상태였다. 이날 밤에 그녀는 분명 여왕 모후의 공식 거처인 클래런스 하우스에서 묵었는데, 그곳에서 마차를 타고 세인트 폴 대성당으로 출발하기 위해서였다. 그래서 버킹검 궁의 시종들만이 찰스와 카밀라가 은밀한 만남을 가진 것을 목격하게 되었다. 왕세자의 시종인 스티븐 배리는 죽기 전에 제임스 휘태커 기자에게 비밀을 털어놓았다. "카밀라는 두 사람이 70년대 초에 알게 된 이후로 왕세자 저하를 무척 흠모하고 있었다. 그러나 저하가 결혼식을 치르는 그 주에 그녀와 잠자리를 가진 것은 이해하기 힘든 일이었다. 아무튼 그 행위는 엄청나게 멍청하지 않다면 엄청나게 무모한 일이었다."

찰스와 카밀라 사이의 관계에 대해 일반인들도 다 아는 오늘날, 그가 결혼식 이틀 전에 그녀와 "작별을 고하는" 마지막 밤을 가지려 했다는 것은 확실한 사실로 여겨진다. 다이애나가 그 당시에 이런 사실에 대해 아무것도 몰랐을 수도 있지만, 후에 그녀가 확언하듯이, 정말로 그런 관계에 대해 전혀 눈치를 채지 못했을까? 그녀는 자신이 자신의 결혼 생활과 자기 자신마저 파괴한 이 오래된 삼각관계의 희생자라는 것을 잘 알고 있었다. 그럼에도 불구하고 이 모습은 진실의 일부에 불과하다. 찰스와 다이애나에 관한 이야기에서 자주 그렇듯이, 우리는 대중매체가 보여 주는 환상과 꾸며진 이야기에 넘어가는 것을 경계해야만 한다. 세계가 지켜보는 앞에서 결혼 서약을 하고 정절을 지킬 것을 맹세한 이 두 사람은 정말 누구인가? 그들은 어떤 생각과 희망을 품고 반지와 약속을 교환하기 위해 제단에 올랐을까? "세기의 로맨스"에서 무엇이 진실이고 무엇이 거짓일까?

1980년에 웨일스 왕자에게 이제는 결혼하라는 압박이 엄청나게 가해지고 있었다. 오래전부터 그는 "왕세자 찰스의 선택을 받은 여인"이 누구인지 눈에 불을 켜고 지켜보며 말도 안 되는 소문을 세계로 퍼트리고 있던 타블로이드 신문에 매일 등장하는 단골손님이었다. 그래서 결혼 상대자로 좁혀진 인물이 마리 아스트리드 룩셈부르크 공주였는데, 이 젊은 여인은 찰스 왕세자와 한 번도 만난 적이 없었다.

경기장에서, 특히 폴로 경기장에서 그 당시 가장 선망의 대상이었던 이 총각은 두각을 나타냈고, 언론으로부터 "액션맨 Action Man"으로 뽑혔다. 그의 곁에는 항상 매력 있는 여성들이 있었다. 그의 많은 여자 친구들은 우스갯소리로 "찰리의 천사들"로 불렸다. 몇몇은 귀족 출신이었고, 다른 여인들은 매력적이었지만 결혼 상대로는 "맞지 않는" 사람들이었다. 찰스의 사회적 위치와 언젠가 영국의 왕위에 오를 것이라는 사실이 신붓감을 찾는 데 있어서 문제가 되었다. 그의 곁을 지킬 미래의 아내는 우선 영국 왕비가 되는 상황을 감안하고 찾아야 했기 때문이었다. 찰스는 재촉 받는 것을 원하지 않았다. 누구보다도 가깝게 지냈던 그의 종조부 마운트배턴 경은 "신나게 즐기고 난 뒤에 언젠가는 정신을 차릴 것"이라는 그의 생각을 지지해 주었다.

아내를 선택함에 있어서 그는 실제적인 부분을 가장 고려했다. "그 당시 그에게는 처녀와 결혼하는 것이 절대적으로 필요했다"고 찰스의 전기 작가인 페니 쥬너는 언급한다. "오늘날에는 물론 그런 얘기가 완전히 말도 안 되는 소리로 들리겠지만, 그 당시에는 아직도 과거의 잔재가 남아 있던 때였다. 그러나 60년대 혁명 이후, 피임약이 생기고 많은 상황이 변한 이후에는 실제로 거의 처녀가 없었다. 그래서 선택권은 더욱 줄어들었다. 그는 이제 한편으로는 처녀라는 조건을 충족시키고, 다른 한편으로는 귀족 출신으로서 자신의 세계를 잘 알고 있는 여성을 찾아야만 했다." 찰스는 1969년 7월에 처음으로 TV 인터뷰를 하면서 "대답하기 곤란한 질문"을 받았다. 그는 "만약 나와 같은 지위에 있는 사람이 결혼을 하려면 누가 역할을 수행할 수 있는지 꼼꼼하게 고려해야 합니다. 그 사람은 매우 특별한 사람이어야 합니다"라고 대답했다.

그러고는 이 "액션맨"은 자신이 가장 좋아하는 일에 대한 얘기를 주로 했다. "폴로는 언제나 매력적인 스포츠였다"라고 그의 대학 동창인 브로데릭 먼로-윌슨은 말한다. "폴로는 섹시한 스포츠다. 그에 대해서는 전혀 의심의 여지가 없다. 나는 그가 언젠가는 정착을 하고 후계자를 낳고 가문을 잇기 위해 선조들이 한 모든 일을 해야만 한다는 사실을 알고 있었다고 생각한다. 그러나 어느 젊은이가 즐기는 것을 마다하겠는가?" 1971년에 한 폴로 시합에서 젊은 왕자는 카밀라 로즈메리 샌드를 알게 되었다. 짙은 금발의 이 여성은 결코 미인은 아니었지만, 한마디로 활발하고 재치 있는 사람이었다. 그녀의 증조할머니인 앨리스 케플러는 옛날에 에드워즈 7세의 연인이었다. 찰스 왕자와 카밀라의 대화는 이런 말로 시작되었다고 한다. "나의 증조할머니와 당신의 고조할아버지가 연인 관계였습니다. 그러니까 그런 관계는 어때요?" 카밀라는 첫눈에 찰스를 자신의 매력에 빠져들도록 만들었다. 그녀는 생기가 넘쳤으며, 항상 웃었고, 그와 같은 유머 감각이 있었다. 게다가 그녀는 그가 가진 말, 폴로, 그리고 사냥에 대한 열정을 같이 나누었다. 그녀는 귀족 출신이었기 때문에 그와 가까이 있어도 긴장하지 않고 자연스럽게 행동했다. 그녀의 지인인 브로데릭 먼로-윌슨은 "나는 찰스를 알기 오래전부터 카밀라를 알고 있었다. 그녀는 매우 활달한 사람이다"라고 그녀를 묘사한다. "그녀는 다양한 개성의 소유자이며, 놀라운 유머 감각을 가지고 있다. 그녀는 뭐랄까, '톡톡 튀는' 아가씨다… 찰스와 카밀라는 첫날부터 마음이 통했다."

그러나 1972년 가을에 이르러서야 두 사람은 더 가까워졌다. 런던의 회원 전용 디스코텍 "애너벨스"에서 있은 파티에서 찰스와 카밀라는 밤새도록 춤을 췄고, 이어서 시내에 있는 카밀라의 집으로 갔다. 그녀는 기병 장교였던 앤드류 파커 볼스와 6년간 동거한 이후로 그 즈음에는 싱글로 지내고 있었다. 육체적인 사랑에 관해서 그녀는 이미 경험이 있었다. 60년대에 그녀의 친구였던 한 사람은 다음과 같이 기억한다. "그녀는 무모하고 어리석은 행동을 매우 일찍부터 시작했다. 그녀는 당시에 한마디로 섹시한 여인으로 통했다." 크리스토퍼 윌슨 기자는 다음과 같이 확신한다. "찰스가 카밀라를 만났을 때, 성적으로 그녀에게 매료되어 있었다. 그는 별로 경험이 없는 연인이었다. 그는 여자들과 성관계를 맺은 적이 거의 없었는데, 갑자기 삶의 아주 다른 한 부분을 그에게 보여 주는 한 여성이 나타난 것이었다… 거의 미칠 지경에 이를 정도로 빠져 있었다." 연말까지 두 사람은 많은 시간을 함께 보냈다. 아마 왕자는 처음으로 카밀라가 장차 그의 삶을 같이 나누고 싶은 아내가 될 수도 있다고 생각했을 것이다. 그러나 그 당시 찰스는 겨우 24살이었고, 해군에서 군사 훈련을 막 마친 때였다. 성탄절 3주 전에 웨일즈 왕자는 영국 해군 HMS "미네르바" 호의 부름을 받았는데, 그는 그 배를 타고 8달 동안 해군 장교 과정을 이수해야 했다. 함대가 카리브 해로 출발하기 전에 카밀라는 배로 찰스를 찾아갔다. 그리고 그녀는 그와 같이 주말을 보냈다.

그러나 2달 뒤인 1973년 3월에 카밀라는 앤드류 파커 볼스와 약혼을 발표했다. 그는 그녀보다 9살 연상으로 매력적인 상대였다. 카밀라가 18살이었을 때, 그가 그녀를 혹독하게 대하며 다른 여자들과 바람을 피우기도 했지만, 그녀는 속절없이 그에게 빠져 있었다. 1972년에 그들이 헤어졌을 때, 그는 언제라도 그녀에게 다시 돌아갈 수 있다는 생각을 가지고 있었다. 카밀라와 찰스의 관계는 다시금 그녀에 대한 그의 관심을 불러일으키는 계기가 되었고, 그녀는 금방 그의 청혼에 넘어갔다. 찰스는 약혼 소식을 접하고는 깊은 상처를 입었다. 그는 자신의 친구에게 "공허함이 언젠가는 사라지겠지"라고 적었다. 크리스토퍼 윌슨은 "카밀라가 장차 웨일즈 왕자비가 될 것이라고 생각한 적은 한 번도 없었을 것이다"라고 말한다. "사람들은 그녀의 가계가 왕세자비가 되기에는 충분하지 않다고 여겼으며, 게다가 그녀는 더 이상 처녀도 아니었다. 궁정 사람들은 서로 이렇게 말하곤 했다. '우표에 새겨진 그녀의 얼굴을 상상이나 할 수 있겠습니까?'" 1973년 7월에 카밀라와 앤드류 파커 볼스는 런던의 가드 처치에서 결혼식을 올렸는데, 그 결혼식은 당시 사교계에 큰 반향을 일으킨 사건 중의 하나였다. 이런 쓰라린 실망감에도 불구하고 찰스와 카밀라는 친구로 남았다. 1975년에 톰 파커 볼스가 태어났을 때, 찰스는 그의 대부가 되어 주었다. 카밀라를 잃어 상처를 입은 찰스는 다른 여자들과의 관계를 통해 위안을 얻으려고 했다. 그의 나이가 서른에 가까워지자 결혼에 대한 압력이 더욱 커졌다. "언젠가 한번 찰스 스스로 나이 서른이 되면 정착을 하고 결혼을 할 것이라고 말한 적이 있다. 그는 이렇게 말함으로써 스스로 궁지에 몰렸다"라고 『선Sun』지의 왕실 통신원인 해리 아놀드는 말한다.

여왕은 찰스가 평생 총각으로 남아 있을 것 같다는 생각에 신경질적이 되기 시작했다. 버킹검 궁의 오후 티타임 때, 여왕은 필립 공과 마운트배턴 경과 함께 자주 이 곤란한 문제에 대해 의견을 나누었다. 여왕과 그녀의 부군 모두 더 이상 관대하게 봐줄 생각이 없었다. 그러나 찰스가 나이를 먹으면 먹을수록 적절한 혈통의 처녀에다 더욱이 신교를 종교로 가지고 있는 신붓감을 구하는 것은 더욱더 어려워졌다. 1701년에 제정된 영국 왕위 계승권자에 대한 규정인 "왕위 상속법Acts of Settlement"에는 왕위 계승권자의 배우자에 대한 기준이 그렇게 제시되어 있었다. 유럽 귀족들 중에는 결혼 적령기에 있는 아리따운 아가씨들이 많이 있었지만, 그들은 모두 가톨릭을 믿고 있었다.

"신붓감 물색"은 70년대 말에 영국 언론뿐만 아니라 왕실 가족들도 환영한 레이디 세러 스펜서와 인연을 맺게 되었을 때 그 절정에 달했다. 다이애나의 언니인 세러가 왕세자비로서

"적절한 여인"으로 보였는데, 그녀는 영국 상류 계층 출신으로 흠잡을 데 없는 가계를 가진 매력적인 아가씨였다. 그러나 세러는 스스로 왕세자비 후보에서 물러났다. 제임스 휘태커 기자와 가진 한 인터뷰에서 그녀는 찰스를 형제처럼 사랑하지 장차 남편이 될 사람으로 사랑하는 것은 아니라고 밝혔다. 신문 헤드라인은 희망에 부풀어 시작했던 로맨스의 끝을 보도했다. 찰스는 연인으로서의 자신의 명성에 흠을 내고 싶어 하지 않았다. 다음 후보자는 다비나 셰필드였다. 그녀는 오랫동안 베트남에서 살았는데, 어머니가 돌아가시자 영국으로 돌아왔다. 그러나 다비나도 "신붓감 물색" 과정을 견뎌내지 못했다. 옛 애인에 대한 기사가 언론에 나왔는데, 이것은 후보에서 배제된다는 것을 의미했다.

1979년 겨울에 레이디 다이애나 스펜서는 샌드링엄 성에서 개최된 왕실 모임의 사냥 주간에 처음으로 초대받았다. 당시 18살이었던 그녀는 자신의 친구에게 흥분된 목소리로 상황을 설명했는데, 그 친구는 어쩔 줄 모르며 다음과 같이 소리를 질렀다. "어머나, 아마도 네가 차기 영국 왕비가 될 수도 있을 거야!" 다이애나는 그녀를 진정시켰다. 실제로 그녀가 왕비가 될 가능성은 적었다. 그 당시 찰스의 공식적인 신붓감 후보는 레이디 어맨더 내치벌로, 찰스의 "명예 할아버지"인 마운트배턴 경의 손녀였다. 그는 찰스와 자신의 손녀가 가까워지도록 온갖 방법을 다 동원했다. 실제로 두 사람은 한 해 동안 많은 시간을 함께 보냈다. 찰스는 브로드랜즈[영국 햄프셔 주 롬지에 있는

시골 저택: 옮긴이]에 살고 있는 어맨더를 자주 찾아갔고, 1979년 8월에 마운트배턴 경이 IRA에 의한 폭탄 테러의 희생자가 되었을 때, 두 사람은 깊은 상실감에 빠진 서로를 위로해 주었다. 그들은 나이 지긋한 마운트배턴 경을 할아버지이자 친구로서 사랑했고, 공동의 슬픔이 서로를 더욱 가깝게 만들어 주는 것처럼 보였다. 그러나 1980년 초에 이 관계는 끝이 났다.

찰스 왕자는 몇 주 동안 스코틀랜드 대지주의 딸인 애너 월리스에게 맹렬하게 대시를 하면서 어맨더를 잊으려 했다. 활달한 성격의 이 아가씨를 그녀의 친구들은 우스갯소리로 "채찍질 월리스"라고 불렀는데, 그녀는 처음 본 순간부터 찰스를 사로잡았다. 곧 언론들은 웨일즈 왕자가 그녀에게 청혼을 했다고 보도했다. 그러나 1980년 6월 중순에는 이미 애너 월리스에 대한 찰스의 열정이 식은 것처럼 보였다. 윈저 성에서 있은 여왕 모후의 80세 생신을 기념하는 무도회에서 그는 그녀에게 전혀 신경도 쓰지 않았다. 그녀는 화가 나서 불만을 쏟아냈다. "다시는 그런 식으로 하지 마세요. 평생 동안 나는 그런 취급을 당한 적이 없습니다. 아무도 그런 식으로 나를 함부로 다룰 수는 없습니다, 당신일지라도!" 그러나 다음번에 공식석상에 나타났을 때도 찰스의 태도는 별로 변한 것이 없었다. 글로스터셔에서 있은 폴로 무도회에서 그는 밤새도록 카밀라와 춤을 췄고, 심지어 주최자인 레이디 베스티에게 경의를 표하기 위해 춤을 청하는 것도 잊어먹었다. 이 묵은 사랑은 1979년에 카밀라의 딸 로라가 태어난 직후부터 다시 불이 붙었다. 6년간의 결혼 생활 뒤에 그녀는 앤드류가 계속 다른 여인들과 관계를 맺고 있다는 사실을 확인하게 되었다. 각종 타블로이드 신문이 왕자의 "결혼 후보자"를 찾는 데 혈안이 되어 있었으므로, 찰스와 새로운 관계를 시작해서 남편에게 복수하려는 그녀의 생각을 이해할 수 있지 않겠는가? 유부녀와의 교제는 찰스를 편안하게 만드는 것처럼 보였다. 어느 누구도 의심을 하지 않았다. 언론이 보기에 찰스와 카밀라는 단지 "좋은 친구"였을 뿐이었다. 자신의 숨겨둔 연인을 더 자주 그리고 눈에 띄지 않게 방문할 수 있도록, 찰스는 1980년에 카밀라의 저택에서 불과 16킬로미터 떨어진 곳에 위치한 하이그로브 하우스를 구입했다.

찰스는 자신의 삶에 만족하는 것처럼 보였으며, 모든 것이 잘 정리되어 있었다. 즉, 그는 많은 친구가 있었으며, 자신의 사무실에서 일정을 관리하고 있었다. 그는 시골 주택과 시내 아파트, 개와 말, 자동차와 여러 대의 헬리콥터 그리고 비행기와 기차, 왕실 요트와 전 세계에 산재한 휴양 저택을 소유하고 있었다. 카밀라로 인해 그의 성생활도 충족이 되었다. 무엇 때문에 결혼을 할까? "그는 후계자를 낳는 것을 제외하고는 실제로 부인이 필요 없었다"라고 찰스의 전기 작가인 페니 쥬너는 말한다. "그러나 그것이 바로 그의 임무였다. 그가 평상시에 무슨 일을 하는가는 중요하지 않았다. 그는 왕국의 존속을 위해 후계자를 낳아야 하는 의무가 있었다. 그는 종마나 다름 없었다. 정말로 그는 종마였다!"

웨일즈 왕자는 이 임무에 대해 잘 인식하고 있었다. 그는 장차 자신의 부인이 될 사람에 대한 정확한 이미지를 가지고 있었다. 그는 한 인터뷰에서 "나는 많은 아가씨들과 연애를 했습니다"라고 고백했다. "그리고 나는 이런 연애를 계속할 생각입니다. 그러나 나는 처음으로 사랑에 빠졌던 사람과 결혼하지 않았습니다. 누군가를 사랑한다는 것이 필연적으로 누군가와 결혼한다는 결론으로 이어지는 것은 아닙니다. 원칙적으로 친한 친구가 되어야 합니다. 나는 육체적으로나 정신적으로 매력을 느끼는 사람을 만나는 것이 행복한 일이라고 생각합니다. 나에게 결혼은 내 인생에서 행하는 가장 큰 일이며 책임이 중대한 일로 보입니다. 결혼을 한다는 건 반백년을 지속하길 희망하는 동반자 관계를 형성하는 것입니다. 나는 관심사를 같이 나눌 수 있는 사람과 결혼하고 싶습니다. 내가 반백년을 같이 살길 원하는 여인을 결정하게 된다면, 그것은 최후의 결정일 것입니다. 그리고 그 결정을 함에 있어 이성보다는 감성에 지배 받기를 원합니다." 그사이에 찰스는 이미 서른 살을 넘어섰고, 적합한 결혼 후보자 리스트도 확실하게 줄어들었다. 이제 모후도 신붓감을 찾는 일을 도와야겠다고 느끼게 되었다. 모후의 궁녀였던 레이디 루스 퍼모이의 손녀인 레이디 다이애나 스펜서가 찰스 왕자의 다음 결혼 후보자로 선택되었는데, 여러 면에서 보아 완벽한 후보로 보였다. 흠잡을 데 없는 가계를 갖춘 잉글랜드 신부였고, 신교였으며, 무엇보다도 "순결"했다. "할머니들의 공모"가 두 사람의 운명이 되었다.

다이애나는 1961년 7월 1일에 8대 스펜서 백작의 셋째 딸로 태어났다. 적자를 학수고대했던 그녀의 아버지는 "신체적으로 보면 완벽한 본보기"라고 딸에 대해 짧게 평했다. 다이애나는 후에 자신을 "사내아이여야 했던 여자아이"라고 묘사했다. 그녀가 태어나고 3년 뒤에야 그렇게 초조하게 고대하던 아들 "찰스 스펜서," 즉 오늘날의 9대 스펜서 백작이 태어났다. 스펜서 가문의 가계는 인상적이다. 스펜서 가문은 15세기에 양을 거래하며 부를 축적하였고, 찰스 1세 때 귀족이 되었다. 수세기 동안 이 가문은 현명한 결혼 정책을 펼쳐서 영국 귀족 사회에 확고하게 정착했다. 왕실과는 먼 친척 관계에 있었으며, 게다가 여러 세대에 걸쳐서 스펜서 가문 사람들은 중요한 궁정 관직을 받았다.

다른 네 명의 형제자매들처럼 다이애나도 영국 귀족들의 일상 속에서 자랐는데, 그 일상은 수백 년 된 전통과 가부장적인 구조가 특징이었다. 부모님이 사시는 대저택 "파크 하우스"에서 스펜서 백작의 이 막내딸은 수영장, 테니스장과 폴로 경기장, 그리고 많은 고용원들과 같은 모든 물질적 풍요를 누렸지만, 부모의 보살핌은 부족했다. 1967년, 스펜서 부부는 14년간의 결혼 생활 끝에 이혼을 했는데, 이 이혼은 상류사회의 스캔들이 되었다. 어머니는 런던으로 옮겼고, 다이애나와 동생 찰스는 아버지 곁에 머물렀으며, 언니인 세러와 제인은 켄트의 기숙학교로 보내졌다. 당시 여섯 살이었던 다이애나에게는 하늘이 무너지는 것과 같았다. 그녀는 작가 앤드류 모턴과 가진 인터뷰에서 "매우 불행한 유년 시절이었다"고 회상하고 있다. "부모는 자신들 건사하기에 바빴다. 나는 어머니가 항상 울고 있는 모습을 보았다. 아버지는 거기에 대해 한 번도 언급하신 적이 없었다." 이 기억이 다이애나의 뇌리에 깊이 남았다. 나중에 겪었던 섭식 장애와 사랑에 대한 굶주림의 원인도 여기서 찾을 수 있다. 적합한 남편감을 찾을 때도 부모들의 격렬했던 부부싸움이 일부 영향을 미쳤을 것이다. 다이애나는 "영원한 사랑"과 깨어지지 않는 동반자 관계, 즉 이혼 없는 결혼을 꿈꾸었다. 다이애나의 학업 능력도 정신적인 문제의 영향을 받았다. 배우는 과정이 그녀에게는 결코 쉽지 않았다. 그녀의 성적은 체육을 제외하고는 중간 정도였다. 다이애나는 수영과 잠수 부분에서 상을 받았으며, 테니스와 크리켓 팀의 주장이었고, 특히 춤과 발레를 좋아했다. 1975년에 다이애나의 할아버지가 돌아가셨다. 이로써 그녀의 아버지는 8대 스펜서 백작이라는 칭호를 물려받았다. 가족은 우중충한 폐허와도 같은, 노스햄턴셔에 있는 긴 복도와 조상의 초상이 끝없이 진열되어 있는 고상한 주택인 알소프 하우스로 옮겼다. 다이애나와 언니들은 공식적으로 레이디로 신분이 올라갔고, 동생 찰스는 자작 칭호를 받았다. 얼마 지나지 않아서, 갓 신분이 달라진 백작은 자식들에게 새 어머니인 다트머스 백작 부인 레인을 소개시켰다. 다이애나와 언니들은 계모가 될 사람을 별로 달가워하지 않았으나, 두 사람은 1977년에 아이들이 참석하지 않은 가운데 결혼식을 올렸다. 그 결과, 알소프 하우스의 분위기는 삭

막해졌으며, 아이들은 어쨌든 그런 분위기를 참아냈다.

학창 시절이 끝난 뒤, 다이애나는 스위스에 있는 유명하고 학비도 비싼 여자 사립학교인 알핀 비데마네트로 보내졌다. 전 세계에서 모인 고관대작들의 여식들이 "가정" 시간에는 요리, 뜨개질, 사교술과 예의범절을 배웠다. 학교의 엄격한 규율 때문에 고통 받던 다이애나는 부모에게 다시 집으로 돌아갈 수 있도록 해달라고 했고, 결국 그 요청은 받아들여졌다. 그녀는 그때 16살이었으며, 특별한 증명서나 능력을 갖고 있지 않았지만 독립하기를 원했다. 그러나 그녀의 가족은 이를 단호하게 거부했다. 우선 다이애나는 가족과 친한 한 가정의 보호를 받게 되었는데, 거기서 그녀는 아이들과 가정 살림을 돌보았다. 성년이 되어서야 비로소 그녀는 런던의 호화 주택 지역인 콜헤른 코트 60번지에 가격이 5만 파운드에 달하는 방 4개짜리 아파트를 얻게 되었다. 다이애나는 1979년 7월에 친구인 캐럴린 바르톨로뮤, 앤 볼턴 그리고 버지니아 피트먼과 함께 이곳으로 이사했다. 그녀는 유치원에서 일주일에 몇 번씩 오후에 보조교사로 일하게 될 때까지 파트타임 일을 하며 생활비를 벌었다. 그녀는 대도시에서도 계속 단정한 삶을 유지했다. 그녀는 광란의 파티에도 가지 않았으며, 밤에 선술집이나 디스코텍에도 가지 않았다. 다이애나는 밤마다 친구들과 같이 베개 싸움이나 낱말 맞추기 게임 같은 전혀 해가 없는 놀이를 하면서 보냈다.

그럼에도 불구하고 남자 친구들도 있었고, 그녀를 사모하는 사람들도 있었다. 여자들만의 공동주택에서 다이애나가 주식으로 삼은 것이 "콘플레이크와 초콜릿"이었음에도 불구하고 스펜서 백작의 막내딸은 "토실토실하고 무뚝뚝한 처녀"에서 매력적인 젊은 아가씨로 변모했다. 그래서 영국 상류 계층의 많은 총각들이 그녀와 사귀고 싶어 했다. 그중에는 로리 스콧도 있었다. "그녀는 매우 매력적이고 육감적이었다. 만약 나라면 플라토닉 러브만 하지 않을 것이다. 다이애나는 언제나 약간 신중한 자세를 취했다." 그녀가 자신을 사모하는 남자와 외출을 하고 셔츠를 다리거나 세탁을 해주었지만, 그들 중 어느 누구도 연인이 되지는 못했다. 그녀는 훗날 "나는 내 앞날을 위해 순결을 유지해야 한다는 것을 알았다"면서 처녀성을 지킨 숭고한 이유를 설명했다. 그녀의 친구인 캐럴린 바르톨로뮤의 진술은 "신의 섭리"를 인정하는 것처럼 보인다. "나는 결코 초자연적인 것에 관심이 있는 사람이 아닙니다. 그러나 나는 그녀가 무슨 일을 할지 예정되어 있었다는 생각이 듭니다. 그녀는 남자들이 더 진도를 내지 못하게 만드는 그런 고결한 아우라에 둘러싸여 있었습니다." 이미지를 만들기 위한 것인가, 아니면 진실인가? 톰 레빈 기자는 다이애나가 웨일즈 왕자와 결혼할 가능성을 "최소한 염두에 두고" 있었다고 추측한다. 비록 그 시점에서는 불확실하기는 했어도, "알맞은 사람에게 자신을 바치는 행위"에 의미를 두고 있었을 수도 있다.

"꿈의 왕자"와의 운명적인 만남은 1980년 7월에 일어났다. 다이애나는 청소년기 친구인 필립 드 파스로부터 그의 부모님

저택에서 주말을 보내자는 초대를 받았다. 필립 드 파스는 그녀에게 초대를 하는 원래 이유가 무엇인지 전혀 숨기지 않았다. 웨일즈 왕자가 손님으로 올 것이고 "젊은 피"가 필요하다는 이유를 말이다. 그리고 "너는 그를 즐겁게 해 줄 수 있을 거야"라는 말을 덧붙였다. 다이애나는 수락을 하고 웨스트서식스의 작은 동네인 페트워스로 향했다. 그들만의 주말 모임 참석자들은 폴로 경기를 하는 왕자를 보기 위해 근처에 위치한 카우드레이 파크로 함께 갔다. 저녁에는 컨트리 스타일로 바비큐가 만들어졌다. 다이애나는 자신도 의식하지 못한 사이에 찰스 옆의 건초더미에 앉아 있었다. 두 사람 중 어느 누구도 이 만남이 주도면밀하게 준비된 것이라는 사실을 알아차리지 못했다. 그러나 찰스도 다이애나도 이 "중매"를 불쾌하게 여기지 않았다. 두 사람은 이전에도 만났지만, 아직 성숙하지 않았던 다이애나는 찰스에게 별 인상을 남기지 못했다.

그러나 이제 찰스는, 활발하게 수다를 떨고 명문 귀족 손님 앞에서도 움츠러들지 않는, 젊고 아리따운 여인이 앞에 있는 것을 발견하게 되었다. 앤드류 모턴과의 인터뷰에서 다이애나는 찰스와의 이 첫 만남을 매우 장황하게 묘사했다. 그녀는 금세 찰스와 매우 개인적인 관계를 갖게 되었으며 그의 "심금"을 울렸다고 말했다. 찰스와 대화하면서 다이애나는 살해당한 마운트배턴 경의 장례식을 언급했다. "당신은 장례식 때 중앙 복도를 걸어오면서 매우 슬픈 표정을 짓고 있었습니다. 내 생애에 그런 슬픈 장면을 본 적이 없습니다. 그 장면을 보고 내 마음은 찢어지는 듯했습니다. '불공평합니다. 당신은 혼자가 되었습니다. 당신은 당신을 보살펴 줄 누군가가 있어야 합니다.'" 이런 말을 들으면서 찰스는 확실히 마음이 편해졌고, 자연스럽게 이 매력적인 여성 "팬"을 런던 버킹검 궁으로 초대했다. 다이애나가 수줍어하며 거절하자, 그는 그녀에게 자신의 친구들과 함께 왕실 요트 "브리태니어 호"를 타며 주말을 보내자고 제안했다. 다이애나는 후에 그녀가 찰스에게 확실하게 일깨워 준 그의 정열적인 태도에 대해 기분이 좋았지만, 또한 약간은 놀라고 당황했다고 주장했다. "브리태니어 호"로의 초대를 그녀는 결국 받아들였다.

다이애나는 9월 초에 밸모럴 성에 있던 찰스와 그의 가족을 방문했다. 영국 왕실에 정통한 사람들은 모두 이 초대의 의미를 알고 있었다. 이미 몇몇 결혼 후보자들이 이 악명 높기로 유명한 "밸모럴 테스트"를 통과하지 못했다. 그 테스트 중 하나가 거실에 있는 특정 안락의자였는데, 그 의자는 빅토리아 여왕이 마지막으로 이용했고, 그 의자에 손님들이 앉는 것은 허락되지 않았다. 밸모럴 테스트를 통과한 사람은 왕실 가족으로 받아들여졌다. 그렇지 못한 사람들은 모두 왕실 주변에서 자취를 감추었다. 다이애나는 스코틀랜드의 하이랜드로 떠나기 전에 당연히 긴장을 하고 있었다. "나는 엄청나게 두려움에 떨고 있었다. 바지에 거의 오줌을 지릴 뻔 했을 정도였다"고 그녀는 후에 밝혔다. "나는 밸모럴에 가본 적이 없었기 때문에 두려움을 갖고 있었지만, 그래도 제대로 해내고 싶었다."

　　레이디 다이애나는 모든 것을 제대로 해냈고, 마침내 "굉장한 날들"을 맞게 되었다. 그녀와 찰스는 긴 산책을 했고, 저녁에 바비큐를 먹으며 긴장을 풀었다. 그러나 방해받지 않는 둘만의 시간은 그리 오래가지 않았다. "나는 강변에 있는 두 사람을 발견했다"고 제임스 휘태커 기자는 기억하고 있다. "자신의 동행을 숨기기 위해 찰스가 들인 노력 때문에 이 나들이가 연어 낚시보다 더 큰 의미가 있음을 추측할 수 있었다." 다이애나는 곧바로 얼굴을 스카프로 가렸다. 그러나 언론은 이미 낌새를 챘고, 더 이상 자유롭게 놔두지 않았다. 리포터들이 밤낮으로 그녀의 아파트를 둘러싸고 있었는데, 그중에 제임스 휘태커도 있었다. "우리가 찾던 주소가 60번지였다는 것을 파악한 후에 우리는 다음날 아침 일찍 레이디 다이애나를 기다리기 위해 그곳으로 찾아갔다. 50분 뒤에 키가 크고 날씬하며 그림같이 아름다운 다이애나가 문을 나섰다…. 그 다음 날 아침에 우리는 다시 그녀의 집 앞에 서 있었다. 이번에는 사진을 찍을 작정이었다." 금세 다이애나의 이름과 그녀의 얼굴이 전 세계 타블로이드 신문의 헤드라인을 장식했다. 아직까지 대중매체와의 접촉이 서툰 그녀는 기자들에게 매번 속았다. 다이애나가 경호원들과 함께 유치원에서 찍힌 사진은 잊을 수가 없을 것이다. 그녀는 사진을 찍을 준비가 되어 있다고 밝혔는데, 사진을 찍고 나서 잠시 조용히 있고 싶었기 때문이었다. 그 말에 열광한 사진사들은 다이애나를 역광에 노출되도록 세웠다. 그녀는 그날 얇은 면치마를 입고 있었기 때문에 그녀의 다리가 확연히 드러났다. 사진이 나왔을 때, 다이애나는 깜짝 놀랐다. 그러나 찰스는 침착함을 유지했다. "나는 당신이 예쁜 다리를 가지고 있다는 건 알고 있었어요. 그러나 이렇게까지 끝내 주리라고는 정말 생각도 못했어요." 그는 놀리듯 다음과 같이 덧붙였다. "하지만 당신은 꼭 그 다리를 전 세계에 다 보여 줘야만 했어요?" 나중에 다이애나는 언론을 능숙하게 다룰 줄 알았고, 자신의 의도에 맞게 이용했다. 이런 불상사는 그녀에게 다시 일어나지 않았다.

1981년 2월 24일에 영국 왕실은 런던 『타임즈』지에 공식적으로 찰스와 다이애나의 약혼을 알렸다. "건초더미 대화"에서 찰스의 청혼까지 8개월밖에 걸리지 않았다. 서로를 제대로 알기에는 적은 시간이었다. 게다가 빡빡한 일정이 정상적인 연애 관계를 방해했다. 항상 찰스가 ― 또는 그의 사무실을 통해 ― 만나는 시간을 조정했다. 다이애나가 원하면 아무 때나 버킹검 궁에 있는 찰스의 방을 찾아갈 수 있었을까? 상상도 할 수 없는 일이다! 다이애나는 그의 삶과 습관에 적응을 해야 했다. 그러나 두 사람은 자신들의 선택이 확실하다고 생각한 것 같았다. 다이애나는 찰스를 사랑했고, 12살이라는 많은 나이 차가 있었지만, 그녀는 그를 완벽한 남편감으로 생각했다. 이 세상에서 그녀와 이혼할 수 없는 남자가 있다면, 그는 바로 웨일즈 왕자였다. 그것은 그가 장차 영국의 왕이 될 것이기 때문이었다. 이 척도가 다이애나에게는 가장 우선이 되는 것이었다. 그녀는 이를 위해서 이 관계의 부정적인 측면을 감수할 준비가 되어 있었다.

그중의 하나가 카밀라 파커 볼스였다. 찰스가 다이애나에게 청혼하기 전에 그녀는 "또 다른 사람이 있다는 것을 알았다." 1980년 11월에 일어난 "기차 스캔들"은 이에 대한 의심을 처음으로 품게 만든 사건이었다. 만약 찰스가 내가 아닌 다른 사람과 밤을 보냈다면, 그 여자는 도대체 누구일까? 1980년 12월 초에 찰스는 인도 공식 방문 길에 올랐다. 전체 여행 기간 동안 다이애나는 찰스로부터 아무런 소식도 듣지 못했다. 그가 돌아오고 1주일 뒤에야 비로소 두 사람은 다시 볼 수 있었다. 왕자는 며칠간 "일이 있었다"라고 설명했다. 누구와의 일이었는지에 대해서는 말하지 않았다. 찰스의 시종인 스티븐 배리는 후에 작가 제임스 휘태커에게 왕자는 카밀라를 방문한 뒤에야 비로소 궁전으로 돌아왔다고 고백했다. 그러나 다이애나는 의심을 떨쳐냈다. 그녀는 자신이 결혼반지를 끼고 난 뒤에는 자신의 라이벌도 사라질 것이라고 확신하고 있었다. 자신은 카밀라보다 훨씬 젊고 매력적이지 않는가?

그사이에 다이애나는 전 국민의 마음을 사로잡았다. "나는 그 시점에 찰스가 다이애나와 헤어졌다면 돌이킬 수 없는 손해를 입었을 것이라고 생각한다"고 제임스 휘태커는 밝히고 있다. "우리 모두는 기사에서 그녀가 그의 완벽한 신붓감이라고 확신하고 있었다. 그녀가 분명 그 완벽한 신붓감은 아니었지만, 그에게는 이제 그녀가 골칫거리가 되었다. 모든 사람들이 그녀를 사랑했다. 그리고 내 생각으로는 그 스스로도 '이제는 좋아. 그녀는 모든 사람들이 말하듯이 정말 굉장하고 완벽한 것 같아'라고 말하기 시작했다." 특히 꽃무늬가 있는 단순한 옷을 즐겨 입고 카메라를 향해 때 묻지 않은 미소를 보냈던 이 19살의 금발 미녀는 많은 사람들이 생각하는, 왕자가 사랑하게 되는 "신데렐라" 이미지와 맞아떨어졌다. 사람들의 마음은 순식간에 "수줍은 다이애나"에게로 가 있었다. 실제로 다이애나가 동화 속 이미지와 맞지 않다는 점에 대해서는 아무도 관심을 보이지 않는 것 같았다. 그녀는 결코 왕세자비가 될 "가여운 유치원 보조교사"가 아니었다. 그녀는 영국 상류 계층의 일원이었고, 수입도 좋았고, 미래에 대한 정확한 비전을 가지고 있었다.

"그녀는 쾌활했고, 좋은 유머 감각을 가지고 있었다"고 제임스 휘태커 기자는 밝히고 있다. "그러나 수줍다고? 아니죠! '수줍은 다이애나,' 그것은 멍청한 기사 제목이었다. 그것은 도대체 맞지가 않는 말이었다. 그리고 나보다 그 내용을 더 잘 확인해 줄 사람은 아무도 없다. 왜냐하면 나는 그녀를 16살 때부터 알고 지냈으니까. 그녀는 평생 수줍어해 본 적이 없었다. 이 아가씨는 자신이 무엇을 원하는지 정확히 알고 있었다. 그녀는 무조건 웨일즈 왕자비가 되고 싶어 했다." 약혼식을 위해 찰스와 다이애나는 처음으로 같이 언론 앞에 나타났다. 그러나 행복한 사랑의 감정을 만끽하는 대신 왕자는 수수께끼 같은 답변으로 국민을 당황하게 만들었다. "두 사람은 서로 사랑합니까?"라고 리포터가 두 사람에게 물었다. 다이애나는 반사적으로 "그럼, 물론이죠!"라고 답했다. 찰스는 약간 머뭇거린 뒤에, "사랑을 어떤 의미로 부르든지 간에 말이죠"라고 덧붙였다. "그는 곤란한 처지가 되었다"라고 작가 크리스토퍼 윌슨은 말한다. "그에게는 끔찍한 순간이었을 것이 틀림없다. 그는 땅으로 꺼지고 싶은 심정이었을 것이다. 그것은 그에게 던져진 가장 중요한 질문이었다. 그리고 그는 질문을 회피했다! 왜 그가 그렇게 했을까? 그는 카밀라가 이 방송 인터뷰를 보고 있다는 것을 잘 알기에 그랬던 것이다. 그는 카밀라가 지켜보는 데 자신이 다이애나를 사랑한다고 말할 수는 없었던 것이다."

인터뷰에서 찰스가 한 표현이 주는 무게는 가볍지 않았다. 나중에 이 표현은 찰스와 다이애나의 로맨스가 사기 말고는 아무것도 아니었다는 증거로 항상 제시되었다. 그러나 이 로맨스가 정말 사기였을까? "왕자는 숙달된 사수였고, 계보학에 정통한 사람이었다. 그러나 감정이라는 건반을 다루는 데는 대가가 아니었다"고 작가 톰 레빈은 찰스에 대해 아주 정확하게 평가하고 있다. 웨일즈 왕자는 의무 수행과 규율을 가장 중요시하는 세계에서 성장했다. 감정을 표현하는 법을 그는 배운 적이 없었다. 그가 배운 것은 감정을 제어하는 것이었다. 그가 마치 어린애처럼 그에게 속마음을 털어놓은 다이애나를 만났을 때, 그는 그녀가 보인 호감에 사로잡혔다. 그 스스로도 후에 쉽게 사랑에 빠졌다고 시인했다. 결과도 없이 오랜 시간 동안 결혼 후보자를 물색한 끝에 드디어 그가 적합한 여인을 발견한 것처럼 보였다. 그 부분에 있어서는 그도, 그의 가족도,

그리고 대중들도 그렇게 믿으려고 했다. 찰스 왕자가 친한 친구에게 보낸 편지에는 "이 나라와 나의 가족들을 위해 정말로 올바른 결정을 내리고 싶다. 그러나 난 가끔 혹시 평생 후회할지도 모를 약속을 하게 될 지도 모른다는 생각에 몸서리치곤 해"라고 적혀 있다.

찰스뿐만 아니라 다이애나도 항상 이런저런 의심에 시달렸다. 정말 그녀가 라이벌을 밀어내고 찰스를 온전히 자신의 사람으로 만드는 데 성공했을까? 그러나 결혼식 준비는 이미 본궤도에 올라 있었고, 결혼을 다시 고려할 시간은 거의 없었다. 더욱이 다이애나는 이 남자를 원했고, 정말로 그를 흠모하고 있었다. 그리고 그녀는 그의 아내로 "일하기"를 원했다. 레이디 다이애나 스펜서는 그 일이 무엇을 의미하는지 아주 명확하게 알고 있었다. 다이애나와 그녀의 지지자들이 나중에 제기한 "도살장으로 끌려온 희생양"이라는 이미지는 따라서 일부만 진실이다.

그사이에 다이애나는 자신의 집에서 버킹검 궁으로 거처를 옮겼다. 귀족 교육을 받았음에도 불구하고 그녀는 온갖 불문율과 규정으로 가득 찬 왕궁에서의 생활에 대해 불안해했다. "모든 사람들이 얼마나 냉랭한지 믿을 수 없을 정도였다"라고 후에 그녀는 왕궁 생활을 요약했다. "하루는 스웨덴의 왕과 왕비가 왔고… 몇 분 뒤에 어떤 나라의 대통령이 들렀다. 나는 갑자기 어려운 일을 맡게 되었다." 그렇지 않아도 자신감이 부족했던 그녀는 압박감에 시달렸고, 눈에 띄게 여위기 시작했다.

다이애나는 거식증에 걸렸고, 향후 10년 동안 그 병으로 고통을 받았다. 후에 앤드류 모턴과의 인터뷰에서 그녀는 찰스가 이 병을 유발한 장본인이었다고 주장했다. 약혼 직후에 그가 그녀의 허리에 손을 대고는 "오, 여기는 조금 통통한데요?"라고 말했다는 것이다.

그럼에도 불구하고 다이애나는 대중 앞에 나서는 그녀의 새로운 임무를 능숙하게 수행했다. 그녀가 나타나는 곳마다 항상 많은 사람들이 들끓었다. 그녀가 버킹검 궁으로 이사한 이후로 궁전 앞에는 수많은 그녀의 열혈 팬들이 아름다운 "레이디 다이애나"를 볼 수 있기를 고대하며 기다리고 있었다. 영국 전체가 "결혼식 열기"에 휩싸였다. 정부는 1981년 7월 29일을 공휴일로 선포했고, 국민들은 거의 히스테리적인 열광을 보내며 수백만 파운드가 소요되는 이 행사를 축하했다. 그러나 "세기의 결혼식" 며칠 전에 찰스와 다이애나는 격렬하게 다투었다. 다투게 된 원인은 버킹검 궁의 찰스에게 전달된 소포 때문이었다. 다이애나는 찰스의 개인 비서의 반대에도 불구하고 그 소포를 열어 보았다. 놀랍게도 거기에는 푸른 에나멜 판이 장식된 팔찌가 들어 있었는데, 그 판에는 머리글자 "G"와 "F"가 얽힌 채로 새겨져 있었다. 다이애나는 그것이 무엇을 의미하는지 바로 알았다. "G"는 "Glady," "F"는 "Fred"의 약자로 카밀라와 찰스의 애칭이었다. 다이애나가 약혼자에게 해명을 요구했을 때, 그는 카밀라에게 팔찌를 맡겼었다고 주장했다. 속수무책인 상황에 화가 난 다이애나는 눈물을 터트렸다. 그녀는 언니들과 식사를 하면서 마음을 털어놓았고, 심지어 결혼식을 취소하겠다는 말까지 했다. 언니들은 간결하게 대답했다. "운이 나빴어! 너의 얼굴은 이미 그릇 닦는 수건에까지 화려하게 장식되어 있어. 그러니까 이제 도망치기에는 너무 늦었어."

다이애나가 1981년 7월 29일에 아버지의 팔을 껴안고 세인트 폴 대성당의 중앙 복도를 따라 걸어가고 있을 때, 모든 근심걱정은 사라진 것처럼 보였다. 다이애나는 성당으로 가는 길을 둘러싸고 있던, 또 성당 앞에 기다리고 있던 군중들의 함성에 압도되었다. 그녀의 라이벌도 하객 중 한 명이었다. "내가 성당 신도석 사이를 걸어갈 때, 아주 밝은 회색 옷을 입고 면사포가 달린 필박스 모자를 쓴 카밀라를 발견했다. 나는 모든 것을 다 보았는데, 그녀의 아들 톰은 의자에 앉아 있었다"고 그녀는 회상했다. "좋아, 네가 여기 있단 말이지. 뭐하자는 거지. 모든 것이 끝나기를 우리 바라자." 제단에서 그녀를 기다리는 찰스를 바라보면서, "그녀의 마음은 사랑과 존경심으로 넘쳐흘렀다"라고 그녀의 전기 작가인 앤드류 모턴은 썼다. 그가 다이애나와 가진 인터뷰 기록에는 "내 기억에 나는 내 남편에 대한 사랑에 너무나 빠져 있어서 그에게서 눈을 뗄 수가 없었다. 나는 내가 이 세상에서 가장 행복한 여인일 거라고 확신하고 있었다"라고 적혀 있다. 그리고 찰스도 자신의 신부를 바라보면서 깊은 인상을 받은 것처럼 보였다. 그는 아주 자랑스러워하며 장인으로부터 다이애나를 넘겨받았고, 그녀에게 무언가를 속삭였다. 후에 독순술사는 그때 신랑이 한 말이 "오늘 당신은 너무 멋져요!"였다고 해석했다. 그녀의 대답은 "당신을 위해서예요"였다.

나중에 많은 사람들은 찰스가 이 순간에 정말 무슨 생각을 하고 무엇을 느꼈는지 궁금해 했다. 그의 적들은 이 모든 시간이 연극이었다고 그를 비난한다. 반대로 그의 지지자들은 웨일즈 왕자가 진심으로 카밀라와의 관계를 끝내고 다이애나에게 좋은 남편이 되려고 했었다고 확신하고 있다. 진실은 아마 그 사이 어디쯤엔가 있을 것이다. 어찌되었든 간에 왕자는 이 젊은 아내를 위해 옛 습관을 포기할 준비는 되어 있지 않았다.

마운트배턴 경의 옛 영지였던 브로드랜즈에서 이 부부는 밀월여행 중 처음 며칠을 보냈다. 찰스는 낚시를 하러 갔고, 다이애나는 옆에서 구경을 했다. 왕실 요트 "브리태니어" 호를 타고 지중해 크루즈 여행을 한 뒤에, "신혼여행"은 마침내 밸모럴 성에서 끝이 났다. 다시 찰스는 자신이 좋아하는 사냥, 낚시, 그리고 자연으로의 소풍을 즐겼다. 밸모럴 성에서 찍은 사진들은 환한 표정의 이 젊은 부부를 보여 주고 있다. 다이애나도, 찰스도 그 시간이 아주 행복하고 서로 사랑하는 것처럼 보였다. 당시 한 리포터가 "결혼 생활이 어떻습니까?"라고 질문을 던졌다. 다이애나는 영리하게 "엄청 재미있어요"라고 대답했다. 다음 질문은 "왕자님을 위해 아침은 차려 주시나요?"였다. "우리는 아침을 먹은 적이 없어요"라고 말하며 윙크를 던져 그것이 의미하는 바를 알렸다. 언론은 열광했다. 신혼의 행복 때문에 아침을 한 번도 먹지 않았다고!

여러 해가 지난 뒤, 다이애나는 신혼여행의 아름다웠던 모습의 허상을 낱낱이 드러냈다. 밀월여행 중에 카밀라 때문에 여러 번 격렬한 다툼이 벌어졌다고 그녀는 앤드류 모턴에게 설명했다. 계속된 그녀의 설명은 다음과 같았다. 한 번은 그녀와 찰스가 서로 일정을 조율하던 중에 찰스의 수첩에서 카밀라의 사진 두 장이 떨어졌다. 그녀는 남편에게 카밀라에 대한 진실을 말해 달라고 눈물로 호소했다. 그러나 왕자는 아무것도 못 들은 체했다. 며칠 뒤, 그는 저녁 식사 때 커프스단추를 차고 나타났는데, 그 단추에는 두 개의 "C"가 서로 얽힌 채 새겨져 있었다. "나는 그게 무엇인지 금방 알아챘다"라고 다이애나는 앤드류 모턴과의 인터뷰에서 주장했다. 찰스는 결국 그녀에게 그것이 "한 여자 친구가 준 선물"임을 인정했다고 한다.

다이애나의 왕실에서의 삶은 1981년 11월에 왕자 부부의 "원래 고유" 영토인 웨일즈를 3주간 여행함으로써 실질적으로 시작되었다. 6백 킬로미터가 넘는 여정을 소화하는 힘든 일이었음에도 불구하고 다이애나는 멋진 순간들을 체험했다. 그녀의 새로운 신민들이 그녀를 열렬히 환영했다. 그들은 찰스에게 그들이 온 이유가 오직 "레이디 다이애나"를 보기 위해서라는 사실을 느끼도록 해주었다. 왕자가 외로워 보인다고 속삭이는 소리가 군중들 사이에서 흘러나왔다. "나는 아내를 위해 꽃을 받아주는 것 외에는 아무 쓸모도 없는 것처럼 보였다"라고 찰스 왕자는 빈정대며 말했다. 왕실 가족들은 이 "1차 관문"을 긴장하며 지켜보고 있었다. 다이애나는 수많은 군중과 쏟아지는 카메라 세례에 어떻게 행동했을까? 그녀가 이에 제대로 대처했을까? 그러나 며칠 지나지 않아서 여왕뿐만 아니라 전 국민이 대영제국의 하늘에 새롭고 밝은 별이 하나 떠올랐다는 것을 알게 되었다. 이로써 다이애나에게 새로운 임무가 부여되었다. 그것은 그녀가 앞으로 웨일즈 왕자비의 의무만을 수행하는 것이 아니라 시대에 뒤떨어진 윈저 왕조에 새로운 영광을 부여하는 일을 해야 한다는 것이었다. 찰스는 이를 위해서 자기 생애 처음으로 조연 역할을 했다.

결혼식이 끝나고 단 4개월 만에 다이애나의 임신 소식이 알려지자 한없이 낙관적인 분위기가 퍼졌다. 이 부부는 그들 관계의 근간을 이루는 의무, 즉 적자를 낳고 군주국의 존속을 보장하는 의무를 이행했다. 여왕이 기자들에게 적어도 임신 기간만은 다이애나를 보호해 달라고 부탁을 했음에도 불구하고 기자들은 계속 그녀의 일거수일투족을 감시했다. 버킹검 궁에는 수많은 선물들이 도착했다. 손수 뜨개질을 한 아기 옷, 우유병, 그리고 심지어 약까지 매일 우편으로 배달되었다. 왕자 부부의 첫 아이의 성별에 대한 추측이 끊임없이 난무했다. 다이애나는 첫 임신에 대한 대중의 관심을 견디어 내는 데 어려움을 겪었다. 아침마다 일어나는 입덧과 격심한 감정의 기복이 거식증과 함께 나타났다. 그녀는 후에 앤드류 모턴에게 찰스가 그런 와중에도 자신에게 거의 신경을 써주지 않았고, 어느 날 자포자기하는 심정에서 계단으로 굴러떨어진 적이 있었다고 설명했다. 여왕은 깜짝 놀라 몸을 바르르 떨며 밖으로 나왔는데, 그녀는 매우 걱정하고 있었다. 다이애나는 아이를 잃을지도 모른다고 생각했는데, 배에 멍이 무척 많이 들어 있었다. 말을 타고 나갔던 찰스가 돌아왔을 때, 그는 마치 아무 일도 없었던 것처럼 이 일을 대수롭지 않게 여겼다고 앤드류 모턴의 문서에는 적혀 있다.

제임스 휘태커 기자는 다이애나의 이야기에 의구심을 가지고 있다. 그는 자신의 저서 『찰스 대 다이애나』에서 "그 당시 나는 다이애나가 굴러떨어진 직후에 현장에 있었던 어떤 사람과 얘기를 나누었다. 찰스는 다이애나가 계단 앞에 쓰러져 있는 동안 결코 자리를 뜬 적이 없었다… 아니, 그는 엄청나게 걱정을 하면서 즉시 의사를 부르게 했다"라고 적고 있다. 이 기자는 위기의 징후를 찾을 수 없었다고 주장한다. 1982년 2월에 그는 바하마 섬에서 휴가 중인 부부를 지켜보고 있었다. "그들은 갓 결혼한 신혼부부들처럼 행동했다. 그들은 물속에서 서로 얼싸안고 키스를 주고받았다… 이 젊은 부부가 행복해 보이지 않는 징후는 하나도 없었다."

1982년 6월 21일에 장차 영국의 왕이 될 윌리엄 왕자가 태어났다. 이때까지는 다이애나가 찰스의 생활과 생각에 계속 맞춰 살았지만, 이제 갓 엄마가 된 다이애나는 처음으로 자신의 요구를 내세웠다. 윌리엄은 윈저 가에서 일반적으로 하는 것처럼 보모의 손에 의해 키워져서는 안 된다는 것이었다. 그 외에도 다이애나는 자신의 아들이 다른 아이들과 같이 성장해야 하고 빡빡한 일정이 허락하는 한에서 자신이 직접 자녀 교육을 챙기겠다고 주장했다. 이미 그녀는 윌리엄이 태어난 뒤 처음으로 가진 중요한 해외 순방 길에서 자신의 요구를 관철시키겠다는 확고한 의지를 보여 주었다. 비록 "아기 웨일즈"가 갓 아홉 달밖에 되지 않았음에도 불구하고 다이애나는 아들을 호주와 뉴질랜드로 데리고 가겠다고 주장했다. 궁정 사람들, 특히 나이 많은 사람들은 깜짝 놀랐다. 그들은 찰스와 그의 여동생들은 어머니가 여행을 떠나면 항상 영국에 머물러 있었다는 것을 논거로 내세우며 반대했다. 하지만 다이애나는 자신의 결정대로 할 것을 고집했고, 여행은 결국 왕자 부부와 그 적자가 승리를 거둔 개선 행렬이 되었다.

몇 주 동안 찰스와 다이애나는 악수로 사람을 맞았고, 화환과 선물을 받았으며, 친근한 미소를 보내며 사인을 해주었다. 다이애나는 이런 일에 천부적인 재능이 있음을 보여 주었다. 그녀는 이글거리는 태양 아래서 거의 끝이 보이지 않는 "서민들과의 접촉 행사"를 씩씩하게 이겨냈으며, 항상 매력적이고 세심한 모습을 보여 주었다. 찰스는 그가 아니라 자신의 젊은 아내가 관심의 대상이라는 것을 여러 번 경험해야만 했다. 그가 다이애나 없이 모임에 참석할 때면, 그는 실망한 사람들에게 "나만 만나게 되어 유감이겠군요. 기껏해야 당신 돈을 돌려드리는 것밖에는 할 일이 없겠군요"라고 말했다. 부부를 호주까지 동행한 사진사 제인 핀처는 "이때까지 우리들 중 어느 누구도 이런 것을 경험하지 못했다"라고 말한다. "군중들은 엄청났다. 완전히 열광의 분위기였다. 다이애나가 어디를 가든 사람들은 그녀를 숭배했고, 그녀에게 그녀가 얼마나 환상적인 사람인지 말해 주었다. 사람들은 여행이 진행되는 동안 그녀의 자신감이 얼마나 커졌는지 제대로 볼 수 있었다. 그녀는 완전히 새로운 의상을 입었다. 그녀는 많은 옷을 가지고 있었고, 정말 어울려 보였다. 윌리엄이 태어난 뒤에 그녀는 옛 모습을 회복했고, 매우 매력적으로 보였다. 그녀는 점점 원숙해졌고, 정말 도약을 이뤄냈다.” 팬들뿐만 아니라 찰스도 자신의 젊은 아내에게 열광하는 것처럼 보였다. 제인 핀처는 계속해서 “그는 그녀가 그렇게 인기가 있는 것에 감격했고, 공작처럼 당당하게 ‘이 사람이 내 아내입니다!’라고 자랑했다”라고 말하고 있다. “그는 그녀를 팔로 감싼 채 거리를 수행해 다녔고, 그녀에게 모든 성공을 바쳤다. 그는 그녀에게 당신이 정말로 매우, 매우 자랑스럽다고 격려했다.”

1983년 6월에 캐나다로의 순방 여행이 있었다. 이번에는 궁에서 어린 윌리엄을 놔두고 가도록 뜻을 관철시켰다. 그러나 웨일즈 왕자 부부 두 사람만으로도 거칠 것이 없었다. “나는 두 사람이 캐나다에서 같이하는 모든 순간순간을 쫓았다”고 제임스 휘태커는 회상하고 있다. “다이애나는 매혹적이고 환상적이었다. 그리고 찰스는 매우 자랑스러워했고, 이 상황을 만끽했다. 군주국이 다이애나를 통해 더욱 사랑받게 되는 것이 중요했다. 사랑받지 못하고 원하지 않는 군주국은 존재할 수가 없다.” 두 사람의 순방 행사는 다이애나가 일반적인 관심의 대상에서 국제적인 슈퍼스타가 되었다는 것을 전 세계에 분명하게 보여 주었다. 찰스 왕자는 이것에 만족하였다. 이 당시보다 황태자에 대한 찬성 평가가 높았던 적이 없었기 때문이다. 두 사람의 결혼 생활 모습은 조화롭고 완벽해 보였다. 그것은 모든 사람들이 보고 싶어 하고 원하던 바로 그 모습이었다.

그러나 머지않아 결혼 생활에 먹구름이 몰려왔다. 일상생활에서 나타나는 두 사람의 차이가 점점 더 공공연하게 드러났다. 찰스가 예나 지금이나 옛 습관에 따라 행동하는 사이에 다이애나는 그로부터 멸시를 받고 있다고 느꼈다. 그녀는 현대 음악을 좋아해서 팝그룹 듀란 듀란의 노래를 무척 즐겨 들었으며, 저녁마다 TV에서 멜로드라마를 시청했다. 찰스는 이 모든 것을 싫어했다. 일찍 저녁을 먹은 뒤에 그는 자주 방으로 들어가 서류 작업을 하거나 오페라 음악을 들었다. 두 사람에게는 상대의 욕구에 응하는 것이 분명 어려웠을 것이다. 그러나 아들 윌리엄과 놀 때만은 함께 했다.

1983년 말에 왕자비는 다시 임신을 했다. 얼마나 많은 부부들이 찰스와 다이애나가 또 다른 아이를 가짐으로써 그들 문제가 자연스럽게 해결되기를 바랐는지 모른다. 실제로 얼마 동안은 분위기가 나아진 것처럼 보였다. 첫 임신 기간 중에는 "돛에 바람을 가득 머금은 갈레온 선"처럼 통통해 보였던 다이애나가 이번에는 보다 날씬하고 우아하게 보이기로 작정했다. 초기 입덧에도 불구하고 그녀는 해리 왕자 임신 기간 중에 이전보다 더 잘 버텨내는 것 같았다. 그녀는 걱정거리를 줄였으며, 이전보다 균형 있는 몸 상태를 유지했다. 그녀는 출산 직전까지 일정을 소화했다. "우리는 해리가 태어나기 전 6주 동안 서로 매우 가깝게 지냈다. 이전에는 그런 적이 전혀 없었을 정도로 가까웠다"라고 다이애나는 나중에 진술했다. 그러나 이 시기에 찰스는, 친구들의 말에 따르면, 다이애나하고만 가깝게 지낸 것이 아니었다. 그와 카밀라의 관계는 1984년 여름에 새롭게 불타올랐다. 9월 15일에 해리 왕자가 태어난 뒤, 웨일즈 왕자와 그의 연인은 다시 주기적으로 만남을 가졌다.

막내아들이 태어난 것에 대한 찰스의 반응은 다이애나와의 결혼 생활에 치명적 타격을 가했다. "아, 사내아이군"이라는 말이 탄식처럼 그의 입에서 흘러나왔다. "그리고 또 빨강 머리고!" 딸을 고대하고 있던 찰스는 다이애나 앞에서 그 실망감을 숨길 생각을 전혀 하지 않았다. 후에 왕자비는 "내 마음속에 무언가가 억눌려 있는 것 같았다"고 설명했다. 생각이 부족했던 찰스의 이 발언이 그들 관계를 끝내는 시작점이 되었을 것이다. 부부는 겉으로는 계속 화목한 모습을 보여 주었다. "다이애나 열기"가 늦어도 후계자를 낳고 난 뒤에는 식을 것이라고 믿었던 사람들은 생각을 고쳐먹었다. 다이애나의 초상이 예나 지금이나 화보 잡지의 겉표지를 장식하고 있었는데, 독자들은 그것만으로 만족하지 않는 것 같았다. 결혼 생활과 어머니로서의 삶은 다이애나를 점점 더 변하게 만들었다. 보다 진지한 이미지를 원했던 그녀가 관심이라고는 유행과 머리모양에만 있는 "왕실의 옷걸이" 정도로 비치는 것은 유감이었다. 그녀는 처음으로 홀로 의무를 수행했다. 자선행사에 참석하고 점점 더 사회적인 프로젝트에 관여하게 되었다. 이로써 찰스와 다이애나의 간극은 점점 더 커졌다.

1985년 가을에 다이애나는 밸모럴 성에서 있었던 가족 모임 뒤에 먼저 출발을 했는데, 그녀는 지루함과 나쁜 날씨에 대해 불평을 했다. "그녀가 드디어 본색을 드러냈다"라고 찰스의 전기 작가인 페니 쥬너는 말한다. "그녀는 시골 생활을 싫어했다. 그녀는 도시 사람이었다. 그녀는 사냥, 사격, 그리고 낚시를 싫어했다. 그녀는 이것들 중 아무것도 하기 싫어했다." 두 사람 사이에 점점 더 자주 다툼이 일어났다. 다이애나의 거식증, 자녀 양육, 카밀라 파커 볼스가 그 다툼의 단골 메뉴였다. "그들 사이에 다툼이 많았고, 불행하게도 다툼의 대부분은 외침소리와 울부짖는 소리, 눈물을 흘리며 흐느끼는 소리와 그릇 깨지는 소리로 끝이 났다"고 찰스의 청소년기 친구였던 재닛 젠킨스는 전하고 있다. "웨일즈 왕자는 살아오는 동안 이전에는 이런 일을 당한 적이 전혀 없었으며, 다이애나처럼 여러 모로 미숙해서 자신의 감정을 통제할 수 없는 그런 사람과 충돌한 적이 없었다. 그는 나와 그 일에 대해 얘기를 나누었고, 다이애나 때문에 정말 걱정하고 있었다. 그는 자신이 무엇을 해야 할지 몰라 했고, 완전히 갈피를 못 잡는 것처럼 보였다."

1986년 엑스포에 참석하기 위해 캐나다를 같이 방문했을 때, 처음으로 대중들이 부부의 환한 미소 뒤에 심각한 문제가 숨겨져 있음을 알게 되었다. 찰스와 다이애나가 캘리포니아 전시관에 들어섰을 때, 왕자비가 갑자기 실신을 했다. 그녀는 바닥에 쓰러지기 전에 "여보, 금방 쓰러질 것 같아요!"라고 속삭였다. "그녀가 정신을 차리고 잠시 뒤에 다시 남편과 합류했을 때, 남편은 전혀 이해를 해주지 않았다. 그는 만약 다시 실신할 계획이 있으면 제발 사람들이 보는 앞에서 그러지 마세요"라고 비꼬면서 말했다. 저녁에 만찬이 진행되는 동안 웨일즈 왕자는 이 불의의 사건에 대해 형편없는 농담을 던져 그곳에 참석한 손님들을 경악하게 만들었다. "내 아내의 임신 능력은 검증이 되었습니다. 그녀는 여섯 쌍둥이를 낳을 수 있습니다. 이것이 바로 그녀가 실신을 한 진짜 이유입니다." 찰스는 자신이 실수한 것을 알아채고는 재빨리 "물론 농담이죠!"라고 덧붙였다.

5년간의 결혼 생활 뒤에 다이애나는 거식증, 심한 우울증과 급작스런 발작으로 꼼짝도 할 수 없는 지경에 이르렀다. 그녀가 대중들로부터 더욱 인정을 받게 되면서, 그녀는 찰스와 그의 가족들로부터 따돌림을 받는다는 느낌을 받았다. 그의 관심을 억지로 끌기 위해서 그녀는 필사적인 시도를 여러 번 했다. "예전에 나는 저녁마다 찰스와 얘기를 나누려고 했다"고 그녀는 한 인터뷰에서 설명했다. "그는 내 말을 들으려고 하지 않았다. 그는 그것을 헛소동에 불과하다고 말했다. 그래서 나는 그의 경대에서 주머니칼을 꺼내 내 가슴과 허벅다리를 거칠게 베었다. 많은 피가 흘렀지만, 그는 전혀 반응을 보이지 않았다." 유리와 과일칼, 레몬칼 등을 이용한 자살 시도가 이어졌다. 하지만 이를 통해 그녀는 항상 자신이 원하던 것과 반대되는 것을 얻었다. 찰스는 점점 더 그녀를 피했다. "그로써 그녀는 그를 카밀라의 품으로 몰아낸 것에 불과했다"라고 제임스 휘태커 기자는 말한다. "문제가 생길 때마다 매번 찰스가 그 문제를 어머니에게로 가져갈 수는 없었다. 어머니는 다른 걱정을 가지고 있었다. 필립 경도 고민을 터놓을 대상이 아니었다. 그는 카밀라에게 갈 수밖에 없었다. 그녀는 그에게 있어 연인 이상의 사람이었다. 그녀는 유모이자 어머니와 같은 존재였다. 그녀는 찰스의 모든 것을 이해했다. 모든 것을!"

웨일즈 왕자는 이제부터 개인적으로도 자신의 길을 가고, 대중 앞에 나설 때도 다시 혼자 나서기로 결심했다. 1986년 6월에 그는 다이애나 없이 긴 순방 길에 올랐는데, 그중에는 아프리카 칼라하리 사막 탐험도 포함되어 있었다. 그는 고향에서 국민들에게 자신을 사회정치적 양심으로 소개했고, 사회적 폐해와 실업, 그리고 문맹률에 대해 비판의 목소리를 냈다. 그러나 이렇게 함으로써 웨일즈 왕자는 친구만 만든 것이 아니었다. 당시 총리였던 마거릿 대처는 정치에 간섭하는 일체의 행위를 엄격하게 금지했고, 결국 여왕과 중재에 나섰다. 언론들도 찰스의 단독 여행을 거의 보도하지 않았다. 그 대신에 언론들은 그와 다이애나가 서로 떨어져 있는 기간을 정리하고는 이 결혼에 문제가 생겼다는 결론을 내렸다. 비평가들은 이 때문에 그가 그저 자신의 부인을 능가해 보이려고만 한다고 그를 비난했다.

그러나 왕자는 대중을 상대하는 데 있어서는 그녀와 대적할

적수가 못되었다. 80년대 말에 다이애나는 광범위한 사회참여를 인정받아 언론으로부터 "사람들 마음속에 자리한 왕비"로 뽑혔다. 왕자비는 개인적으로 에이즈 환자 돕기에 앞장섰다. 그녀는 그사이에 사진의 힘을 이용하는 법을 배웠다. 다이애나가 한 에이즈 환자와 악수하는 사진이 실렸을 때, 에이즈에 대한 사회적 공론화가 시작되었는데, 이는 아무도 예상하지 못한 것이었다. 아동과 청소년, 가족을 위한 에이즈 연맹의 데이비드 하비는 "그렇게 꾸밈없는 표정을 지닌, 세상에서 가장 유명한 여인이 에이즈 문제에 관계했다… 이 악수 한 번으로 그녀는 전 세계에 동정, 사랑, 그리고 이해가 무엇을 의미하는지 보여 주었다"라고 말했다.

친구인 발레 무용가 에이드리언 워드 잭슨이 이 병에 감염되었을 때, 다이애나는 왕궁의 의지를 거스른 채, 그가 죽을 때까지 비밀리에 그를 보살펴 주었다. 에이즈 환자에 대한 사회 참여 외에도 그녀는 병원과 구급차를 방문했고, 학대받은 여성들과 노숙자 그리고 나병환자들을 보호하는 데 나섰다. 그녀의 자선 행위는 그녀에게 엄청난 명성을 가져다주었고, 여러 방면에서 인정을 받게 되었다. 그의 부인과 비교해서 찰스의 공개 행보는 한심스러워 보일 지경이었다. "그녀는 이것이 자신이 이길 수밖에 없는 분야라는 것을 전 세계에 증명하기 위해 찰스와 경쟁을 하고 있었다. 그 당시에 나온 신문 중에 아무것이나 뽑아 보세요. 그녀는 이 싸움에서 이겼습니다. 그것도 수년 동안을!"이라고 크리스토퍼 윌슨 기자는 말한다.

결혼 위기에 대한 루머를 잠재우기 위해 왕궁에서는 계속 같이 대중 앞에 나설 것을 고집했다. 1987년 11월에 있었던 독일 방문에서 그들은 대중들을 다시 한 번 속이는 데 성공했다. "나는 독일 방문에 대해 잘 기억하고 있다. 그 방문 일정은 베를린에서 시작되었다. 다이애나는 매우 풀이 죽은 듯 보였다. 그래서 모든 사람들은 결혼이 정말 위기에 처했다고 생각했다"고 주디 웨이드 기자는 회상한다. 그러나 여행 막바지에 두 사람은 말도 많이 나누고 다정해 보여서 다시 행복해진 것처럼 보였다. 우리는 독일 방문이 찰스와 다이애나의 두 번째 밀월여행이었고 결혼 생활의 불화가 봉합되었다는 기사를 영국으로 보냈다."

그와 달리 실제 분위기는 다르게 느껴졌다. 얼마 전부터 다이애나는 왕실 기병대 소속의 제임스 휴이트 소령에게 강하게 이끌렸다. 휴이트는 윌리엄 왕자에게 승마 교육을 시켰다. 그는 스포츠맨이었고, 깃을 단 헬멧과 번쩍번쩍 광을 낸 흉갑을 걸친 유니폼 차림의 그는 매우 섹시하게 보였다. 그는 다이애나를 흠모하고 있다는 것을 숨기지 않았다. 그리고 마침내 그는 그녀의 연인이 되었다. 그는 오늘날 "모든 사람은 열망의 대상이 되고 존중받기를 원한다. 그리고 모든 사람은 사랑받으면 행복해진다. 나는 그녀에게 그 모든 것을 주었다. 그리고 나는 그로써 그녀가 그 중요한 시기에 다시 자신감을 얻는 데 도움을 주었다고 생각한다"라고 말한다. "그 당시에 그녀는 자기 신뢰를 구축하거나 파괴하는 것이 모두 가능했다. 그러나 그녀의 자기 신뢰는 남편과 왕실에 의해 파괴되었다." 비밀스런 연인 관계가 된 두 사람은 같이 말을 타고 나갔다. 다이애나는 휴이트에게 값비싼 선물들을 하고, 찰스가 거부하던 애정을 듬뿍 쏟았다. 다이애나가 아이들과 함께 켄싱턴 궁에서 살고 있을 때, 찰스는 점점 더 자주 파커 볼스가 살고 있는 곳에서 불과 16킬로미터밖에 떨어지지 않은 하이로브로 돌아갔다. 여기서 그는 카밀라와 많은 시간을 보냈다. 그는 그 당시에 친한 친구에게 다음과 같이 털어놓았다. "나는 그저 그녀 곁에 항상 있고 싶을 뿐이야." 그와 달리 찰스와 다이애나는 대중들에게 계속 "완벽한 부부"로 행세했다.

그들이 같이 공개석상에 나타날 때면, 두 사람은 자신들의 역할이 무엇인지 잘 알고 있었다. 연미복과 하얀 넥타이를 한 찰스와 사람들의 이목을 끄는 야회복을 입은 다이애나가 무도회장에 들어서면 그들은 참석한 모든 손님들을 능가했다. 이 세상 그 어떤 부부도 그들처럼 성공을 거두지는 못했다. 사회적인 지위와 매력적인 외모의 조합이 어디에도 비길 바가 없었다. 영국 왕실을 위해 이보다 나은 홍보 사절은 있을 수 없었다. 이를 위해 전문적인 홍보팀도 가동되었는데, 그 일원 중에는 나중에 다이애나의 개인 비서가 된 패트릭 제프슨도 있었다. "그들의 결혼 생활에 어떤 열정이 있었다 하더라도 이제 그것은 이미 과거의 일이라는 것을 우리 모두 분명히 알고 있었다고 생각한다. 우리는 그것에는 관심이 없었다. 우리 일은 왕자와 왕자비를 행복한 팀으로 보이게 하는 것이었다." 언론도 진실에 관심이 없었다. 오늘날 주디 웨이드는 "우리는 '그들은 영원히 행복하게 살 것입니다'와 같은 이 모든 헛소리들을 그저 그렇게 믿고 싶었기 때문에 기사로 만들었다"라고 말한다. "대중들은 그것을 믿고 싶어 했다. 만약 아무도 알고 싶어 하지 않는 이야기를 신문에 낸다면, 그 신문은 더 이상 팔리지 않을 것이다. 그렇기 때문에 우리들은 이 일에 매우 신중했다."

1990년에는 다양한 징후들이 수도 없이 나타났다. 찰스가 한 폴로 경기에서 넘어져 팔이 부러졌을 때, 그의 병상을 지키고 있었던 것은 다이애나가 아니라 카밀라였다. 왕자는 그를 보살피는 것을 오직 그녀에게만 허락했다. 다이애나는, 비록 자신도 새로운 연인 관계를 막 시작하기는 했지만, 이 일 때문에 상처를 받았다. 제임스 휴이트가 친구들에게 왕세자비가 자기 사람이라고 주장한 뒤에 다이애나는 얼마 동안 그와 헤어졌다. 그녀는 어느 파티에서 제임스 길비라는 중고 물품 상인을 만났고, 그와 사랑에 빠졌다. 길비는 외모가 뛰어나고 남의 말을 잘 들어주는 사람이었으며, 그녀처럼 발레를 좋아했다. 2년 뒤에 길비와 다이애나는 소위 "스퀴디게이트 스캔들" 때문에 헤드라인을 장식했다. 아마추어 무선사들이 두 사람의 전화 통화 내용을 녹음했는데, 그 전화 통화에서 그는 다이애나를 "작은 오징어"라고 불렀다. 이 사실이 널리 알려지자 그들 관계도 재빠르게 끝이 났다.

찰스와 다이애나의 결혼 10주년 기념일 한 달 전인 1991년

6월에 두 사람 사이의 감정의 골이 더 깊어졌다는 사실이 알려 졌다. 윌리엄 왕자가 동료 학생이 휘두른 골프채에 머리를 맞 아 병원으로 실려 갔다. 의사들은 두개골 골절로 확인을 했고, 수술을 해야만 했다. 찰스는 이날 밤에 유럽 환경보호운동가 협회를 맞이하는 호스트 역할을 맡아 오페라 공연에 참석하기 로 되어 있었다. 그는 아들이 확실한 사람들 손에 맡겨져 있는 것을 확인하고 또한 다이애나가 그에게 행사를 취소하지 말라 고 말하자 병원을 떠났다.

찰스가 푸치니의 〈토스카〉를 듣고 있는 동안 윌리엄 왕자는 수술을 받았다. 다이애나는 시위를 하듯 밤새도록 병원에 남 아 있었다. 다음 날 헤드라인은 찰스 왕자를 가차 없이 몰아 세웠다. 『선』지의 기사 제목은 "찰스, 당신은 어떤 아버지입니 까?"였다. 다이애나는 승리를 거두었다. 그녀는 대중매체를 자 신에게 유리하게 만들고 찰스에게 불리하게 만드는 일에 여 러 번 성공했다. 카메라 앞에서 수줍게 미소 짓던 아가씨가 대 중매체를 능수능란하게 다룰 줄 아는 전문가가 되었다. 다이 애나가 그동안 자신을 위해 얼마나 언론을 잘 이용했는지 보 여 주는 단적인 예가 1992년 초에 있었던 그녀의 인도 방문이 었다. 찰스와 다이애나는 같이 순방 길에 올랐지만, 왕자비는 이미지를 교묘하게 조작했다. 그녀는 세계에서 가장 큰 사랑 의 사원인 타지마할 앞에서 혼자 포즈를 취했다. 오늘날까지 잊혀지지 않는 이 사진들은 모든 사람들에게 공공연한 비밀이 무엇인지 명확하게 보여 주었다. 그것은 찰스와 다이애나의 결혼 생활이 끝났다는 것이었다.

자이푸르에서 열린 폴로 경기에서도 왕자비는 그들 관계가 끝났음을 보여 주었다. 그녀가 남편에게 컵을 수여하고 그가 그녀의 키스를 받으려고 입술을 내밀었을 때, 그녀는 갑자기 얼굴을 옆으로 돌렸다. TV 카메라와 사진사들 그리고 수많은 관중이 지켜보는 앞에서 다이애나는 남편을 멍청이로 보이게 만들었다. 그는 그녀의 귓불에 키스를 할 수밖에 없었다.

다이애나는 매번 판박이 같은 모습으로 그들의 결혼 생활을 보여 주는 것에 더 이상 만족하지 않기로 결심했다. 그녀는 전 세계에 결혼 생활의 실상을 보여 주고 그의 외도에 복수를 하고자 했다. 이때 다이애나는 능수능란하게 연출을 했다. 1991년 여름과 가을에 다이애나는 기자이자 작가인 앤드류 모턴과 인터뷰를 갖고 그에게 이 인터뷰 내용을 그의 저서 『다이애나의 진실』에 사용할 수 있도록 허락해 주었다. 1992년 6월에 『선데이 타임즈』지에 출판 전 발췌본이 실렸다. 부부의 결혼 생활, 다이애나의 거식증 그리고 찰스와 카밀라 파커 볼스와의 관계에 관한 상세한 내용이 출판됨으로써 경악과 동정의 물결이 일어났고, 이는 영국 국민들만 충격에 빠지게 만든 것은 아니었다. 책의 출간과 더불어 수많은 언론 기고와 방송 보도가 잇따랐다. 왕실은 충격에 빠졌다. "다이애나가 자신의 결혼 생활을 그런 식으로 포기하려고 결심했을 때, 나는 그녀가 어떤 동기를 가지고 있었을까 종종 자문해 본다. 대중들에게 실상을 밝히려는 그녀의 결심은 재앙을 불러왔다"라고 다이애나의 옛 개인 비서인 패트릭 제프슨은 말한다. "그녀의 결심은 보는 사람의 관점에 따라서 배신행위든가 아니면 용감하게 진실을 밝히려는 행위라고 생각되었다." 다이애나는 앤드류 모턴이 책을 만드는 데 관여했다는 것을 강하게 부정했다. 그녀는 언론에 대고 "나는 그 일과 전혀 관련이 없다"라고 확실하게 주장했다. 그러나 며칠 지나지 않아서 남편과 그의 연인에 대한 공격이 그녀의 동의 아래 이루어졌다는 사실이 명백하게 드러났다.

책의 출간은 영국 왕실에는 재앙이나 다름없었다. "불평하지도 말고, 설명하지도 말라"는 말은 왕실의 성스러운 신조였으나, 이제 군주국인 영국 역사상 처음으로 이 신조를 어기게 되었다. 이외에도 왕실은 가장 성공적이었던 두 홍보 대사를 잃었다. 찰스와 다이애나는 부부로서의 신뢰도 잃게 되었다. 1992년 11월에 마지막으로 두 사람이 같이 한국을 방문하였을 때에도 이런 분위기를 읽을 수 있었다. 카메라에 찍힌 사진들은 같은 자리에 있는 것이 두 사람에게 얼마나 힘든 일이었는지 여실히 보여 주었다. 여왕은 두 사람이 같이 대중 앞에 나섬으로써 발생한 손실을 다시 만회하기를 바랐기 때문에 이 방문 일정을 극구 고집했다. 그러나 이제 여왕도 아들의 결혼 생활에 더 이상 희망이 없다는 것을 알게 되었다. 다이애나는 알지 못했지만, 찰스는 책이 출간되기 직전에 이미 어머니와 이혼에 따른 결과에 대해 상의했었다. 여왕은 그런 조치가 손자인 윌리엄과 해리, 나아가 찰스의 위신과 군주국의 명예에 해를 끼칠 것을 두려워하여 이혼을 말렸다. 아마 다이애나도 그 당시에는 이혼을 생각하고 있지 않았을 것이다. 그녀는 여왕과 대책 회의를 하면서 "나는 내 의무가 무엇인지 알고 있습니다"라고 말했고, 결혼 생활을 지속할 준비가 되어 있음을 보여 주었다. 그녀는 책을 둘러싼 스캔들 이후에 찰스가 카밀라와의 관계를 마지못해 정리하게 되기를 은연중에 바랐다. 그러나 찰스는 그럴 생각이 없었다. 기괴하게도, "두 번째 신혼여행"이라고 발표한 여름 크루즈 여행에서 다이애나는 찰스가 전혀 거리낌 없이 연인과 통화하는 것을 들어야만 했다.

1992년은 버킹검 궁에 또 다른 스캔들이 터진 해였다. 8월에 『선』지는 다이애나와 그의 연인 제임스 길비의 통화 내용을 비밀스럽게 기록한 내용의 일부를 실었는데, 그 통화에서 다이애나는 왕실을 "엿 같은 가족"이라고 표현했다. 소위 "스퀴디게이트 스캔들"은 다이애나를 파멸시켰다. 그녀의 결혼 생활을 다룬 모턴의 책이 출간되었을 때만 해도 그녀에게 많은 동정과 공감이 쏟아졌지만, 이번에는 손댈 수 없을 것 같던 그녀의 이미지가 일거에 심한 타격을 입었다. 다이애나는 버킹검 궁이 녹음테이프가 진짜가 아니라고 즉각 부인하고 나섰음에도 불구하고, 이것이 궁에서 자신의 신용을 떨어트리기 위해 행한 모략이라고 확신하고 있었다. 언론이 찰스와 다이애나의 "장미전쟁"을 파헤치며 계속 지저분한 내용들이 드러나는 동안에 밸모럴 성에서 가족회의가 소집되었다. 다이애나는 비공식적인 별거를 제안 받았다. 그녀가 왕실 내에서 자기 나름의 삶을 영위하면서 찰스와는 공식 행사에서만 합친다는 내용이었다. 부모가 치른 이혼 다툼에서 겪은 경험을 통해 다이애나는 왕실이 애들을 빼앗아갈까 봐 두려워했다. 실제로 왕실 가족들에게 적용되는 엄격한 법 규정에 따르면, 왕실 소속 어머니에게는 자녀 양육에 관한 어떤 발언권도 허용되지 않았다. 찰스와 다이애나의 미래에 대한 토론과 회의가 계속 이어졌다.

드디어 1992년 12월 9일에 버킹검 궁은 "왕자와 왕자비께서 별거하기로 결정하셨습니다. 두 분께서는 이혼할 계획은 없으며, 따라서 법에 따른 두 분의 신분은 유지될 것입니다"라고 공표했다.

1993년 1월, 『다이애나의 진실』이 출간됨으로써 심각한 손상을 입은 왕자의 이미지가 한 번 더 타격을 받게 되었다. 타블로이드 신문에 찰스 왕자와 카밀라가 1989년에 했다고 추정되는 통화 내용이 실렸다. 외설스럽고 내밀한 통화 내용은 세계를 놀라게 만들었다. 웨일즈 왕자는 통화에서 그의 연인과 영원히 하나가 되기 위해 탐폰[질 내 삽입형 생리대: 옮긴이]으로 변했으면 하는 소망을 밝혔다. 그러나 보다 진지한 내용들도 있었다. "나는 당신을 너무나 사랑하고, 당신이 너무나 자랑스러워"라고 찰스가 대화중에 말했다. "당신의 가장 큰 업적은 나를 사랑하는 것이야." 눈에 띄는 점은 찰스도 카밀라도 이 녹음된 대화의 진위에 대해 이의를 제기하지 않았다는 것이다.

찰스와 다이애나 사이의 격렬한 충돌은 그 후 몇 년 동안 계속되었다. 다이애나가 자선 행사에 참여하기 위해 끊임없이 전 세계를 여행하는 동안, 찰스는 상처받은 자신의 이미지를 회복해 보려고 했다. 이때 그는 정면 돌파를 시도했다. 1994년 7월 29일, 민영 방송국인 ITV에서 방영된 다큐멘터리 프로그램 〈찰스: 사적 인간, 공적 역할〉에서 왕세자는 1,700만 시청자가 지켜보는 가운데 자신의 외도에 대해 인정했다. 그러나 그는 "결혼 생활이 돌이킬 수 없을 정도로 망가진 다음에야 비로소 다이애나를 속이기 시작했다"고 덧붙였다.

다이애나의 반격이 이루어지는 데는 그리 오랜 시간이 걸리지 않았다. 1995년 11월에 그녀는 BBC의 리포터인 마틴 배셔와 인터뷰를 가졌고, 처음으로 대중 앞에서 찰스와의 관계에 대한 개인적인 얘기를 나누었다. 다이애나는 방송에 출연하기 위해 준비를 충분히 했다. 다른 사람도 아닌 영화배우이자 감독 겸 제작자인 리처드 애턴버러 경이 그녀에게 연출법과 말하는 법을 가르쳤다. 다이애나가 내용적으로는 앤드류 모턴이 적은 것 외에 새로 밝힌 것이 없었음에도 불구하고, 방송 프로그램 〈파노라마〉는 센세이션을 일으켰다. 2,200만 명의 시청자가 지켜본 이 방송은 영국 방송에서 다큐멘터리 프로그램이 이제껏 달성한 최고 시청률을 기록했다. 시청자들은 "세 사람이 한 결혼"에 대해 눈물을 흘리며 애기하는 왕자비의 가슴 뭉클한 모습을 지켜보았다. 제임스 휴이트와의 일탈 행위에 대해 말하면서, 그녀는 "예, 나는 그를 열광적으로 좋아했습니다. 예, 나는 그를 사랑했습니다"라고 시인했다. 마지막으로 다이애나는 장차 영국의 왕이 될 사람으로서의 자기 남편의 자질을 의심하는 말을 했다. "최고의 직업에는 맞지 않습니다"라는 가차 없는 평가가 떨어졌다. 그녀는 자기 자신에 대해 "나는 사람들 마음속에 자리한 왕비가 되고 싶습니다… 사람들 앞에 나서서 그들을 사랑하고 있다는 것을 보여 줄 누군가가 있어야 합니다." 수년간에 걸친 모략에 기만당하고 희생당한 사람으로 보이게 만든 그녀의 연출법은 완벽했다. 방송에 출연한 뒤에 실시한 여론조사에 따르면, 영국 국민의 70퍼센트가 결혼 실패에 대한 책임을 찰스 왕자가 온전히 져야 한다고 생각했다.

장차 왕이 될 사람으로서의 찰스의 자질에 대한 공개적인 왕자비의 비판은 여왕의 눈에는 군주국의 체면을 손상시킨 "대역죄"였다. 여왕이 찰스와 다이애나에게 처방을 내린 캔터베리 대주교와의 결혼 생활 상담이 실패한 뒤에는 엘리자베스 2세 여왕도 한 가지 해결책밖에 없다고 생각했다. 그것은 이혼이었다. BBC 인터뷰가 방영된 직후인 1995년 12월에 여왕은 이들 부부에게 편지로 즉시 협의를 개시하라고 요구했다. 그리고 이 편지를 찰스 측근들이 공개를 했기 때문에 더 신속하게 처리할 필요가 있었다. 그리고 찰스가 장차 왕이 되면 자동적으로 영국 국교도의 세속 수장이 되기 때문에, 교회 측에서도 의견을 표명했다. 양측 변호사들이 진지하게 이혼 조건에 대해 협상을 하는 사이에, 그리고 대중들이 파경에 대한 찬반 의견으로 논쟁을 벌이고 있는 사이에, 다이애나는 첫 번째 행보를 취했다. 1996년 2월 28일에 다이애나는 남편과 상의도 없이 "이혼 이후의 찰스의 관심사"에 동의를 했으며, 칭호와 아이들에 대한 접근권은 그대로 유지한다고 발표했다. 여왕의 관점에서 보면, 이는 이만저만 불손한 행위가 아닐 수 없었다. 여왕은 공개적인 질책을 통해서 다이애나에게 경고를 하였다. 그녀는 위자료, 왕자비의 장차 역할과 칭호에 관한 상세 사항은 결코 논의의 대상이 아니라는 것을 다이애나에게 알렸다. 버킹검 궁은 "절차를 진행하는데 한동안 시간이 걸릴 것"이라고 공표했다. 실제로 이혼이 공식화될 때까지 거의 여섯 달이 더 소요되었다. 1996년 8월 28일, 찰스와 다이애나의 "동화"는 법적 효력이 있는 판결을 낭독함으로써 끝이 났다. 끈질긴 협상 끝에 다이애나는 총 1,700만 파운드에 달하는 위자료를 받았지만, 공식 칭호는 상실했다. 이로써 여왕은 다이애나를 더 이상 왕실의 일원으로 간주하지 않겠다는 의지를 분명하게 보였다.

이혼은 두 결혼 당사자에게 시작이면서 동시에 끝을 의미했다. 찰스도 다이애나도 새로운 방향을 설정해야 했다. 다이애나는 이혼을 통해서 많은 특권을 상실했다. 그러나 이것은 또한 해방을 의미하는 것이었다. 특히 왕실의 의전 규범들로부터의 해방을 의미하는 것이었다. 찰스는 중요한 과제에 직면해 있었다. 다 알려진 카밀라와의 관계를 이제 어떻게 전개해 나가야 할까? 그녀는 장차 궁에서 어떤 역할을 해야 할까? 게다가 다이애나와의 이혼은 장차 왕이 될 사람으로서의 이미지에 손상을 가했고, 또한 군주국인 영국에 엄청난 손해를 가져왔다. 영국 국민들 사이에서 왕실 철폐에 대한 논쟁이 벌어진 것은 이전에는 결코 없었던 일이었다.

이와 달리 다이애나는 이혼한 왕자비로서 사람들의 마음을 얻는 데 성공했다. 그녀는 계속 사회참여에 집중을 했고, 기부금을 모으기 위해 그녀의 인맥을 활용했다. 1996년 11월에 헨리 키신저는 뉴욕에서 그녀에게 "올해의 자선가" 칭호를 부여했다. 지뢰에 반대하는 그녀의 활동은 그러나 공감만 불러일으킨 것이 아니었다. 영국 하원에서 보수적인 의원들의 목소리가 커졌는데, 그들은 영국 군수산업의 미래를 걱정하고 있었다. 1997년 신임 총리 토니 블레어는 총리에 뽑힌 뒤에 다이애나에게 어떤 대외 역할을 맡길지 상의하기 위해 그녀를 자신의 별장이 있는 체커스로 초대했다. 블레어는 이 자리에서 다이애나와 왕실 간에 중재자 역할을 하려고 했는데, 유권자들이 그에게 이 역할을 부여했다는 것을 그는 잘 알고 있었다. 하지만 그의 임무는 실패했다.

여전히 두 사람 사이에는 싸움이 진행되고 있었다. 찰스가 고용한 보모 티기 레기-부어크에 대해 "사람들 마음속에 자리한 왕비"는 엄청난 질투심을 나타냈고 심한 비난을 퍼부었다. 결국 이 사건은 법정에서 결론이 났다. 다이애나의 직원들도 분노를 터트리는 횟수가 늘어난 그녀 때문에 힘들어했다. 이로 인해 직원들이 자주 교체되었고, 결국 친구들도 그녀를 멀리하기 시작했다. 다이애나는 자주 TV 앞에서 홀로 저녁 식사를 했으며, 의기소침해 있었고, 지루해 했다. 그녀가 공개적으로는 많은 대중을 끌고 다녔지만, 개인적으로는 점점 더 고립되어 갔다. 이전보다 더 많은 관심이 그녀의 사생활에 집중되었다. 1997년 여름에 유명한 "해로즈" 백화점 소유주의 장남인 에마드 "도디" 알 파예드가 다이애나와 동행하고 있는 모습이 헤드라인을 장식했다. 언론의 지속적인 감시 하에서 이집트 출신의 플레이보이와 다이애나 사이에 조심스런 로맨스가 진행되었다. 비록 그녀가 찰스와의 관계에서 얻은 경험 때문에 조심스러워 했지만, 여전히 그녀는 "빛나는 갑옷을 입은 기사"에 관한 낭만적인 생각을 품고 있었다. "끔직한 결혼 생활의 기억에서 벗어나는 데 많은 시간이 걸리지는 않았다. 나는 당장 다음 결혼에 매진했다"라고 그녀는 어느 기자에게 말한 적이 있다. 도디 알 파예드는 자기가 제공할 수 있는 모든 것을 바쳐 왕자비에게 구애를 했다. 그녀에게 값비싼 선물을 해주고, 다이애나와 두 아들이 방해받지 않고 춤을 출 수 있도록 이틀 동안 디스코텍을 빌리기도 했다. 헬리콥터 비행, 몇 시간에 걸친 위성 전화 통화, 도디의 개인 요트를 타고 떠난 긴 여행. 다이애나는 호화로운 제트족의 삶을 향유하는 것처럼 보였다.

파파라치의 망원렌즈에 찍힌 사진들이 싸구려 언론사에 공급되었는데, 그 사진들은 편안하고 행복한 다이애나의 모습을 담고 있었다. 그녀가 알 파예드의 아이를 가졌고 그와 결혼할 생각을 했다는 소문에 대해 예전에 그녀의 집사였던 폴 버렐은 사실이 아니라고 생각하고 있다. 왕자비에 관한 그의 책에서, 그는 그녀가 죽기 직전인 1997년 8월에 있었던 다이애나와의 통화 내용을 언급했다. 그 통화에서 그녀는 도디의 관심이 점점 더 부담스럽게 느껴진다고 말했다고 한다. 다이애나는 며칠간 그의 요트를 타고 지중해에서 시간을 보내자는 그의 제안을 받아들였다. 9월 1일에 그녀는 휴가에서 돌아오는 아들들을 맞이하기 위해 런던으로 무조건 돌아가기를 원했다. 8월 30일에 두 사람은 짧은 휴가를 "리츠 호텔"에서 저녁을 먹으며 마무리하기 위해 파리로 갔다. 그들이 공항에 도착할 때부터 이미 파파라치 무리들이 그들을 기다리고 있었다. 그들은 두 사람을 호텔까지 쫓아갔다. 그 호텔 레스토랑 "에스파동"에서 손님들의 끈질긴 시선에 불편함을 느낀 두 사람은 자리를 옮겨 호텔의 황제 스위트룸에서 저녁 식사를 했다.

자정 무렵 두 사람은 도디의 아파트에서 밤을 보내기 위해 출발했다. 호텔 앞에서 기다리고 있던 파파라치들을 따돌리기 위해 두 사람은 "리츠 호텔" 뒷문을 이용했다. 새벽 0시 20분에 세상에서 가장 유명한 여인과 그 동행자인 알 파예드, 경호원 트레버 리스-존스와 운전사 앙리 폴을 태운 메르세데스 220SL이 무서운 속도로 출발했다. 새벽 0시 24분에 차량은 엄청난 속도로 알마 광장의 지하도에 들어섰다. 운전사는 메르세데스 차량을 통제하지 못하고 시멘트 기둥에 정면으로 충돌했다. 도디 알 파예드와 앙리 폴은 그 자리에서 죽었고, 유일하게 안전벨트를 매고 있던 경호원은 생명이 위험한 중상을 입었다. 다이애나는 의식을 잃고 앞좌석과 뒷좌석 사이에 끼여 있었다. 차량을 추적하던 사진사들은 현장에 도착하자마자 그녀를 찍었는데, 그 사진들은 최근에 미국에서 발표되어 사람들의 공분을 샀다. 의사들이 다이애나의 목숨을 구하기 위해 최선을 다했지만, 그녀는 새벽 4시에 심각한 부상을 이겨내지 못하고 라 피티에 살페트리에르 병원에서 숨을 거두었다.

"사람들 마음속에 자리한 왕비"의 사망 소식에 전 세계는 경악하며 한없는 슬픔에 잠겼다. 몇 주간 런던은 왕자비를 기리기 위해 버킹검 궁과 다른 장소에 갖다 놓은 조화의 바다에 빠져 있었다. 장례식은 왕실이 공표했듯이 "비범한 여인을 위한 비범한 예배"가 되었다. 수많은 사람들이 그녀의 마지막 가는 길을 따라나서기 위해 영국으로 모였다. 애도하는 사람들이 흘리는 눈물의 반주는 팝송들이었다. 대중들의 아픔이 히스테리로 바뀌는 것 같았다. 애도를 표하는 글에 책임 소재에 대한 언급도 포함되었다. 파파라치들이 그날 밤 다이애나를 죽음으로 몰아넣었기 때문에 그들에 대한 엄청난 비난이 쏟아졌다. 그러나 찰스에게도 다이애나의 죽음에 대한 책임이 지어졌다.

왕실의 지시를 받고 다이애나를 살해했다는 영국 정보부의 음모에 대한 허무맹랑한 추측들이 지금까지도 이어지고 있다. 프랑스 경찰의 조사 보고서에 따르면, 운전사 앙리 폴은 음주 상태였다고 한다. 그러나 최근 조사는 폴이 죽고 난 뒤에 그에게 알코올이 투여되었다는 결론을 인정하고 있다. 그러나 다이애나의 죽음 이후 여러 해 동안 어떤 사실이 밝혀졌든 간에 한 가지 점은 분명하다. 그것은 왕자비의 죽음과 더불어 찰스와 다이애나의 이야기가 종결된 것은 아니라는 점이다. 대중매체들은 최근 발표된 다이애나의 외국어 선생이 기록한 테이프와 같은 이른바 "새로운 발견물"들을 계속 제시하고 있다. 이들 발견물들은 대부분 상업적으로 성공을 거두었으나 새로운 내용을 보여 주지는 않는다. 오늘날까지도 옛 "동화 속 왕자"와 그 "동화 속 공주"는 현대사에서 가장 꿈같은 부부의 모습으로 사람들의 환상에 날개를 달아주고 있다. 그러나 다이애나의 죽음이 군주국인 영국의 영광을 퇴색시키는 것처럼 보였다. "다이애나와 찰스는 부부로서 군주국 영국을 다음 세기 동안 새롭게 꾸미고, 새로운 활기를 불어넣고 젊게 만들 수 있었다"라고 앤드류 모턴은 말한다. "그러나 지금 보이는 것처럼 찰스는 결코 다이애나의 그늘에서 벗어날 수 없을 것이다. 그리고 무덤 속에서 나오는 다이애나의 목소리는 생전보다 훨씬 더 큰 효력을 발휘할 수 있을 것이다."

앤드류 모턴의 말이 맞을지는 다가올 미래가 보여 줄 것이다. 2005년 4월 9일에 찰스 왕자와 그의 오래된 연인 카밀라는 결혼식을 올렸다. 30년 이상 지속된 비밀스런 관계의 해피엔딩인가? 그러나 카밀라는 결코 왕비가 될 수 없을 것이다. 찰스가 언젠가 왕위에 오르게 되면 카밀라는 왕의 배우자라는 칭호를 얻게 된다. 윈저 성에서의 결혼식은 사적인 성격이 매우 강했다. 예전에 찰스 왕자와 레이디 다이애나가 세계가 지켜보는 가운데 삶의 동반자가 되기로 언약했던 "동화 같은 결혼식"을 떠올리게 하는 것은 아무것도 없었다.

SORAYA UND
DER SCHAH

50년대에 치러진 꿈같은 결혼식이 있었다.
18살의 소라야 에스판디아리는
페르시아 왕의 부인이 되었다.
그러나 행복한 순간은 잠시였다.
부부 사이에 후사가 없자 왕은 그녀와 이혼했다.
그녀가 치른 대가는 컸다.
왕은 다시 결혼을 한 반면,
소라야는 자신의 행운을 상류사회에서 찾았다.
그러나 그녀는 그곳에서 행복을 찾지 못했다.
많은 신문들과 수많은 여인들이
그녀를 애도하며 눈물을 흘렸다.

혹독하게 추운 겨울날이었다. 테헤란의 건물 지붕 위로 두꺼운 눈구름 층이 걸려 있었다. 그리고 살을 에는 듯한 바람이 이란 수도의 거리를 휩쓸고 있었다. 멀리 정상이 눈으로 덮인 엘브루스 산이 빛나고 있었다. 반갑지 않은 날씨에도 불구하고 도시는 흥분되어 있었다. 상점들은 아름다운 등으로 장식했고, 악단들이 연주를 했다. 그리고 군중들이 거리에 모여들었다. 왕국으로 수많은 하객들이 도착했는데, 그중에는 아가 칸[이슬람의 한 분파인 이스마일파의 영적 지도자: 옮긴이]과 그의 아름다운 부인도 있었다. 수많은 사진사들과 여러 방송 팀들은 촬영하기 가장 좋은 장소를 잡으려고 서로 다투고 있었다. 독일의 "보헨샤우Wochenschau"[우리나라의 대한뉴스처럼 극장에서 상영했던 주간 뉴스 영화: 옮긴이] 팀도 이 대단한 사건을 화면에 담기 위해 동방으로 날아왔다. 짙은 리무진에 탄 신부가 도착하자 군중들이 웅성거렸다.

그녀는 동화 속 공주처럼 아름다워 보였다. 반짝반짝 빛나는 귀중한 왕관이 뒤로 올린 짙은 색 머리에 꽂혀 있었다. 에메랄드가 들어간 금은 세공 장신구들이 그녀의 초록 눈을 돋보이게 만들었다. 아름답게 곡선이 진 그녀의 입술에는 빨간 립스틱을 발랐다. 프랑스 패션브랜드 디오르가 만든 결혼 드레스는 얇은 명주 망사와 은색 브로케이드로 만들어진 꿈같은 옷이었다. 긴 옷자락에는 다이아몬드처럼 빛나는 수많은 유리 구슬이 수놓여 있었다. 그 위에 그녀는 호화로운 흰색 담비 어깨 망토를 걸쳤다. 궁전 기둥 앞에서 네 명의 어린 신부 들러리와 두 명의 시녀가 무거운 옷자락을 들어주기 위해 기다리고 있었다. 신부는 사방이 거울로 장식된 홀로 천천히 걸어 들어갔다. 그곳에는 셀 수도 없이 많은 난초, 벚꽃가지, 붉은 카네이션과 라일락꽃으로 장식되어 있었다. 그 홀의 거울을 통해 그녀의 모습이 끝도 없이 비쳤다. 후각을 마비시키는 듯한 꽃 내음이 대기 중에 가득했다.

이제 신랑이 근엄하고 당당한 모습으로 그녀를 향해 걸어갔다. 모하메드 레자는 "금과 은 그리고 훈장으로 장식된 짙은 색 유니폼"을 입고 있었다고 나중에 신부가 떠올렸다. "소매와 벨트에 장식된 끈, 그의 견장에 달린 금속편이 반짝반짝 빛나고 있었고, 왕의 어깨띠는 그의 가슴을 사선으로 가로지르고 있었다. 그는 내 손을 잡고 소파로 나를 안내했다. 그리고 내게 상징적인 선물로 가루설탕이 들어 있는 크리스털 그릇을 내밀었다. 동시에 왕의 모후가 우리 뒤를 따라 들어와 설탕을 우리 머리 위로 뿌렸다. 부부간의 결합이 그렇게 달콤해지기를 축복하는 것이었다. 설탕을 통해 그들의 생각을 엿볼 수 있었다. 사방에서 카메라 플래시 불빛이 폭죽처럼 터졌다. 대사들과 고위 관리들, 그리고 궁신들이 내게로 다가와 축하 인사를 전하는 동안에 나는 무의식적으로 미소를 보냈고, 경련이

날 정도로 계속 미소를 지었다. 나는 그들 사이를 지나 천천히 계단으로 향했고, 종교에 따른 결혼식이 거행될 홀로 (…) 올라갔다. 너무도 많은 소음과 너무도 큰 긴장감과 너무도 벅찬 행복이 넘쳐나고 있었다. 나는 멍했다. 왕이 원했던, 정교하게 만들어진 엄청난 거울이 내 앞에 있었다. 그 거울 앞에서 나는 나를 바라보고 있는 모하메드 레자와 하나가 되는 성스런 언약을 해야 했다." 이슬람 성직자 이맘이 결혼식을 집행했다. 관습에 따라 신부는 약간의 치장을 해야 했고, 성직자는 그들이 답을 하기 전에 마지막 질문을 몇 번이고 반복해야 했다. 그러나 소라야는 기다리지 않았다. "여기 참석한… 합법적인 남편으로 맞이할 준비가 되었습니까?" "예." 왕의 어머니는 금화를 신부의 머리에 뿌려 주었고, 결혼식 하객들은 이 행운의 상징을 붙잡으려고 했다. 그날은 1951년 2월 12일이었다. 소라야 에스판디아리와 모하메드 레자 팔레비 2세는 부부가 되었다.

결혼식에 이어서 수백 명의 하객이 참석한 결혼 피로연이 있었고, 화려한 골레스탄 궁에서 2천 명이 참석한 요란스런 축하연이 벌어졌다. 소라야는 얼떨떨했다. "나는 꿈속에서 이 축하연을 치르는 것 같았다. 모든 것이 내게는 낯설었다. 나를 둘러싸고 있는 사람들, 이 화려함, 내가 중심이 된 이 멋진 축제, 테이블에서 빛나고 있는 순금과 순은으로 만들어진 촛대, 대리석 계단, 나에게 머리를 조아리며 나를 '전하'라고 부르는 백발이 성성한 명망 있는 신사들 (…) 나는 모하메드 레자와 내가 바스락거리는 비단과 우아한 턱시도 그리고 웃음소리로 연출된 극의 주인공이라는 사실을 그리고 우리가 세상의 중심으로 그려지고 있다는 사실을 알지 못했다. (…) 나는 내가 모하메드 레자의 부인이라는 생각을 함으로써 느끼는 행복감에 점차 익숙해졌다. 우리가 홀로 있게 되자, 나는 곧 내 손을 잡을 그의 손을, 곧 나에게 키스할 그의 입술을, 우리의 인연을 속삭일 그의 눈을 가끔 바라보았다." 새벽 2시 즈음에 국왕 부부는 왕의 저택으로 향했다. 이 늦은 시간에도 여전히 많은 남녀노소 군중들이 연도에 늘어서 있었다. "환호성을 지르며 우리 차량에 다가서려는 다양한 군중들. 창문 너머로 왕 중의 왕과 새로운 왕후를 엿보려고 하는 호기심 많고 즐거운 시선들. 모하메드 레자는 내 손을 쥐고 내게 귓속말로 속삭였다. '오늘 아침에 당신은 2천만 신민의 왕후가 된 것입니다.'"

페르시아 왕과의 결혼을 천일야화에 나오는 동화처럼 생각한 사람은 단지 신부만이 아니었다. 환상적인 이 국왕 부부를 찍은 사진들이 전 세계에 전파되었고, 수없이 많은 신문 표지 면을 화려하게 장식했다. 특히 전후 독일에서는 이 페르시아 왕의 결혼식이 대중매체에서 중요하게 다뤄진 엄청난 사건이 되었다. 독일인들은 소라야를 어느 정도 "자신들의" 왕비로 생각하고 있었는데, 이는 새 페르시아 왕비의 어머니가 베를린 사람이었기 때문이다. 독일은 여전히 폐허더미였고, 사람들은 전쟁을 치르고 난 뒤 행복한 삶을 갈망하고 있었다. 한 여성 가십 칼럼니스트는 "많은 사람들이 아데나워 시대를 생기 없는 시대로 느끼고 있었다. 그 때문에 소라야 현상이 나타났던 것이다. 사람들은 동화 속 공주님이 필요했고, 긍정적이고 우아한 모습의 인물을 요구했다. 소라야는 신분 상승을 이뤘고, 또한 공감이 가는 인물이었다"고 당시를 기억하고 있다. 그러나 이 결혼은 불행한 운명을 띤 결혼이었다. 20세기의 낭만적인 연애사 중의 하나로 시작되었던 결혼이 이혼, 고통, 비애, 그리고 고독으로 끝이 났다.

모하메드 레자 팔레비가 왕위 계승자로 태어난 것은 아니었다. 그는 1919년 10월 26일에 페르시아 카자흐기병 장교인 레자 칸의 아들로서 세상에 태어났다. 강한 성격의 소유자이자 정력적인 군인이었던 그의 아버지는 영국 정부의 지지를 받아 페르시아에서 가장 강력한 부대였던 카자흐기병 여단의 수장이 되었다. 그리고 그는 전쟁장관이 되었고, 다음에는 총리가 되었다. 페르시아를 18세기부터 통치하던 카자르 왕조의 마지막 왕이 폐위된 뒤에 전직 군인인 레자 칸은 1926년 4월 25일에 국가수반이 되었다. 그는 "영웅적"이라는 의미가 내포된 팔레비라는 이름을 왕조명으로 썼으며, 왕 중의 왕이라는 호칭을 계속 썼다. 그때 6살인 모하메드는 왕세자가 되었다. 이날부터 그는 아버지가 바라는 대로 "남자 교육"을 받기 위해 어머니와 쌍둥이 누이 아쉬라프 그리고 다른 형제자매들과 이복형제자매들(아버지는 많은 부인이 있었다)과 떨어져 살게 되었다. 이 사내아이는 사관학교를 다니면서 군사 교육을 받았다. 모하메드가 프랑스어를 금방 모국어처럼 구사할 줄 알게 된 것은 한 프랑스인 여자 가정교사 덕분이었다.

레자 팔레비는 전제군주였는데, 의회는 왕의 조치를 형식적으로 승인함으로써 민주주의의 외양은 유지하고 있었다. 그의 목표는 근대화와 터키의 국가수반인 케말 아타튀르크의 모범에 따른 페르시아의 세속화였다. 그는 군대를 재편했으며, 부족장의 영향력을 억제하고 정치, 행정 및 재정을 중앙으로 집중시켰다. 동시에 그는 사회 기반 시설을 확충하도록 했다. 전국에 아스팔트 도로가 놓여졌다. 주요 도시에서는 산업화가 시작되었다. 1927년에 수도 테헤란에 공항이 갖추어졌고, 이란 횡단 철도망이 구축되었다. 테헤란은 폭발적인 성장을 기록했으며, 1939년에는 50만 명이 이 도시에서 살고 있었다. 왕의 개혁은 혁명적이었다. 새로운 관할권에 따라 정교가 분리되었다. 그는 서구식 복장을 장려했고, 1936년에는 심지어 차도르 착용을 금지시켰다. 그는 지금까지 사용하던 아랍 및 이슬람식 역법을 유럽식 역법으로 교체했으며, 1935년에는 유럽인들에 의해 유포되었던 국명 "페르시아"를 원래 명칭이었던 "이란(아리안 족 나라)"으로 바꿨다. 테헤란 대학이 설립되었고, 여자 대학생을 받을 수 있도록 하는 규정이 공표되었다. 동시에 처음으로 이란 대학생들이 체계적인 교육을 받기 위해 유럽으로 보내졌다.

아버지는 아들에게도 서양식 교육을 받게 만드는 데 있어서 정말 철저했다. 왕세자가 겨우 12살 무렵이던 1931년에 그는 제네바 호숫가에 위치한 엘리트 학교 "르 로제"로 보내졌다. 그는 뛰어난 학생은 아니었지만 열심히 공부했고, 금세 건장한 사내아이로 성장했다. 그는 점차 스포츠에 흥미를 가지게 되었다. 그는 육상에서 두각을 나타냈고, 축구팀의 주장이 되었다. 낭만적인 경향이 있던 그가 특별히 좋아했던 과목은 문학, 외국어, 그리고 역사였다. 아버지는 아이에게 페르시아어 교사뿐만 아니라 수행원 겸 경호원을 같이 보냈다. 장차 왕이 될 그는 자신의 회고록에 다음과 같이 불평을 털어놓았다. "나는 정말 포로처럼 다루어진다는 느낌을 받았다. (…) 어쨌든 나는 경호원 없이 기숙사를 떠나면 안 되었다. 예를 들어, 다른 학우들이 춤을 추거나 다른 여흥을 즐기기 위해 시내로 나갈 때, 나는 홀로 기숙사 내 방에 남아 있어야만 했다. 라디오나 축음기를 가지고 있긴 했지만, 그것이 모자란 자유를 대치해 줄 수는 없었다. (…) 내게 강요된 이 고독이 어린 시절에 내가 약간은 너무 진지하게 행동하도록 만들었고, 그 성격이 오늘날까지 남아 있는 데 영향을 미쳤다고 나는 생각한다." 본인의 진술에 따르면, 왕은 스위스에서 "여자를 사귈 기회가 거의 없었다. 나의 선생은 여성과의 접촉을 최소한으로 제한시켰다."

김나지움 졸업 증서를 받은 왕세자는 1936년에 페르시아로 돌아왔고, 테헤란 육군 대학에서 공부를 시작했다. 이 십대 청소년은 수업이 없는 날에는 자동차로 부근 지역을 질주하거나 수도에 있는 나이트클럽을 휘젓고 다녔다. 잘 생기고 체격이 다부진데다 옷을 세련되게 차려입은 왕세자는 이란에서 가장 선망의 대상이 된 총각이었다. 끝도 없이 많은 명문 가문 출신의 아가씨들이 그에게 소개되었다. 혼인하지 않고 키스를 나누는 것도 스캔들로 간주되던 그 시기에 공개적으로 친밀함을 표현할 수 있는 공간은 물론 어디에도 없었다. 그럼에도 불구하고 모하메드 레자는 한 젊은 여성과 연애 관계 이상을 가졌다. 그러나 개인적인 행복을 추구할 결정권은 그에게 있지 않았다. 권위적인 아버지는 이미 오래전부터 자기 아들을 위한 적절한 배필감을 찾겠다고 작정하고 있었다. 배필감은 우선 두 가지 기준을 충족시켜야 했다. 즉, 왕실 혈통이고 이웃 국가들과의 관계를 강화시키는 인물이어야 했다. 그가 결정한 배필감은 이집트 왕 파루크의 아름다운 여동생인 17살의 파지아였다. "어떻게 된 것인지도 전혀 모른 채 나는 갑자기 약혼자가 되어 있었다. 그해가 1938년이었다. 그때까지 나는 그 아가씨 얼굴을 본 적이 없었다"라고 모하메드 레자는 말한다. 모하메드는 결혼을 위해 카이로로 갔고, 이어서 화려한 축제와 함께 결혼식이 거행될 테헤란으로 신부를 데려왔다. 갓 결혼한 이 부부는 2차 세계대전이 발발함으로써 궁에서 제대로 살림을 꾸리지도 못했다.

오아시스의 도시인 이스파한은 마치 동화에 나오는 무대처럼 이란 고원의 사막 한가운데 우뚝 솟아 있다. 멀리서 청록색의 둥근 지붕이 태양을 받아 빛나고 있다. 영원의 강, 자나이데 루드 강은 페르시아 남서부의 주도에 있는 수천 년 된 다리 아치 사이로 유유히 흘러가고 있다. 페르시아 속담에서는 이슬람 사원, 사원의 높은 첨탑, 웅장한 궁전들, 빛의 변화에 따라 다른 색깔을 내는 포석鋪石, 커다란 시장과 수제 페르시아

양탄자가 있는 이 아름다운 도시를 "이스파한, 세상의 절반"이라고 칭송했다. 소라야는 이곳에서 1932년 6월 22일에 태어났다. 혹은 그 2년 뒤에 태어났을 수도 있다. 정확한 날짜는 오늘날까지 비밀로 남아 있다. 소라야는 우리말로는 "북두칠성" 또는 "작은곰자리"를 뜻하는데, 이 작은곰자리의 제일 가장자리에서 북극성이 빛나고 있다. 그의 아버지인 카릴 에스판디아리는 페르시아 남부에 있는 유전의 대다수를 차지하고 있던, 영향력이 막강한 바크티아리 부족 출신이었다. 소라야의 어머니는 그가 20년대에 베를린 수학 시절에 알게 되어 결혼한 독일인 에바 카를이었다. 이 부부는 이스파한으로 이사를 했지만, 소라야가 태어난 지 불과 8개월 만에 도망치듯 그 지방을 떠나야 했다. 새로운 왕은 유전에 대한 통제권을 독점했고, 영국과 조약을 체결하고 반발하는 바크티아리족을 무력으로 제압하기 시작했다. 그래서 소라야는 1937년에 가족이 이스파한으로 돌아갈 수 있을 때까지 유년기를 베를린에서 보냈다.

나중에 그녀는 한 TV 인터뷰에서 "내 유년 시절은 매우 아름다웠고 행복했다. 나는 매우 자유로웠다"라고 말했다. 소라야는 네 살 어린 동생 비잔이나 다른 많은 사촌들과 함께 부모님 저택에서 장미, 재스민 덤불 그리고 실측백나무로 덮여 있는 정원을 아무렇게나 뛰어다녔다. 그리고 강에서 낚시를 하거나 아버지와 함께 말을 타고 황야를 달리기도 했다. 가족은 재력이 있어서 여러 곳에 땅을 소유하고 있었고, 고용원을 두고 있었다. 소라야는 독일어뿐만 아니라 페르시아어로도 학교 수업을 받았다. 그녀는 페르시아의 풍습과 관습의 토대 위에서 성장했다. 그럼에도 불구하고 그녀는 어머니와 함께 크리스마스를 즐겼다. 소라야는 나중에 자신을 "두 세계의 딸"로 표현했다. "결코 양립할 수 없는 기독교적이고 이슬람적인 감정이 내 안에 대립적인 양극을 형성했다. 나의 전체 인생은 이 양극 사이를 오가곤 했다. 하나는 '조리 있는' 유럽적 특성이었고, 다른 하나는 '비정제된' 페르시아적 특성이었다." 그녀는 평생 동안 페르시아와 마음속 깊이 연결되어 있다고 느끼고 있었지만, 나중에 자기 인생에 비극적인 전환이 일어나게 된 이유는 유럽식 교육을 받았기 때문이라고 생각했다. 그러나 당시 이스파한에서 왕에 대해 생각하는 것은 여전히 언감생심이었다. 왕은 "내게 있어서 이스파한 하늘 위를 지나가는 푸른 비행기"였다고 후에 그녀는 회상했다. "'저기 봐, 저기 봐'라고 내 친구가 흥분해서 소리치며 내 어깨를 흔들었다. '저기 위로 우리 국왕께서 날아가고 있어!' 또한 왕은 온 도시를 밝게 빛나게 했던 그 축제, 파지아 공주와의 결혼식을 떠올리게 했다. 나는 보모의 손을 잡고 불꽃놀이를 구경했고, 국왕 부부에게 환호성을 지르는 기쁨에 도취된 군중을 보았다."

2차 세계대전 기간 동안 이란은 강대국들의 눈에 점점 더 중요한 나라가 되었다. 히틀러에게 있어서 이 나라는 향후 중동에 대한 공격을 염두에 둔 잠재적 거점이었다. 그의 장기 목표는 인도에 있는 영국의 관심 지역과 바쿠에 있는 소련의 석유산업 지역이었다. 소련은 이웃나라를 통해 중동에 대한 영향력을 증대시키고자 했으며, 이란 북부에 있는 유전에 탐욕적인 시선을 보내고 있었다. 전략 지정학에 입각한 고려 외에도 영국의 우선적인 관심사는 석유에 대한 것이었다. 레자 샤는 전쟁 초기에 중립을 선언했다. 물론 확고한 국가주의자였던 그는 권좌에 오른 이후부터 영국과 소련의 강력한 영향력을 배제하는 데 지대한 관심을 두고 있었다. 그 때문에 왕은 독일과의 협력을 위해 애를 썼다. 히틀러는 매우 흔쾌히 기술자와 상인들을 파견했다. 이란 엘리트들 중 대다수가 당시 독일에 우호적이었으나, 독일 독재자와 왕 사이의 이념적인 결합점에 대해서는 알려진 바가 없다. 히틀러는 이란의 국명에서 "아리안" 민족이라는 공통성을 언급했지만, 이란인들에게 이것은 별 의미가 없는 것처럼 보였다. 수년 동안 강대국들은 나치 독일과 가까워지는 것을 묵인해 주었다. 그러나 히틀러가 1941년 6월 22일에 소련을 급습하자, 연합군은 소련으로의 보급로가 위태롭다는 것을 알게 되었다. 그래서 침략하기로 결정이 났고, 급히 그 빌미도 마련되었다. 영국과 소련은 8월 16일에 최후통첩을 통해 왕에게 이란에 있는 모든 독일인들을 추방하라고 요구했다. 당시에 여성과 아이들을 포함해 약 1천 명의 독일인들이 이란에 체류하고 있었다. 왕이 머뭇거리자 영국군과 소련군은 이란을 점령했다. 왕은 퇴위를 강요받았다. 그는 1944년 남아프리카 망명 중에 사망했다. 겨우 21살 된 그의 아들 모하메드 레자 팔레비가 그를 이어 권좌에 올랐으며, 그는 이제 왕 중의 왕, 아리안 족의 빛, 전지전능한 자의 그림자, 신의 대리인과 우주의 중심이 되었다.

그러나 관찰자들의 눈에는 왕이 내성적이고 불안해 보였다. "우리에게는 대안이 없었기 때문에 그를 권좌에 올렸다"라고 영국 외교관인 데니스 라이트 경은 말한다. "그는 매우 고독한 사람이었다. 젊고 경험이 없는 왕은 그저 연합군의 꼭두각시에 불과했다. 그는 소련 및 영국과의 동맹 조약에 얌전하게 서명을 했고, 이 나라를 보급 목적으로 사용할 수 있도록 해 주었다." 연합군은 우선 이란의 안정에 신경을 썼다. 그러나 이 안정은 종전 뒤에 변화를 겪게 되었다. 영국군은 합의한 대로 철수하려고 했으나, 소련군은 아니었다. 그 대신 소련군은 소련 국경에 있는 아제르바이잔 주의 독립운동을 지원했다. 1946년 5월이 되어서야 소련군은 미국의 압력을 받고 철수했다. 젊은 왕이 자신의 부대를 북부로 파견해 아제르바이잔의 자치 실험을 종식시키자 그의 영향력은 엄청나게 커졌다. 그러나 그 이후에도 국내 정치에 불안이 계속되었다. 의회는 당파싸움과 노선투쟁으로 마비되었다. 많은 유목 부족들이 재편되었고, 성직자들이 다시 영향력을 획득했다. 1949년 2월에 테헤란 대학 앞에서 사진사로 위장한 한 청년이 왕에게 총을 다섯 발 쏘았는데, 왕은 가까스로 죽음을 모면했다. 한 발은 왕의 어깨에 맞았고, 다른 한 발은 그의 턱뼈를 부러뜨렸으며, 다른 총알은 그의 모자를 관통해 지나갔다. 암살자는 경호원에 의해 사살되었다. 나중에 그는 광신도들뿐만 아니라 공산주의 노선의 투데 당과도 접촉했다는 것이 밝혀졌다. 이 사건은 보수적이고 왕권주의적인 정부가 투데 당을 금지시키는 데 적절한 계기를 제공했다. 이 시점에서 강대국들은 이미 왕을 정치 세력으로서는 포기했다. 미국 국무장관은 1950년 봄에 다음과 같이 기록했다. "영향력이 큰 지도자의 자질을 보여 주는 모든 징후들이 완전히 연기처럼 사라졌다. 한동안 진보와 개혁의 원동력처럼 보였던 왕이 국민을 이끌 인물도 아니며 자질도 없다는 사실을 보여 주었다."

개인적으로도 왕은 파란만장한 시기를 보냈다. 파지아는 1940년 10월 10일에 딸 샤나즈를 출산했는데, 당시 왕세자였던 모하메드 레자는 무척이나 행복해했다고 한다. 그러나 왕의 전기 작가인 아미르 타헤리에 따르면, 파지아는 처음부터 테헤란에서 사는 것에 대해 만족해하지 않았다. 이란의 수도는, 화려하고 유행에 민감한 이집트 궁정과 달리, 매우 시대에 뒤떨어져 있었고 정말 초라했다. 왕세자비는 곧 따분함을 느끼기 시작했고, 항상 그녀의 새로운 고향을 떠날 궁리를 하고 있었다. 그녀는 페르시아어를 배우려는 노력도 하지 않았고, 왕과의 대화도 항상 프랑스어로 했다. 적대자들은 그녀를 비난했다. 그녀가 아랍인인데다, 대다수의 이란인이 시아파인 반면, 그녀는 수니파 신앙을 가지고 있었기 때문이다. 파지아에 대한 반대가 점점 심해졌고, 게다가 그녀는 왕에게 왕위 계승권자를 낳아 주지도 못했다. 그리고 서로 부정을 저질렀다는 비난이 오갔다. 1945년 6월에 파지아는 카이로로 돌아갔고, 1948년 말에 왕은 이혼을 신청했다.

소라야에게 종전은 새롭고 행복한 인생의 한 시기가 시작됨을 의미했다. 그녀의 어머니는 유럽으로 이사를 했고, 1947년에는 가족이 스위스에 정착했다. 소라야는 "우수한 딸"을 위한 교육을 즐겼다. 그녀는 몽트뢰에 있는 여자 기숙학교 "라 프랭타니에르"로 보내졌고, 이어서 로잔에 있는 학교로 보내졌다. 두 시설은 제네바 호숫가에 위치해 있었는데, 젊은 왕이 예전에 다녔던 학교와 멀지 않았다. 다양한 나라에서 온 다른 소녀들과 함께 소라야는 프랑스어, 춤, 요리와 예의범절을 배웠다. "그들은 나처럼 상류사회에 적합한 여인이 되고 완벽한 아내가 되기 위해 여기로 왔다. (…) 우리는 함께 그슈타트로 스키를 타러 갔다. (…) 우리는 회화, 예술, 그리고 문학에 대해 대화를 나누었다. 우리는 자기 나라의 풍습을 서로 비교하고 정치나 신학에 대한 토론을 했는데, 그러면서 우리는 컬 클립을 머리에 말고 있었다. 우리는 부모들이 우리를 위해 정해 준 삶에 동화되었다." 이 십대 소녀들은 손뼉을 치며 킥킥거리기도 했고, 여배우 사진들을 침대 위에 걸어 놓기도 했다. 그리고 일요일 오후에는 춤을 추러 갔고, 주변 사립학교에 다니는 수줍은 고등학생들로부터 구애를 받기도 했다. 이런 근심 걱정 없는 삶에는 꿈을 꾸기에 충분한 시간도 주어졌다. "짙은 머리, 붉게 칠한 손톱, 붉게 칠한 입술, 굽 높은 구두와 봉긋한 가슴은 나를 정말 14살 이상으로 보이게 만들었다. 그래서 나는 첫날부터 원하는 대로 ─ 그래, 거의 원하는 대로 ─ 외출하는 것이 허락되었던 소녀들과 섞일 수 있었다. 영화관에 가고, 카페테라스에 앉아 레모네이드를 마시며 유행에 대해 말하고, 쇼윈도에 진열된 상품에 대해 감탄하는 것은 정말 끝내주는 일이었다. 그곳은 정말 금지된 낙원이었다." 소라야는 〈브로드웨이 멜로디〉와 〈내 생애 최고의 해〉와 같은 영화들을 보았고, 언젠가 자신이 주디 갈런드 또는 리타 헤이워스와 같은 여배우가 되는 꿈을 꾸었다. 그사이에 소라야의 부모 집에는 오래된 페르시아 가문의 장남들이 벌써 이 미인에게 구혼을 하기 위해 드나들었다. 그녀는 좋은 신붓감으로 여겨졌다.

"여기 한번 봐 봐." 소라야는 웃으면서 몸을 돌렸다. 사진기가 찰칵 하고 소리를 냈다. 그녀는 가볍게 성을 냈다. 몇 주 전에 그녀는 영어 어학원을 다니기 위해 런던으로 왔다. 1950년 여름에 그녀는 세인트 제임스 파크 옆에 있는 조그마한 하숙집에서 어머니와 두 명의 사촌과 함께 살았다. 이미 며칠 전부터 사촌 구다르스는 숨어서 기다리다가 계속 그녀의 사진을 찍었다. 끈질긴 추궁이 이어진 뒤에야 비로소 그는 말문을 열었다. 그의 외척인 파루크 자파르가 왕의 모후에게 보여 주기 위해 소라야의 사진을 보내달라고 요청했다는 것이다. 파지아와 이혼한 이래로, 아니 아마 그 이전부터 왕은 자식이 없는 슬픔에 빠져 있었다. 그가 둔 첩들의 수는 엄청났다. "그는 이 시기에 의심의 여지 없이 여자들의 선망의 대상이었다. 그는 많은 여자 친구가 있었다. 하여튼 그는 매우 잘 생겼고, 게다가 왕이었다. 여자들은 그에게 매우 매력을 느끼고 있었다"라고, 당시 궁정 사회에서 측근 그룹에 속해 있던 하이데 하키미는 말한다. 암살 시도 후에 왕은 갓 시작된 팔레비 왕조의 존속을 보장해 줄 왕위 계승권자를 만들기 위해 결혼을 하라는 압박을 점점 더 강하게 받고 있었다. "왕은 어머니가 있는 궁을 주기적으로 방문했고, 다양한 배필 후보들의 사진을 보았다"라고 옛 부관인 아르데쉬르 자헤디는 말한다. "어느 날 그는 소라야의 사진을 보고는 마치 어린 소년처럼 '이 여자를 원합니다. 이 여인이 나에게 딱 맞는 사람입니다'라고 말했다." 그와 소라야의 인생을 영원히 바꿔 놓은 흥분에 찬 준비 과정이 시작되었다.

머칠 뒤에 왕의 손위 누이인 샴스 공주가 런던에 도착했다. 그녀는 "사랑의 배달부"로 여행 중이었으며, 왕의 결혼 후보자로 논의중인 두 아가씨를 검증해 보려고 했다. 그사이에 모후가 그녀에게 소라야에 대해 설명을 했고, 샴스 공주는 소라야를 이란 대사관 만찬에 초대했다. 사진을 찍은 사촌의 어머니인 마리 메그다디는 "소라야와 만난 뒤에 샴스 공주는 모후에게 전화를 했다. 그녀는 '저는 다른 아가씨들을 만나고 싶지 않습니다. 그들은 실망스럽기만 합니다. 이 소라야는 매우 아름답고 교양이 있으며, 마치 왕비가 되기 위해 태어난 것처럼 훌륭한 예의범절을 갖추고 있습니다. 저는 이 아가씨를 테헤란으로 데리고 갈 것입니다'라고 말했다"고 전한다. 거의 동시에 소라야는 아버지로부터 속달 우편을 받았는데, 그 편지에서 아버지는 그녀를 궁에 소개하기 위해 곧 테헤란으로 데려갈 것이라고 전했다. 샴스 공주는 파리로 떠나기 전에 그녀에게 동행하겠다고 제안했다. 소라야는 왕실이 쏟는 관심에 놀랐다. 파리에서 두 사람은 콩코드 광장에 위치한 고급 호텔 크리용에 머무르면서 유명 의류 디자이너 상점에서 몇 시간을 보내기도 하고 카페와 극장에 가기도 했다. 어느 날 샴스 공주가 말을 꺼낸 김에 "당신 같은 젊은 아가씨가 모하메드 레자와 삶을 나눌 준비가 되어 있다면 환상적인 일일 것입니다"라고 말했다. 소라야 자신의 진술에 따르면, 그녀는 어리둥절했으며 당황스러웠다. "너무나 갑작스럽게 다가왔다. 나는 아무것도 느낄 수가 없었다. 어린 여자 대학생의 마음에 장차 왕비가 된다는 생각을 심어 넣는 것은 간단한 일이 아니었다. 그래서 나는 웃었다. 그냥 그렇게 웃었다. 기쁘지도 않고 당황스럽지도 않은 아무 감정 없는 웃음, 답변을 회피하기 위한 웃음을 지었다." 소라야는 너무 걱정이 되어 파리에서 아버지와 통화를 했는데, 아버지는 그녀에게 왕과 결혼하고 말고는 자유롭게 선택할 수 있을 것이라고 약속했다.

그사이에 샴스 공주는 이 십대 소녀에게 일생일대의 만남에 대해 마음의 준비를 하도록 했다. "어찌되었든 그녀는 나에게 빠져 있었다. 그녀는 내게 궁정에서 하는 절을 가르쳐 주었고, 내게 그녀의 부모님과 궁정의 중요한 인물들의 사진을 보여 주며 그들의 성격을 설명해 주었다. 내 이름이 인상에 남도록 신경을 쓰라고 했고, 그들에게 어떻게 행동해야 하는지 설명해 주었다." 그리고 시간이 되었다. 소라야와 샴스 공주는 소라야의 아버지가 기다리고 있는 로마로 날아갔다. 1950년 10월 7

일에 이들은 테헤란으로 향하는 비행기에 몸을 실었다. 소라야는 기내에서 "샴스 공주는 이란 국왕의 약혼녀인 소라야 에스판디아리라는 이름의 젊은 페르시아 여인과 동행하고 있다"라는 이탈리아 신문 기사를 읽었다. 언론들은 이 사건을 우선적으로 다루었다. 이것은 소라야를 평생 동안 쫓아다닌 각국의 타블로이드 언론들과 소라야의 만남에 있어 그저 맛보기에 불과했다. 이제 이 사건에 대한 보도가 잇달았다. 소라야가 테헤란의 친척집에 도착하자마자 전화벨이 울렸다. 왕의 어머니인 타지 몰룩은 그날 밤에 소라야를 만나고 싶어 했다. 소라야는 옷을 갈아입고 치장을 한 뒤에 바로 왕의 모후의 집으로 향했다. "노부인은 왕의 형제자매와 함께 응접실에서 나를 맞았다. 그녀는 내 두 뺨에 키스를 했다. 그러고 나서 아쉬라프 공주와 내가 잘 모르는 여인들이 잇달아 나를 포옹했다. 낯선 사람에게서 키스를 받는 불쾌한 느낌이었다. 나는 긴장을 했고, 흥분된 내 뺨은 벌겋게 불타올랐다. (…) '전하께서 납십니다!' 시종들의 알림 소리가 마치 북이 울리는 소리처럼 들렸다. 모두 자리에서 일어났다. 내 앞에 이란군 장군 복장을 한 왕이 서 있었다. 그는 내게 깊은 인상을 주었는데, 훌륭하고 멋진 모습이었다. 나는 완전히 그의 매력에 이끌렸다. 그는 아찔할 정도로 눈부셔 보였다. (…) 그렇다, 나는 그것이 첫눈에 반한 사랑이었다는 것을 솔직하게 인정한다."

소라야가 전하는 바에 따르면, 왕은 그녀에게로 다가왔고, 그녀는 얌전하게 궁정에서 하는 절을 올렸다고 한다. "모든 것이 매우 부자연스럽게 진행되었다. 나는 왕이 그의 어머니에게 높임말을 쓰고, 그의 형제들이 그를 '전하'라고 부르는 것을 지켜보았다. 심지어 둘이 있는 자리에서도 그들은 이런 칭호를 사용했다." 왕은 정중하게 소라야를 식탁으로 안내했고, 식사 중에는 그녀에게 공손하게 스위스에서의 학업에 대해 물어보았다. "나는 그가 내게 호감을 가지고 있고 내가 그의 호의에 자연스럽게 응하고 있다는 것을 금세 알아챘다." 저녁 11시경에 소라야는 집으로 돌아갔다. "대문에서 초인종이 울렸다. 아버지였다. 아버지는 창백하고 제정신이 아닌 것처럼 보였다. 아버지는 '소라야, 왕이 너를 무척이나 마음에 들어 한다. 그와 결혼할 준비가 되어 있니?'라고 말씀하셨다. 나는 깜짝 놀라 일어났다. '뭐라고요! 지금 결정을 해야 한단 말이에요?' '그래, 그가 아침에 약혼을 공표하려고 해….' 나는 지체 없이 세상에서 가장 당연한 일이라는 듯이 대답했다. '왕에게 내가 동의한다고 말하세요. 그의 아내가 되겠어요.'"

한참 뒤에 있었던 인터뷰에서도 소라야는 계속 첫눈에 반한 사랑이었다고 단언했다. 그 당시 소라야가 신세를 지고 있던 마리 메그다디는 다르게 기억하고 있다. "첫날밤에 그녀가 내게 말했다. '사람들은 뭔가에 홀린 듯이 갑작스럽게 누군가와 사랑에 빠진다. 그러나 나는 그에게 매우 호감을 가지고 있고, 심지어 그와 결혼하고 싶을 정도이지만, 그가 왕이 아니라는 조건하에서이다. 그럼에도 불구하고 내가 이토록 마음이 끌린 남자는 이때까지 없었다.'" 아마도 오늘날 사람들은 젊은 아가씨가 전혀 알지도 못하는 사람과 결혼에 동의하는 것이 어떻게 가능한 일이냐고 반문할 것이다. 그러나 소라야는 페르시아의 양갓집 아가씨였다. 그녀가 받은 교육은 결혼 준비를 위한 것이었다. 그 목표는 그녀가 스무 살이 되기 전에 가능한 "좋은 사람"과 결혼하는 것이었다. 페르시아 왕보다 더 나은 배필감은 없었다. "한 편의 동화였다. 그녀는 매우 매력적인 남자를 만난 젊고 아름다운 아가씨였다. 그는 이란의 왕이었고, 왕비가 된다는 생각은 무척이나 매력적이었을 것이다"라고 예전에 궁정에서 말상대가 되어 주었던 하이데 하키미는 말한다. 소라야는 수십 년이 지난 뒤에 가진 한 인터뷰에서 "사람들은 나이가 들수록 두려움이 없어진다. 더 솔직해지고 약간 순진해진다"라고 밝혔다. 왕에게는 몇 가지 요소가 중요한 역할을 했다. 소라야는 피가 끓어 넘치는 청춘이었고, 눈부시게 아름다웠고, 섹시했다. "그녀는 매우 매력적이고 성숙한 아가씨였다"고 하이데 하키미는 기억한다. "왕은 키가 큰 여인을 좋아했다. 게다가 그녀는 교양이 있으며 몇 가지 언어를 할 줄 알았다. 그녀는 현대적인 아가씨였고 또한 바크티아리족 사람이었다. 그에게는 이 부족을 자기편으로 두는 것이 중요했다." 그의 아버지가 폐위된 이래로 이란에서는 다양한 정당이 생겨났고, 봉건영주들과 부족장들이 그 영향력을 다시 되찾았다. 든든한 세력이 없는 연약한 젊은 군주에게 강력한 바크티아리 부족 출신의 여성과 결혼하는 것은 장점이 될 수 있었다.

　다음 날, 소라야의 사진이 온 신문을 장식했다. "나는 16살이었다”라고 소라야는 자서전에서 주장했다. “사람들이 나를 18살로 만들었다. 그렇지 않았다면 나이 차이가 더욱 두드러지게 보였을 것이다.” 왕은 그 당시 31살이었다. 그러니까 신부보다 거의 두 배나 나이가 많았다. 3일 뒤에 왕궁에서 공식 약혼식이 거행되었다. 결혼식 날짜는 1950년 12월 27일로 확정되었다. 그 다음 2주 동안 약혼자들은 서로를 더 잘 알 수 있는 기회를 처음으로 가졌다. 대부분의 시간을 그들은 왕의 형제자매들과 식사를 하며 만나거나 모후의 집에서 만났는데, 언제나 친절하게 “시중드는 사람들”에게 둘러싸여 있었다. 그러나 때때로 두 사람은 둘만의 시간을 가지기 위한 도주에 성공할 때도 있었다. “우리는 말을 타고 밖으로 나가거나 자동차로 드라이브를 했고, 비행에 나서기도 했다. (…) 겨우 한 시간가량 우리는 이란 북부로 둘만의 낭만적인 소풍을 떠났다”고 소라야는 기억하고 있다. 어느 날 그녀는 카스피 해에 있는 람사르로 수영을 하러 차를 몰았고, 그곳에 있는 왕궁 과수원 사이로 산보를 했다. “내가 그에게 가까워진 것인지 그가 내게 가까워진 것인지 모르겠지만, 어찌되었든 갑자기 입술을 맞추고는 한참 뒤에서야 다시 떨어졌다.”

그러나 갑자기 장밋빛 하늘 위로 구름이 몰려들었다. 10월 26일에 소라야는 심한 병에 걸리고 말았다. 그녀는 고열로 인해 몸을 덜덜 떨면서, 말을 타고 떠난 소풍에서 돌아왔다. 의사들은 티푸스라고 진단을 내렸다. 아르데쉬르 자헤디는 “티푸스는 매우 위험한 병이어서 사람이 죽을 수도 있다. 다행히도 그녀는 살아남았다"라고 말한다. 매일마다 왕은 병상에 누워 있는 약혼녀를 방문했다. "왕은 그녀를 너무도 사랑했다. 그는 절망감을 느끼고 불안해했다. 그는 여러 번 눈물을 흘리며 주저앉기도 했다. 내가 기억하기로는, 전에는 그런 일이 한 번도 없었다. 그는 어머니와 형제자매들과 계속 상의를 했고, 그녀를 구할 수 있다고 하는 의사들을 계속 불러왔다"고 자헤디는 전한다. 결혼식은 연기되어야 했다. 몇 주 뒤에 그녀의 상태가 호전되자 마음이 놓였다. 그러나 병이 재발되었는데, 이번에는 폐렴까지 동반되었다. 3일 동안 그녀는 생사를 오갔다. 왕은 점점 더 불안해했다. 2월 12일은 결혼식이 가능한 마지막 날이었는데, 그날 이후로 이슬람 관습에 따라 결혼을 할 수 없는 종교상의 애도 기간이 시작되기 때문이었다. 그리고 다시 여름이 되어서야 결혼이 가능했다. 그녀가 1951년 2월 12일에 디오르에서 만든 20킬로그램이나 나가는 드레스를 입고 결혼식에 나섰을 때는 그녀가 회복하고 거동을 한 지 채 3일이 지나지 않은 때였다. 그녀의 몸무게는 옷의 무게보다 두 배 조금 더 되었다.

주치의는 소라야에게 알약과 향염을 처방해 주었다. 추위로부터 몸을 보호하기 위해서 그녀는 두꺼운 면양말을 신었다. 결혼식장으로 향하는 길에 그녀는 옷의 무게를 감당하지 못해 비틀거렸다. 그녀가 외교 사절들과 이란의 명사들을 맞이하기 위해 커다란 홀을 지나갈 때, 소라야는 다리가 꺾여 기우뚱했다. 그녀는 눈앞이 캄캄했다. 사람들이 재빨리 그녀를 옆방으로 데리고 가서, 그녀가 그날 밤 나머지 시간을 견뎌낼 수 있도록 질질 끌리는 긴 옷자락을 즉석에서 잘라냈다. "그녀는 매우 허약했다"고 골레스탄 궁에서 거행된 대규모 축하연에 초대되었던 아르데쉬르 자헤디는 전한다. "궁에는 넓은 방과 긴 복도가 있었는데, 도처마다 사람들이 왕과 왕비를 맞이해 접촉하고 싶어 했다. 그래서 그들은 매우 천천히 걸어가야 했다. 그녀는 이제 막 심각한 병을 극복했다. 밖에는 날씨가 매우 차가웠고 안에는 난방용 방열기가 돌아가고 있었는데, 약 2천 명의 온기가 온도를 더 높이고 있었다. 사람들이 그녀를 바라보았다. 그녀는 사람들에게 미소를 보냈지만, 땀을 흘리며 시종들의 부축을 받아야만 했다." 왕이 이번 결혼식을 약식으로 치르기로 한 데 대해 그녀는 기뻐했다. 그녀가 힘든 시기를 겪었기 때문에, 결혼식이 지나치지 않도록 아가 칸 외에는 외국 손님들을 초대하지 않았다. 페르시아에서는 일반적으로 7일 동안 식이 진행되지만, 이번에는 하루만 진행되었다. 소라야는 2월 13일에 끝난 결혼식을 거의 혼수상태에서 치렀다. 그리고 그녀는 자신이 행복하다고 생각하지 않았다. "여하튼 나는 페르시아에 아주 오래 머물지는 않을 것이라는 예감을 가지고 있었다"라고 소라야는 후에 한 인터뷰에서 말했다. 정확히 그날로부터 7년 뒤에 그녀는 이란을 영원히 떠나게 된다.

1951년은 왕의 권좌가 흔들리던 해였다. 유럽으로 가려던 신혼여행 계획은 정치적 불안으로 인해 취소되었다. 그 대신 그들은 카스피 해에서 14일간의 밀월여행을 즐겼다. 여행에서 돌아오고 3일 뒤에 이란 총리가 종교적 광신도에 의해 살해되었다. 그 후임으로 인기가 많은 모하메드 모사데그 박사가 임명되었다. 그것은 거의 왕의 권좌를 내놓을 뻔한 위기의 시작이었다. 당시 이미 70살이 넘었던 모사데그는 세속적이고 근대적이며 자유주의적인 정당의 연합체인 민족전선의 지도자였다. 민족전선의 목표는 20세기가 시작된 이후부터 영국이 소유하고 있던 앵글로-이란 석유회사Anglo-Iranian Oil Company(AIOC)의 관리 하에 있던 이란 석유의 국유화였다. 30년대 이후부터 석유 채굴이 붐을 이루고 있었음에도 불구하고 이란 정부는 그 수익금의 극히 일부만을 받고 있었다. 전쟁이 끝난 뒤부터 이란 정부는 새로운 협정을 위한 교섭을 시도하려고 했다. 그러나 50 대 50의 수익금 분배, 국내 수요용 석유를 원가에 제공하는 것 또는 자격 있는 이란 인력을 고용하는 것과 같은 요구들은 AIOC에 의해 번번이 거절되었다. 국민들 사이에서 영국에 반대하는 분위기가 커졌다. 공산주의 노선의 투데 당뿐만 아니라 일부 이슬람 율법학자들도 이제 모사데그 편에 섰다. 성난 그의 지지자들이 거리를 누비면서, 확성기에 대고 "석유는 우리의 것!" 그리고 "영국인을 바다로!"라고 외쳐댔다.

모사데그는 즉각 의회에서 AIOC의 국유화를 이뤄냈다. 영국에게 있어 이런 조치는 선전포고나 다름없었다. 영국은 이란 석유에 대한 보이콧을 선언했고, 이란 연안으로 전함을 파견했다. 페르시아 석유에 대한 영국의 관심을 잘 이해할 수 없었던 미국이 중재를 시도했지만 소용이 없었다. 당시 미국은 처음에는 카리스마 넘치는 모사데그에 대해 전적으로 공감을 나타냈다. 새 총리는 교양이 있었고 명민했다. 그는 유럽에서 공부했고 청렴결백한 정치인으로 간주되었다. 그는 자국의 관심을 강력하게 옹호하는 사람이었고, 이란의 사회 개혁을 선전했지만, 공산주의자와는 완전히 다른 사람이었다. 물론 그의 기이한 행동은 언제나 낯설었다. 이 "올드 모시Old Mossy(늙은 극단적 보수주의자)"는 협상 중에 눈물을 터트리거나 실신하기도 했고, 정부 업무와 고위급 레벨의 국가 간 협상도 때때로 파자마 차림으로 침대에서 하기도 했다. 그럼에도 불구하고 사람들은 엄청나게 인기 있는 이 정치인에게 존경을 표했고, 심지어 1952년 1월에는 미국 잡지 『타임』지가 선정한 "올해의 인물"이 되기도 했다. 그러나 아주 서서히 총리에 반대하는 쪽으로 상황이 변하기 시작했다. 이란의 경제 사정은 석유 산업에서 들어오는 수입이 떨어지자 더욱더 나빠졌다. 모사데그의 지지자들이 그에게 등을 돌리기 시작했는데, 성직자들이 앞장섰다. 그가 미국에게 소련의 도움을 받겠다고 위협하고, 게다가 투데 당이 모사데그를 지지하자, 공산주의와의 전쟁을 위한 보루로 이란이 필요했던 미국은 신경이 곤두섰다. 냉전이 절정에 달하면서, 한국전쟁이 1950년부터 치러지고 있었다. 모사데그가 1952년에 영국과의 외교관계를 완전히 중단하자, 상황은 점점 더 첨예화되었다.

왕은 국내 상황이 극적으로 전개되는 것을 계속 무기력하게 지켜보았다. 그는 지배하고 있었지만, 실제로는 더 이상 통치하지 못하고 있었다. 모사데그는 총리가 되자마자 팔레비 가족 중에서 가장 껄끄러운 정적들을 나라 밖으로 추방했다. 그중에는 모후와 표범이라는 별명으로 불리며 왕의 중요한 정치 고문으로 간주되던 아쉬라프 공주도 있었다. 왕을 찾아가 석유 산업 국유화를 중단해 줄 것을 부탁했던 미국 중재자는 그의 비굴함에 충격을 받았다. "그는 어두운 접견실에서 나를 맞았는데, 소파에서 빈둥거리고 있었다. 나는 의기소침해 있는 거의 망가진 남자를 보았다. 나는 그가 살해될 지도 모른다며 불안해하는 것을 느꼈다. (…) 그는 더 이상 상황 판단을 하지 못하는 것처럼 보였다."

원칙적으로 왕도 석유의 국유화에는 찬성했지만, 영국을 밀어낼 생각은 없었다. 하지만 그는 모사데그에게 반대하는 주장을 펴지는 않았다. 1952년 7월에 총리가 전통적으로 왕의 관할 하에 있던 군대 지휘권을 손에 넣으려고 하자, 모하메드 팔레비는 저항했다. 하지만 총리가 물러나고 이를 계기로 수많은 그의 지지자들이 거리에서 소리를 지르며 시위를 하자, 왕은 모사데그를 다시 복직시키고 그의 모든 요구를 수용했다. 그는 자신의 궁전에 갇힌 포로가 되었다. "모사데그는 심지어 왕의 전화를 도청했고, 궁정에 스파이를 심어놓았다"고 아쉬라프는 전한다. 왕은 "무기력했다. 그는 총리의 허락 없이는 이란에서도 아무 곳이나 공식 방문할 수 없었다. 왕의 지인들은 그를 방문하는 것을 두려워했고, 왕은 모사데그에게 호의적인 언론의 공격이 두려운 나머지 승마, 자동차 운전, 비행과 같은 취미생활을 즐길 수가 없었다"고 그의 전기 작가인 아미르 타헤리는 적고 있다. "그는 줄담배를 피우게 되었으며, 카드놀이를 하며 소일했다. 그는 자신을 방어하는 대신에, 그럴 가능성이 있는, 모사데그에 의한 폐위를 숙명으로 받아들이며 기다리고 있었다."

소라야는 밀월여행에서 돌아온 뒤에 왕비로서의 일상을 시작했다. 정치적으로 불안한 상황에 대해서 처음에 그녀는 거의 관여하지 않았다. "내 역할은 내 남편을 보살피는 것이지 왕을 보살피는 것이 아니다." 그녀가 처음으로 한 일은 부부가 살 주택으로 선택된 대저택의 12개 방을 수리하는 것이었다. 동시에 그녀는 왕비로서의 의무를 수행했다. 거기에는 서신 왕래와 외교관들을 티타임에 초대하는 일이 포함되었다. 그 외에도 그녀에게는 자동적으로 국립 결핵요양소 소장과 "어머니와 자식"이라는 조직의 장 자리가 부여되었다. "나는 일이 어려울 것이라는 사실을 알고 있었다"라고 후에 소라야는 말했다. "그러나 정말로 어려웠던 일은 내가 왕비로서의 삶을 전혀 상상도 못했다는 것이었다. 나는 정말 아무런 경험도 없었다." 그녀의 동생인 비잔은 "그녀는 왕비로 태어난 사람이 아니었다. 그녀는 식탁이나 공식 행사에서 해야 하는 공식 화법을 처음부터 배워야 했다. 그러나 왕의 누이들과 궁녀들이 그녀에게 조언을 해 주었다"라고 말했다. 그녀는 왕을 점심시간에 보았고, 그가 할 일이 많지 않으면, 오후에는 같이 소풍을 갔다. "그러나 내 새로운 삶 위로 어두운 그림자가 드리워져 있었다. 정각 7시 반에 시작되는 모하메드 레자의 형제자매들과 같이하는 끝없는 가족 식사 시간, 끝도 없이 진행되는 카드게임, 지루한 영화들이 대부분인 그런 영화들을 감상하기 위해 마련된 어두운 방들이 그것이었다. 지루하고 외로웠다. 지금까지도 마찬가지다."

소라야는 혐오감을 느끼며 궁정 내에서의 음모와 가족 구성원들 사이의 경쟁 관계를 주의 깊게 살폈다. 그러면서 그녀는 자기 가족의 인간적인 온기를 그리워했다. 그사이에 아버지는 독일 주재 대사가 되어 어머니와 동생 비잔과 함께 쾰른으로 이사했다. 시간이 흐르면서 소라야는 왕의 가족들과 예의를 갖추며 일정한 거리를 두었다. "나는 그녀가 우리 가족과 형식적인 관계를 유지하려고 한다는 느낌을 받았다"고 아쉬라프 공주는 확인해 주고 있다. "왕이 그녀를 매우 사랑했기 때문에, 나는 초대되었을 때를 제외하고는 거리를 유지하려고 했다. 하지만 개인적이고 독립적인 생활을 원하는 소라야의 소망이 원래는 나에 대해 공개적으로 적대감을 표시한 것이라는 소문이 테헤란에 돌고 있었다." 하이데 하키미의 진술에 따르면, 당시에 테헤란은 상대적으로 작고 지저분한 도시였다. 극장도, 무도회도, 콘서트도 없었다. 모든 사교생활은 개인 주택에서 이루어졌다. 곧 소라야는 황금 새장에 갇혀 있다는 느낌을 갖게 되었다. "이 궁전에서 매우, 매우 외로웠다"라고 그녀는 과거를 회상했다. "아무 데도 갈 수가 없었다. 자동차를 타고 거리를 달릴 수 있을 뿐이었다. 다행히도 공원이 몇 군데 있었는데, 거기서 나는 말도 타고 실컷 놀 수가 있었다. 그나마 그것이 나를 구해 주었는데, 계속 축제나 리셉션이 있었던 것도 아니고, 젊은 사람들이 견뎌내기에는 매우 힘든 매우 조용한 시간과 밤이었기 때문이었다." 왕이 소라야와 가장 가까운 지인으로서 궁녀가 되었던 파루크 자파르를 모후와의 불화를 이유로 궁에서 내쫓았을 때, 마침내 사단이 났다. "왕이 내 어머니에게로 와서 '소라야가 단단히 화가 났소. 그녀는 이란을 떠나려고 하오. 당신이 즉시 돌아와 주어야겠소'라고 말했다"고 파루크 자파르의 딸인 마리 메그다디는 전한다. "어머니가 왕에게 말했다. '떠나려는 게 이해가 됩니다. 그녀는 여기에 친구가 없습니다. 그녀는 새장에 갇힌 새와 같습니다. 때문에 그녀가 떠나려는 겁니다. 그녀는 지쳐 있고 참을 수 없는 지경에 이르렀습니다. 당신은 그녀에게 약간의 기분 전환 거리를 주어야 합니다. 금요일마다 친구 몇 명을 모아서 그녀가 그들과 운동도 하고 영화도 볼 수 있게 해주어야 합니다.' 그러나 소라야에게는 '당신은 지금과 같은 정치적 상황에 놓인 왕을 두고 떠날 수는 없습니다. 더 이상 그것에 관한 얘기는 듣고 싶지 않습니다'라고 말했다."

　소라야는 여하튼 자신의 위협을 실제로 진지하게 생각하지는 않았던 것 같다. 그것은 아마도 어린아이 같은 반항심이 폭발한 것이었을 거다. 당시 친구들과 궁정 직원들은 모두 소라야와 왕이 서로 매우 사랑하고 있다고 생각했다. 그들은 공식

석상에서는 서로 '전하'라고 부른 반면에 사석에서는 정겹게 '자기'라고 불렀다. "그들은 서로 매우 사랑했고, 계속 서로 스킨십을 나누었다"라고 하이데 하카미는 전한다. "특히 왕은 그녀를 매우 사랑했고, 매우 많이 배려하였으며, 보호해 주려고 했다. 그는 계속 그녀가 무언가 필요한 것이 있는지, 어떻게 지내는지 물어보았다. 매일 일을 마치고 돌아오면, 그는 그녀에게로 가서 그녀를 살펴보았다. 나는 그녀도 매우 사랑하고 있었지만 방식은 달랐다고 생각한다. 그녀는 그를 계속 지켜보지는 않았다. 그녀와 달리, 그는 그녀를 눈 밖에 두려고 하지 않았다."

모사데그 총리와의 권력투쟁이 첨예화되자, 소라야는 남편의 기분을 좋게 만들기 위해 많은 신경을 썼다. 몇몇 가까운 친구들을 정기적으로 초대해서 왕이 다른 생각을 하도록 만들었다. "식사를 했고, 영화를 보았으며, 프랭크 시나트라와 냇 킹 콜의 음악을 듣거나 밤새도록 춤을 췄다"고 이 친구 그룹에 속해 있었던 하이데 하카미는 설명한다. "때때로 우리는 배구를 했고, 말을 타고 나가거나 의상 맞추기와 같은 사교 게임을 했다. 소라야는 당시에 많이 웃었는데, 그녀는 그것들을 매우 즐겼다." 동시에 궁에는 공포 분위기가 지배하고 있었다. 소라야에 따르면, 왕은 때때로 한밤중에 침실을 바꾸었으며, 베개 밑에 권총을 두고 잠을 청했다고 한다. 1953년 2월에 모사데그는 왕에게 "긴 휴가"를 위해 나라를 떠날 것을 권했다. 당시 신경쇠약 직전에 있었던 모하메드 레자는 그러기로 하고 가방을 꾸렸다. 그러나 엄청난 군중들이 그를 지지하기 위해 궁 앞에 나타났을 때, 그는 그냥 머물기로 결심했다. 역설적이게도 이 시위는 이전에 모사데그를 지지했던 이슬람 율법학자들에 의해 조직된 것이었다.

1952년 11월에 영국 정보기관 MI6는 워싱턴에서 모사데그를 실각시키기 위한 자신들의 계획을 제시했다. 전국에서 발생한 소요와 폭동으로 총리가 물러나도록 압박한다는 것이었다. MI6는 그의 후임으로 왕의 충성스런 신하이자 이란군과의 연락책인 파즈롤라 자헤디를 선택했다. CIA는 이 제안에 솔깃했지만, 트루먼 정부는 민주적으로 선출된 총리에 대한 그런 종류의 공작에 관해 아무것도 들으려 하지 않았다. 그러나 얼마 지나지 않아 아이젠하워가 대통령이 되어 백악관에 입성하자 전복 공작은 계획대로 진행되었다. 그들은 공산주의자에 의한 정권 인수가 임박해 있음을 환기시키면서 "AIAX 작전"을 정당화시켰다. 그것은 역사상 CIA에 의해 진행된 이런 종류의 최초의 쿠데타였는데, 그 후로도 이런 종류의 작전은 계속 되었다.

이제 왕을 설득하는 일만 남았다. 그는 교지를 내려 모사데그를 그의 관직에서 물러나게 하고 자헤디를 임명해야 했다. 그것은 이 작전에서 가장 어려운 부분이었다. 왜냐하면 왕은 유약했고, 결정 내리는 것을 좋아하지 않는 사람이었기 때문이다. 그래서 중재자로 그의 쌍둥이 누이인 아쉬라프가 투입되었다. 연합군은 그녀를 강한 성격의 소유자로 파악하고 있었다. 요원들은 파리에 망명 중이던 공주를 찾아서 왕에게 전복 계획을 전달해 주도록 부탁했다. 비밀 임무를 띠고 아쉬라프는 테헤란으로 날아갔다. 그녀는 궁전 정원에서 비밀리에 소라야를 만나 그녀에게 왕에 관한 소식을 전해 주었다. 몇몇 진술에 따르면, 소라야는 적극적으로 나서기까지 했다고 한다. 회고록에서 그녀는 다음과 같은 대화 내용을 기록했다. "모사데그에 대한 쿠데타만이 나라를 살릴 수 있습니다!' — '그러나 그것은 불가능합니다'라고 왕은 자신 있게 대답했다. '대체 어떤 군주가 자신의 정부에 반대하는 음모를 꾸미겠습니까! 당신은 그런 예를 들어본 적이 있습니까?' — '그렇지만 그렇게 하면 당신이 일인자가 될 것입니다!' 그는 나를 오랫동안 바라보았다. 그의 손가락 사이에서 담배가 떨렸다. 내가 그와 그런 식으로 대화를 시도한 것은 처음이었다. 나는 연약한 사람이 되어 버린 이 사람을, 강대국들의 체스판에서 이런 결정을 내리는 왕을, 한쪽의 의견과 다른 쪽의 충고 사이에서 이런 꼭두각시 노릇을 하는 것을 더 이상 참을 수 없었다. 나는 페르시아의 왕 중의 왕을 다시 찾고 싶었다." 소라야가 왕의 결정에 영향을 미쳤는지 여부에 대해서는 확실한 것이 없다. 동시대 증인들에 따르면, 소라야는 정치에 대해서는 전혀 몰랐고, 한 번도 정치적 관심을 보이지 않았다. 어쨌든 이제 영국과 미국의 많은 요원들이 왕에게 접근했다. 가장 전면에 나선 요원이 시어도어 루스벨트 대통령의 손자인 CIA 요원 커미트 루스벨트와 노먼 슈워츠코프 육군 대령이었는데, 그의 아들은 후에 2차 걸프전에서 "사막의 폭풍" 작전을 지휘했던 노먼 슈워츠코프

장군이었다. 마침내 왕은 동의를 했고, 해임 교지에 서명했다. 만약 쿠데타가 실패하면, 그는 카스피 해의 사냥 별장으로 소라야와 함께 도망을 하기로 했다.

1953년 8월 16일에 한 이란 장교가 모사데그에게 해임 통지서를 전달했다. 그러나 모사데그는 오래전부터 쿠데타가 계획되고 있다는 것을 알고 있었다. 그는 즉각 이 문서가 위조된 것이라고 선언하고는 전달자를 그 자리에서 체포했다. 쿠데타는 명백하게 실패했다. 왕과 소라야는 두 명의 지인과 함께 왕의 비행기를 타고 급히 바그다드로 도망갔고, 거기서 다시 로마로 갔다. 여기서 그들은 호사스런 엑셀시오르 호텔 스위트룸에 묵었다. 예기치 않게 국왕 부부는 권좌도 나라도 없는 신세가 되었다. 결국 군주국의 운명이 위험에 처해졌기 때문에 왕에게 이 강요된 망명은 재앙이었다. 소라야에게는 아마도 이 상황이 별로 나쁘지 않았을 것 같다. "그녀는 강한 사람이었다. 그녀는 그렇게 쉽게 무너지지 않았다. 또한 그녀가 남편을 무척 사랑했지만, 자신이 왕비라는 상황을 사랑했던 것만큼은 아니었다고 생각한다"라고 마리 메그다디는 말한다. 타헤리에 따르면, 소라야는 드디어 로마에 있을 수 있게 된 것을 무척 행복해했다고 한다. 그녀는 쇼핑을 했고, 이태리에서 기거할 새 주택을 둘러보기 시작했다. 소라야의 진술에 따르면, 부부는 이 위기의 순간에 더욱 가까워졌다고 한다. "이 기다림의 순간이 우리에게 엄청난 부담이었음에도 불구하고, 그리고 불확실한 우리의 재정 상황에도 불구하고, 로마에서 있었던 날들은 내게 행복감을 가져다주었다. (…) 우리는 말 없이도 서로를 이해했다. 바라보는 우리의 눈길이 모든 것을 말해 줬다. 우리의 사랑은 더욱 깊어졌다."

그사이에 테헤란은 지옥이 되어 갔다. 수많은 사람들이 거리를 지나가며 벽에 붙어 있는 왕의 사진을 불태웠고, 옛 레자 샤가 말을 타고 있는 기념비를 쓰러트렸다. 특히 투데 당은 폭도들을 동원했는데, 그들은 상점들을 약탈하고 심지어 종교적 상징물과 이슬람 사원을 파괴하기 시작했다. 물론 소위 투데 행동주의자라고 하는 몇몇은 CIA에 의해 왕에게 충성하는 세력들의 반대 행동을 유발하기 위해 고용된 "요원들의 앞잡이"였다. 어쨌든 모사데그는 폭도들과 맞서기 위해 경찰력을 동원했다. 그는 자신의 지지자들에게 집 안에 머물도록 지시했다. 곧 드러났듯이, 이는 중차대한 결과를 야기한 실책이었다. 8월 19일 아침에 왕당파들의 반격이 시작되었다. CIA에 의해 조직된 모사데그 반대 시위 행렬이 시내를 가로질렀고, 그들은 경찰, 군대, 그리고 이 행동을 위해 CIA로부터 자금 지원을 받은 일부 이슬람 성직자들의 지원을 받았다. 앞서 있었던 폭력 행위에 항의하려던 민간인들이 그들에게 합류했다. 분위기가 반전되었다. 갑자기 "모사데그에게 죽음을" 그리고 "왕이여 장수하소서"라는 구호가 거리에서 터져 나왔다. 왕과 파즈롤라 자헤디의 지지자들은 라디오 방송국을 접수한 다음, 전시국제법을 선언하고 모사데그를 총리에서 해임한다고 공표했다. 동시에 지지자들에게 둘러싸인 자헤디가 탱크를 타고 모사데그의 집으로 갔다. 몇 시간에 걸친 격렬한 전투에서 약 3백 명이 죽었다. 모사데그는 도망을 쳤지만, 다음 날 자수했다.

권력투쟁이 끝났음을 알았을 때, 엑셀시오르 호텔에 있던 왕은 소라야에게 "나는 당신이 나를 사랑하고 있음을 알아요"라고 말했다. 지지자들의 환호 속에 그는 8월 22일에 테헤란으로 돌아왔다. 왕은 이제 싸울 준비가 되어 있었고, 단호하게 통치를 하겠다고 다짐했다. 정권 교체가 이루어진 다음 날부터 경찰은 약 2천 명에 달하는 투데 당원들을 체포했다. 수많은 모사데그 지지자들은 체포되거나 처형되었다. 모사데그는 1953년 12월에 3년 금고형을 선고받았고, 이어서 평생 동안 자택 구금을 당했다. 모사데그는 1967년에 죽었지만, 오늘날까지 그는 우상이자 이란 독립의 영웅으로 대접받고 있다.

쿠데타는 중동에서 미국이 정치적 헤게모니를 장악하기 시작했다는 것을 나타냈다. 석유 채굴권은 미국 콘체른이 지분의 거의 절반을 차지하는 국제 컨소시엄으로 넘어갔다. AIOC는 손실을 보상받았으며, 이란인들은 이후 수익금의 절반을 받게 되었다. 미국이 왕에게 권좌를 돌려줌으로써, 이제 왕은 이 지역에서 미국의 전략을 받쳐 주는 지주가 되어야 했다. 미국은 이란에 부패하고 무자비한 꼭두각시 정권의 전형적인 예가 된 정권을 세웠다. 왕은 미국의 도움을 받아 다음 25년간 이 나라에서 영향력이 강한 인물이 되었다. 이로써 그는 이슬람 세계에서 가장 증오의 대상이 된 독재자가 되었다. 미국은 이런 영향력 행사를 통해 지속적으로 이란의 친미국적인 분위기를 이끌어냈고, 그것은 결국 왕을 무너뜨린 1979년 이란 혁명의 싹을 틔우게 했다.

소라야도 이란으로 돌아온 뒤에 왕비로서의 자신의 입지가 강화된 것을 느꼈다. 그녀에게는 그녀의 "손에 입을 맞추는 키스와 인사"가 위기 전보다 훨씬 더 호의적으로 보였다. 소라야에게는 이때까지 샴스 공주와 아쉬라프 공주가 담당하고 있던 또 다른 사회복지시설에 대한 후원자 역할이 맡겨졌다. 그럼에도 불구하고 그녀에게는 많은 자유 시간이 있었다. 국왕 부부는 메르세데스 카브리오 차량을 타고 사막을 가로질러 달리기도 했으며, 왕이 직접 모는 비행기를 타고 소풍을 떠나기도 했고, 스키를 타거나 배구를 하기도 했다. 삶은 점점 더 사교적이되었다. 한 무리의 친구들이 부부를 따라다니면서 저녁에 게임을 하고 영화를 상영할 때 부부의 상대가 되어 주거나 부부를 위해 무도회를 조직했다. 왕비는 가난에 시달리는 국민들의 복지를 위해 "소라야 재단"을 창립했고, 왕은 소라야가 그녀의 뜻에 따라 국내외 여성들에게 수여할 수 있는 "소라야 훈장"을 만들었다. 1954년 말에 두 사람은 긴 해외 순방 길에 올랐다. 소라야에게는 그녀의 의상을 새로 구입할 수 있는 절호의 기회였고, 왕에게는 국제사회에 자신의 진가를 보여 줄 수 있는 기회였다. "그러나 왕은 그저 테헤란에서 벗어나 조금 즐겨 보려는 의도를 가지고 있었다고 생각한다"라고 영국 외교관인 데니스 라이트는 말한다.

미국 뉴욕에서 소라야는 쇼핑을 했고, 백악관에서 아이젠하워 대통령 부부를 만났다. 그녀는 할리우드에서 게리 쿠퍼와 점심을 먹었으며, 선밸리에서 스키를 타고 플로리다에서 수상 스키를 탔다. 1955년 2월 12일에 군주 부부는 영국으로 향하는 배에 몸을 실었다. 그들은 여왕 및 윈스턴 처칠 경과 식사를 했다. 왕과 소라야는 도처에서 정중한 대접을 받았다. 그러나 그들은 독일 방문에서 모든 기대를 뛰어넘는 환대를 받았다. "우리가 함부르크에 도착했을 때는 엄청나게 날이 추웠다. 우리는 아틀란틱 호텔에 묵었다. 이가 딱딱 부딪칠 정도로 추운 날씨에도 불구하고 엄청나게 많은 군중들이 밖에 모여 있었다. 그들은 5분마다 '소라야, 소라야'라고 외쳤기 때문에, 부부는 발코니에 나가 사람들에게 인사를 해야만 했다"고 왕의 부관이었던 아르데쉬르 자헤디는 기억하고 있다. 이와 비교할 수 있는 장면들이 독일의 다른 도시에서도 연출되었다. "뮌헨에서 오페라 구경을 갔는데, 오페라 하우스 전체가 열광의 분위기로 들썩거렸다. 왕은 심지어 약간 질투심을 느끼기도 했다"라고 자헤디는 전한다. 그 당시 소라야를 수행했던 하이데 하키미도 "사람들이 어떻게나 그녀에게 몰려드는지 정말 믿을 수 없을 정도였다"고 설명한다. "거리에는 그녀를 한 번 보려는 사람들로 장사진을 이뤘다. 종종 우리는 차를 멈췄고, 사람들은 '소라야, 소라야'라고 외쳤다. 우리는 꽃다발과 편지 그리고 선물을 우리가 전혀 알지도 못하는 사람들로부터 받았다. 소라야는 이 사람들의 열광적인 환대로 인해 많은 자신감을 얻었다. 그녀는 독일의 일부였으며, 동화의 일부였다. 그리고 그녀는 신화와도 같았다.” 재클린 케네디와 레이디 다이애나가 있기 오래전에 소라야는 본보기가 되는 여성이었다. 그녀의 옷은 유행이 되었고, 그녀의 머리 스타일도 사람들이 따라 했다. 심지어 적잖은 독일 사람들이 자신의 딸의 이름을 소라야라고 붙였다.

그러나 21살의 소라야는 정치적인 생각을 가진 외교관으로서는 두각을 나타내지 못했다. “그녀는 내게 특별한 인상을 남기지 못했다. 파라 디바[모하메드 레자 팔레비의 세 번째 아내: 옮긴이]와 달리 그녀는 공적인 영역에서 특별한 역할을 맡지 않았다. 그녀는 매우 아름다웠지만, 그것이 전부였다”고, 1954년에 영국 대사로 테헤란에 부임했던 데니스 라이트 경은 평가한다. “그녀는 교양이 있었고, 몇 개 국어를 구사했다. 그러나 마거릿 트루먼이 미국을 방문한 소라야를 식사에 초대해서 여성해방에 관한 대화를 나누었을 때, 그녀는 무슨 말을 해야 할지 몰라 했다. 그녀는 정치에 관해서는 아무것도 몰랐다”라고 하이데 하키미는 말한다. 심지어 독일 연방 대통령이었던 테오도르 호이스는 그녀를 “멍청한 기집애”라고 표현했다고 한다. 왕비는 TV 화면에서 경직되고 내성적으로 보였다. 미소는 마치 얼어붙은 듯 보였고, 이따금 싫은 내색을 비치며 똑바로 쳐다보기도 했다. “그녀는 어색해했고, 연설하는 것을 좋아하지 않았으며, 대중 앞에 모습을 드러내는 것도 좋아하지 않았다. 또한 그녀는 사진 찍히는 것도 좋아하지 않았다. 그녀는 매우 내성적이었다”라고 소라야가 학창 시절부터 알고 지낸 프레이둔

사헤브잠은 말한다. 소라야는 자신의 회고록에서 그녀 자신에 대해 이따금 꼭두각시 같다는 느낌을 받았다고 기록했다. "그녀는 왕비의 역할을 특별히 좋아하지 않았다"고 마리 메그다디는 믿고 있다. "한번은 그녀가 왕에게 심지어 다음과 같이 말하기도 했다. '나는 우리가 평범한 부부였으면 하고 간절히 원해요. 그러면 스위스에서 살 수도 있고, 손을 맞잡고 거리를 활보할 수도 있잖아요.'"

원칙적으로 소라야는 정치에 대해 아무것도 몰라도 상관이 없었다. 그녀는 정치적인 의미가 있는 단 한 가지 임무만 달성하면 되었다. 그것은 왕에게 왕위 계승권자를 선사하는 것이었다. 그러나 오랫동안 후사가 없었다. 왕의 유일한 혈육인 알리 레자가 1954년 10월에 비행기 추락 사고로 목숨을 잃자 왕에 대한 압력은 더욱 커졌다. 만약 왕이 죽는다면, 팔레비 왕조를 이어갈 후계자가 없었다. 마리 메그다디에 따르면, 왕은 이미 1955년에 이 목적을 위해 두 번째 부인을 받아들일 것을 제안했다고 한다. 두 번째 부인이 아들을 낳게 된다면 소라야는 그 아들을 양육할 수 있게 된다. 페르시아에서 이러한 생각은 별난 것이 아니어서, 왕의 아버지는 여러 명의 부인을 두었다.

그러나 왕의 전기 작가인 아미르 타헤리는 서구적인 성향을 지녔고 유럽에서 교육받은 모하메드 레자가 그런 해결책을 생각했다는 것에 대해서 강한 의구심을 가지고 있다. 어쨌든 소라야는 격분해서 이를 거부했다고 마리 메그다디는 전한다. "만약 그렇게 한다면, 이혼을 제안할 것입니다"라고 그녀가 말했다. 이에 대해 왕은 "그것에 대해서는 더 이상 얘기하지 맙시다"라고 말하며 회피했다. 그러나 후사에 관한 문제는 그 위험성이 사그라지지 않았다. 궁정 복도에서는 이에 대한 뼈있는 말들이 귓속말로 오갔다. 호의적인 사람들은 왕비에게 행운을 가져오는 부적, 직접 만든 과일즙과 액자에 넣은 코란 구절을 보내 주었다. 타헤리에 따르면, 소라야는 점점 더 미움을 받았으며, 독설가들은 그녀를 "독일 계집" 또는 "불임녀"라고 불렀다. 소라야는 외국 순방 중에 몇몇 전문가를 찾아갔다. 산부인과 검사 결과에 대한 진술들은 엇갈린다. 소라야 자신은 나중에 '의사들이 임신을 하지 못하는 이유를 아무것도 발견하지 못했다'고 주장했다. 그러나 이 여행에서 부부를 수행한 하이데 하키미는 다음과 같이 전한다. "미국 의사들은 그녀에게 열 살 먹은 여자의 자궁을 가지고 있으며, 수술이 의미가 없다고 얘기했다. 그들은 그녀에게 솔직하게 아이를 가질 수 없다고 설명했다. 두 사람은 망연자실했다."

국왕 부부가 인도와 모스크바로 다른 순방 여행을 떠난 사이에 왕에 대한 압박은 점점 더 커졌고, 소라야는 점점 더 슬픔에 잠겼다. 이미 오래전부터 국제 언론 매체들은 문제가 있음을 눈치 채고 있었다. 특히 독일에서 나쁜 소문이 많이 흘러나왔다. "권좌가 위태롭다?," "소라야가 이제 희생하려 한다," 또는 "소라야 위기"와 같은 헤드라인이 타블로이드 언론의 표지면을 장식했다. 왕에게 이런 기사들은 너무 심한 것처럼 보였다. 그래서 왕은 1957년에 독일 연방 정부에 항의를 했고, 외교관계를 단절하겠다고 위협했다. 실제로 콘라드 아데나워 총리는 그 항의에 답하여 "소라야 법"을 마련하도록 했는데, 그 법안에 따르면 "외국 국가원수의 사생활을 비방하는 표현"은 처벌을 받게 된다고 되어 있었다. 이론의 여지가 많았던 이 법안은 그러나 연방 의회에서 부결되었다.

그사이 왕은 이 딜레마에서 빠져나오기 위한 방법을 필사적으로 찾고 있었다. 심지어 그는 딸인 샤나즈 또는 이복형제인 골람 레자를 왕세자로 명하는 방법도 고려했다고 한다. 물론 이를 위해서는 헌법 개정이 필요했다. 여성을 군주로 내세우는 것에 대해 이슬람 율법학자들은 단호히 거부했고, 골람 레자는 모계 쪽이 카자르 왕조 사람이었는데, 이 왕조 사람들은 왕위 계승권자에서 배제되었다. 국왕 부부는 이제 자신들의 문제에 대한 결정을 "현인위원회"에 맡기기로 했다. "나는 위원회가 타협안을 찾지 못할 거라는 것을 왕이 이미 알고 있었다고 생각한다. 그들의 마지막 결혼기념일이 된 1958년 2월 12일에 왕은 모든 남자들에게 검은 턱시도를 입고, 여자들은 하얀 옷을 입고 오도록 명령했다"고 마리 메그다디는 기억하고 있다. "하얀색은 슬픔의 색이다."

다음 날, 정확히 그들이 결혼한 지 7년째 되는 날, 소라야는 스위스 생모리츠에 있는 엥가딘으로 날아갔다. 마지막으로 국왕 근위대가 그녀 앞에 부동자세를 취했다. 마리 메그다디에 따르면, 왕은 소라야를 비행장으로 보내면서 서글피 울었다고 한다. 이미 개인 물건과 사진들까지 챙겼음에도 불구하고, 그녀는 이때까지도 모든 것이 전화위복이 될 것이라는 희망을 품고 있었다. 며칠 뒤에 대표단이 왕비에게 왕에게 첩을 두자는 위원회의 제안을 전했다. 소라야는 다시 거부했다. 마지막으로 왕은 테헤란에서 전화를 걸어 "다시 한 번 생각해 봐요, 소라야. 다시 한 번 생각해 봐요"라고 간절하게 바랐다. 그녀는 다시 거부했고, 이로써 이혼은 확정이 되었다. "그녀는 불행해했고, 눈물을 흘렸다"라고 당시 어머니와 함께 생모리츠에 있었던 그녀의 동생 비잔은 설명한다. 다수의 당시 목격자들은 왕도 망연자실했다고 전한다. "나는 침실에 있던 왕을 방문했다. 그는 쉴 새 없이 왔다 갔다 했다. 벽에는 웃고 있는 소라야의 커다란 초상화가 걸려 있었다"라고 아르데쉬르 자헤디는 전한다. "거기에 왕 중의 왕인 그가 있었고, 그의 눈가에는 눈물이 고여 있었다. 나는 그가 얼마나 고통스러워하는지 볼 수 있었다." 이란의 새해 축제가 벌어진 1958년 3월 14일에 왕은 감정에 북받쳐 흐느끼는 목소리로 소라야와의 이혼 소식을 라디오를 통해 공식적으로 알렸다. 곧이어 그는 그녀에게 편지를 보냈는데, 거기에서 그는 유감을 표시했다. 동화는 끝이 났다. 소라야와 왕은 다시 재회하지 않았다. 그러나 그들은 서로를 잊을 수가 없었다. 소라야는 수백만 달러에 달하는 위자료를 받았으며, 계속 "에스판디아리 공주 전하"라는 귀족 칭호를 사용할 수 있었다. 그러나 그녀는 더 이상 왕비가 아니었는데, 그것은 그녀가 평생 처신하는 법을 배웠던 유일한 역할이었다. 이제 그녀는 혼자였고, 전혀 어찌할 바를 몰라했다. 25살이었던 그녀는 갑자기 평범한 사람들의 일상으로 다시 내던져져 있는 자신을 보았는데, 그녀에게는 그 일상을 살아가는 법을 익히는 것이 무척이나 버겁게 느껴졌다. "7년 동안 나는 테헤란의 궁정에서 너무 편안한 생활을 했다"고 그녀의 회고록에 적혀 있다. "나는 말 그대로 아무것도 직접 해서는 안 되었다."

 그녀는 우선 몇 주간은 쾰른에 있는 부모님 댁에 머물렀다. 그러고 나서 그녀는 몇 년 동안 뮌헨에 정착했다. 특히 그녀의 어머니가 실제 생활에 첫발을 내딛는 그녀를 도와주었다. "그것은 내게 엄청나게 어려운 일이었다"라고 소라야는 언젠가 인터뷰에서 솔직하게 털어놓았다. "나는 실질적으로는 기숙학교에서 나온 왕비가 되어 있었다. 그 학교에서는 보호를 받았고, 자신의 삶을 결정할 필요도 없었다. 나는 왕비로서 한 푼도 주머니에 가지고 다니지 않았다. 왕비를 위해 모든 것이 이루어졌고 지불되었으며 행해졌다. 이제 나는 전화를 걸어 샌드위치나 콜라를 주문하는 데 어려움을 겪고 있다. 나는 혼자서 길을 제대로 걸어 다닐 수도 없고, 신호등을 살펴볼 수도 없다. 나는 차를 잘 몰았지만, 주차를 할 수는 없었다. 독일에서 나는 운전면허증을 다시 따야 했다."

 통속 언론들은 "슬픈 눈을 가진 공주"를 쫓는 무자비한 사냥을 시작했는데, 이는 소라야를 자포자기하게 만들었다. 전 왕비의 운명이 전 세계적으로 수백만 독자들을 매혹시켰다. 그녀는 60년대판 레이디 다이애나였다. "이혼 후에 그녀는 예전보다 더 유명해졌다"고 타블로이드 언론 기자인 리아 아베는 생각한다. 그녀는 부와 아름다움을 가지고 있음에도 불구하고 고통을 받아야만 했고, 자식이 없어 이혼을 당한 한 사람의 여성이었다. 사람들은 동정심을 느끼고 있었고, 그녀가 겪은 일이 마치 자신의 일인 듯 생각했다. 사람들은 그녀를 언제나 가엾고 가여운 소라야라고 불렀다. "소라야는 선정적인 것을 좇는 타블로이드 언론에 항상 새로운 소재를 제공했다. 다시 찾은 자유를 어떻게 누려야 하는지 알지도 못한 채, 그녀는 국제적인 제트족의 삶에 빠져들었다. 그녀는 뉴욕, 로마, 파리, 마드리드, 생모리츠 혹은 모나코에 모습을 드러냈고, 그녀가 가는 곳마다 파파라치가 잠복해 있었다. 그녀가 이탈리아 후작 라이몬도 오리시니와 함께 슈바벤의 밤 생활을 즐기는 장면이 포착되었고, 생모리츠에서는 신년 전야제 파티에서 요하네스 폰 투른 왕자와 같이 있는 모습이 발견되었고, 뉴욕에서는 할리우드 스타인 휴 오브라이언과 택시를 타고 춤을 추러 가는 장면이 눈에 띄었다. 그녀에 관한 수많은 스캔들이 회자되었는데, 실제로 많은 스캔들이 있었다. 플레이보이인 군터 작스는 심지어 1962년에 에메랄드 같은 녹색 빛의 눈을 가진 이 미인이 자신과 결혼할 것이라고 발표했는데, 그녀는 즉각 이 내용을 부인했다.

60년대 초에 그녀는 오스카상을 수상한 스위스인 막시밀리안 셸과 3년간 관계를 맺었다. 소라야는 왕 이후로 그녀의 두 번째 정열적인 사랑을 이탈리아 영화감독인 프랑코 인도비나에게서 찾았다. 그녀는 영화배우로서 스포트라이트를 받으려고 시도하다가 그를 만나게 되었다. 이탈리아 영화 제작자인 디노 데 라우렌티이스는 전 왕비를 띄워 주겠다고 약속했고, 소라야도 이에 동의했다. 마침내 그녀의 어릴 적 꿈이 실현되는 듯했다. "세 얼굴의 여인"이라는 에피소드 영화에서 소라야는 신인 영화배우, 연인, 백만장자인 자신의 모습을 연기했다. 그러나 동화 속 공주에서 스크린의 여왕으로의 변신은 실패로 돌아갔다. 영화가 1965년에 상영되었을 때, 관객들 사이에서 인기를 얻지 못했다. 실패의 원인은 한편으로는 매우 지리한 각본 탓이었으며, 다른 한편으로는 소라야가 배우로서 확실한 인상을 심어주지 못한 탓이기도 했다. 카메라가 그녀의 아름다운 얼굴을 정지화면으로 클로즈업해서 보여 주었을 때는 아무 문제가 없었다. 왜냐하면 순전히 얼굴만으로 본다면 소라야는 영화 스타로서의 자질을 갖추고 있었기 때문이다. 그녀는 마치 페르시아의 소피아 로렌처럼 보였다. 그러나 그녀의 연기는 어색했고, 부자연스러웠으며, 대사를 외우는 듯한 인상을 주었다. "소라야가 발을 디디는 곳에는 셀룰로이드[영화를 의미: 옮긴이]가 더 이상 자라지 않는다"라고 『피가로』지는 신랄한 비판 기사를 실었다.

소라야는 영원히 영화계에 등을 돌렸으며, 그 대신 세 살 연하의 영화감독인 인도비나에게로 관심을 돌렸다. 두 사람이 곧 결혼할 것이라는 소문이 돌았다. "그것은 육체적인 열정이었다"고 인도비나의 친구인 지안니 아르두이니는 전한다. 인도비나는 아내와 자식을 떠나 소라야와 함께 로마의 비아 아피아 안티카 거리에 있는 아름다운 대저택으로 옮겼다. 그 후로 7년 동안 이어진 관계로 인해 인도비나는 자신의 직업에 소홀했다. 두 사람은 여행을 떠나거나 일요일마다 비아 아피아에서 예술가, 작가, 그리고 로마의 영화 제작자들과 만남을 가졌다. 아르두이니는 이 만남을 통해서 "그녀가 '공주'에서 '인간'으로 바뀌었다"는 느낌을 받았다. "그녀는 교만한 모습이 약간 수그러들었고, 이 사랑을 통해 중산층의 보통 사람으로 변했다. 그러나, 내 기억에 의하면, 그녀는 우리에게 말을 놓았던 반면에, 우리는 언제나 그녀에게 존칭을 썼다." 전하의 역할에서 벗어나기가 쉽지 않았던 것 같다. 소라야는 감독으로서의 인도비나의 작업에 대해 특별한 관심을 보이지는 않았다.

그사이 왕은 적절한 신붓감을 찾기 위해 매우 열심이었다. 마침내 그는 소라야와 이혼한 지 채 1년도 되지 않은 1959년 12월에 21살의 건축학과 대학생인 파라 디바와 결혼했다. "나는 결혼 후 한 달이 지나도록 임신 기미가 보이지 않자 약간 짜증이 났다"라고 파라 디바는 조심스럽게 당시 자신에게 주어졌던 압박감에 대해 털어놓았다. 열 달 뒤인 1960년 10월 31일에 오랫동안 고대하던 왕위 계승권자인 레자 시루스가 태어났다. 왕과 국민들은 40년 동안 그가 태어나기를 기다리고 있었다. 21발의 축포가 터졌다. "온 나라의 기쁨의 정도는 이루 헤아릴 수가 없었다. 사람들은 울기도 했고 웃기도 했다. 그들은 거리에서 춤을 추고 노래를 불렀다"라고 파라 디바는 말했다. 마침내 왕이 그에게 필요한 부인을 찾은 셈이다. 그녀는 그 뒤로 왕에게 세 명의 자식을 더 낳아 주었다. 그렇다면 소라야와의 관계는 어떻게 되었는가? "분명 왕은 예전과 같이 그녀를 사랑하지는 않았을 것이다. 그러나 그는 그녀에게 신경을 쓰고 있었으며, 언제나 '소라야 공주는 어떻게 지내는가? 사람들이 그녀에게 적절한 존경심을 표하고 있는가?'라고 물어보았다"고 하이데 하키미는 기억한다. 하키미에 따르면, 영화가 나왔을 때도 왕은 후한 평가를 내렸다고 한다. "모든 사람들이 그녀가 아름답지만 형편없는 배우라고 말했다. 그러나 그는 그녀를 변호했고, '결코 그렇게 나쁘지 않다'고 말했다."

이제 이란에는 정치적으로 소라야가 있던 시대와는 다른 바람이 불고 있었다. 군과 첩보기관의 지원을 받은 모하메드 레자가 자기 아버지처럼 독재자가 되어 가고 있었다. 이란은 미국에게 있어 신뢰할 수 있는 중요한 석유 생산국이었고, 독재 정치를 펴고 있는 왕은 공산주의를 막아내는 최후의 보루였다. 이란은 엄청난 경제원조와 군사원조를 받았다. 정치적 안정을 보장하기 위해서 미국이 관심을 가지고 있었던 것은 나라의 모든 야당을 무력화시키는 것이었다. 1957년에 CIA와 이스라엘 첩보기관 모사드의 도움을 받아 만들어진 비밀경찰 SAVAK은 모든 저항을 무참히 억압하는 악명 높은 독재 정권의 앞잡이가 되었다.

물론, 시간이 흐르면서 나라 안에 불만이 커져 갔다. 경제성장에 따르는 유복함이 단지 부패한 엘리트들에게만 주어졌다. 그들과 달리 지방과 늘어나고 있던 도시 근교의 슬럼에서 사는 이란인들의 상황은 점점 더 악화되었다. 이런 상황을 통제하기 위해 미국은 왕에게 사회 개혁을 추진하라고 재촉했다. 그래서 모하메드 레자 팔레비는 1963년에 위로부터의 "백색혁명"을 시작했다. 토지개혁은 대지주의 권한을 제한하고 농부들이 토지를 소유하는 것을 가능하게 만들었다. 1962년에 여성들은 선거권과 피선거권을 얻게 되었다. 1967년에는 법에 의해 여성들의 이혼 절차가 간편해졌다.

이 개혁 조치들은 성직자들의 강력한 저항에 부딪혔다. 토지를 몰수당한 소유주들 중에 부유한 종교기관 회원들이 많았고, 가족법은 지금까지 이슬람 율법학자들의 판결에 따라왔다. 점점 증가하는 반대 세력들은 권좌에 앉아 있는 군주를 미국의 꼭두각시로 간주했다. 시아파 축제일 중 하나인 1963년 6월 3일에 아야톨라 호메이니는 성지 쿰에서 격정적인 연설로 왕을 공격했다. 63살의 아야톨라는 즉시 체포되었다. 대학생, 노동자, 그리고 성직자들의 항의가 며칠간 계속되었다. 왕은 이 봉기를 군대를 동원해 무자비하게 진압했고, 이 때문에 수천 명이 사망했다. 호메이니는 결국 국외로 추방되었다. 그는 먼저 이라크로 갔고, 그 다음에는 프랑스로 옮기면서 반대 세력의 상징이 되었다.

이제 외국에서도 왕의 독재에 대한 비판이 커졌다. 1967년에 그가 파라 디바와 독일을 방문했을 때, 예전에 소라야와 방문했을 때처럼 많은 군중이 환호하며 그를 반기지는 않았다. 베를린 대학생들은 망명 중인 이란인들로부터 이란에서 벌어지고 있는 반대 세력에 대한 체포와 고문에 대한 충격적인 소식을 들었다. 그들은 전율했으며 분노했다. 그들의 분노는 왕에게로 향했고, 또한 페르시아의 군주를 성대하게 맞아 준 독일 정치인들에게도 표출되었다. 왕이 1967년 6월 2일에 베를린에 도착했을 때, 수천 명의 시위 군중들이 "살인자, 살인자"라고 외치며 그를 기다리고 있었다. 곧 특별히 공수된 SAVAK 요원들과 삼천 명의 경찰 그리고 대학생들 사이에 혈전이 벌어졌다. 저녁에 대학생 베노 오네조르크가 경찰의 총에 맞고 사망했다. 그것은 독일 학생 혁명의 기폭제가 되는 사건이었다.

그러나 왕은 거기에 구애받지 않았고, 오히려 과대망상의 징후를 보여 주었다. 그는 성대한 예식을 통해서 1967년 10월 26일에 처음으로 스스로 황제의 자리에 오르고 파라 디바를 황제비로 봉했다. 그의 과대망상증은 1971년에 페르세폴리스의 폐허에서 화려하게 거행된 페르시아 제국 2천5백 주년 기념식에서 그 절정에 달했다. 왕은 고대 황제처럼 식을 거행했다. 전 세계의 왕과 국가수반 그리고 외교관들이 초대를 받았다. 왕은 사막 한가운데서 그들에게 최고급 음식과 음료를 권했으며, 화려한 공연을 보여 주었다.

이 장관을 연출하기 위해서 3백만 달러가 들어갔다. 국민들은 당연히 초대받지 못했다. 미국은 그동안 "걸프 만 경찰"[이란을 의미: 옮긴이]에 대해 비판적 거리를 거두었다. 70년대 초에 있은 국제시장에서의 석유 가격의 가파른 상승은 왕에게 자신의 나라를 지역의 패권 국가로 구축하는 데 필요한 수단을 쥐어 주었다. 그것은 완전히 미국이 의도하던 바였다. 1972년 5월에는 리처드 닉슨 미국 대통령이 왕을 "이 불안정하고 중요한 지역에서 안정을 보장하는 지주"라고 칭송했다. 그 다음 4년 동안 왕은 약 90억 달러에 달하는 현대식 무기를 구입했다.

그러는 동안에도 소라야는 왕과 관련해서는 예의를 지켰다. 한번은 한 지인이 파라 디바에 대해 부정적인 생각을 말하자, 그녀는 "나는 그녀가 매우, 매우 매혹적인 여인이라고 생각한다"라고 대답했다. 이란에서 벌어지고 있는 정치적 상황에 대해 그녀는 공식적으로 아무런 의견 표명을 하지 않았지만, 그녀의 왕에 대한 관심은 여전했다. 그녀가 평생 왕에 대한 신문 기사를 스크랩했다고도 한다. 그녀 자신은 한 번 더 끔찍한 비운에 맞서야 했다. 그녀의 두 번째 열정적인 사랑도 비극적으로 끝이 났다. 인도비나가 1972년에 비행기 추락 사고로 목숨을 잃었다. "삶이 나를 기만하고 있다"라고 그녀는 한 인터뷰에서 말했다. 소라야는 이탈리아를 떠났고, 결국 스페인 마베야와 프랑스 파리를 오가는 가장 열정적인 파티 여성이 되었다. 그녀는 여름을 스페인 마베야에서 보내는 걸 가장 좋아했고, 그곳에 대략 2백만 유로를 들여 수영장이 딸린 커다란 저택을 구입했다. 그녀는 파리에서는 몽테뉴 거리에 있는 호화 주택에서 살았는데, 그곳은 마를레네 디트리히가 말년에 숨어 지내던 곳이었다. 소라야는 왕의 금전적 지원을 받아 집을 구입했는데, 물론 그와는 대리인을 통해서만 접촉했다.

구닐라 폰 비스마르크, 알폰소 폰 호헨로에, 버드와이저 상속녀인 릴리 새란, 마베야의 왕이라 불리던 게르트 슈텡어와 이라 폰 퓌르스텐베르크와 같은 제트족 사람들이 왁자지껄한 파티로 국제 사교계 명사들의 무관의 왕비인 그녀의 등장을 꾸며 주었다. "그녀는 에너지를 마음껏 분출했다"고 카를로 지오바넬리 왕자는 전한다. "그녀는 슬프지 않았다. 그녀는 반짝이는 눈을 가진 여인이었고, 삶을 사랑했다." 파티에 참석하지 않을 때면 무직자인 이 백만장자 여인은 여행을 하거나 패션쇼에 참석했고, 고급 호텔인 플라자 아테네에서 샴페인을 마시거나 테리어 종 강아지인 가시를 데리고 산보를 나갔다. "왕비 전하"는 그때마다 계속 다른 젊은 남성들과 동행하고 있는 모습이 목격되었다. 그러나 더 이상 사랑에서 행복을 찾을 수는 없었다. 그녀의 동반자 중 다수가 자살했다. 행할 가치가 있는 활동, 임무 또는 좋은 일을 그녀는 자신의 삶에서 결코 찾지 못했다, 아니 아마도 찾지 않았을 것이다.

그사이 권좌가 흔들리기 시작했다. 화려한 전경 너머에서 이미 몰락의 징후가 뚜렷하게 보이기 시작했다. 왕은 미국의 지시를 받아 이슬람 형제국들과 군사 대결을 반복했다. 과도한 군사비가 국가 재정을 파탄시켰고, 물가가 급속하게 치솟았다. 왕의 가족을 포함한 지배층 엘리트들은 점점 더 부패해 갔다. 신자들은 서구화 정책을 통해 냉대를 받았으며, 왕과 성직자들의 간극은 점점 더 커졌다. 억압적인 국내 정치로 인해 이 국가수반은 민주화 없는 발전은 생각할 수 없었던 서구 지향적인 이란인들의 공감도 얻지 못했다. 1975년에 아직 인정받고 있던 두 정당이 해산되면서, 성인이 된 모든 국민들이 당원으로 가입해야만 하는 통합 정당이 창립되었다. 비판에 대해서 왕은 점점 더 무력을 동원해 대응했다. 추악한 비밀경찰 SAVAK은 오래전부터 잔인한 테러 그룹으로 발전했다. 그들은 수많은 납치, 살인, 그리고 고문을 거리낌 없이 자행했다. 곧 종교 성향의 반대 세력은, 독재적이고 부패하고 친미적인 왕의 통치에 저항하는 데 있어, 유일한 대안이 되었다. 세속적인 팔레비 정권에 대한 정치적 대안으로서의 이슬람은 점점 더 매력적으로 다가왔다.

지미 카터 신임 미국 대통령이 자신의 인권 정책을 선포했을 때, 왕 또한 서구 미디어들로부터 공개적인 비판을 받았고, 1977년에 워싱턴을 국빈 방문했을 때 황제 부부는 격분한 시위대와 마주했다. 마침내 왕은 이슬람 율법학자들에게 잘못을 인정하고는 도박장을 폐쇄하고 도박을 금지시켰다. 하지만 너무 늦었다. 그 다음 해부터 이란에서는 저항이 격화되었고, 왕의 군대는 무력으로 대응했다. 1978년에 일어난 소요로 인해 1만 명 이상이 목숨을 잃었고, 그 다섯 배 되는 사람들이 다쳤다. 그때까지 왕을 고수하던 카터 대통령도 이제 자신의 피후견인이 몰락하는 것을 놓아두었다. 미국 자문관은 심지어 프랑스로부터 금의환향할 준비를 하고 있던 호메이니와 협상을 할 생각도 했다. 팔레비 왕조는 끝이 났다. 1979년 1월 16일에 왕은 테헤란에서 이란을 영원히 떠나기 위해 비행기에 올랐다. 가족들이 그를 따랐다. 소라야에게는 이 모든 것이 운명의 아이러니처럼 보였을 것이다. 그녀는 왕위 계승권자를 낳지 못했기 때문에 그에게 버림을 받았다. 이제 왕은 왕위 계승권자를 얻었으나 더 이상 왕위를 보유하지 못하게 되었다.

모하메드 레자에게 몇 달간 굴욕적인 망명 여정이 계속되었다. 그의 파란만장한 방랑길은 이집트, 모로코, 바하마 군도, 멕시코로 이어졌다. 그때서야 비로소 그가 암에 걸렸다는 사실을 오래전부터 알고 있었음이 드러났다. 그가 뉴욕에서 치료를 받고 있을 때, 호메이니의 지지자들이 테헤란 주재 미국 대사관으로 난입했다. 그것은 극적인 인질 드라마의 시작이었다. 미국도 왕을 더 이상 받아들이려고 하지 않았다. 마침내 안와르 알 사다트가 그의 카이로에서의 망명을 받아들였다. 그곳에서 왕은 1980년 7월 27일에 사망했다. 그의 정적들이 테헤란에서 춤을 추고 있는 동안, 소라야는 눈물을 흘렸다. "왕이 이집트에서 다시 한 번 수술을 받기 전 날, 나는 소라야와 통화를 했다"고 마지막까지 왕의 최측근 중 한 사람이었던 아르데쉬르 자헤디는 전한다. "그녀는 나와 무조건 다시 한 번 얘기를 하고 싶어 했다…. 우리는 저녁 식사 때 만났다. 그녀는 내게 왕에게 보내는 메시지를 전해 주었다. 나는 그 정확한 문구를 무덤까지 가지고 갈 것이다. 내가 할 수 있는 말은 다른 사람을 사랑한 한 인간의 호의가 배어 있는 말이었다는 것이다. 나는 왕에게 소라야의 메시지를 전달했다. 그는 '내가 죽기 전에 그녀를 볼 수 있다면 좋을 텐데'라고 말했다." 물론 그 만남은 이루어지지 않았다.

90년대에 소라야에 대한 소식이 잠잠해졌다. 사람들 마음속에 자리한 왕비에 대한 기사가 순식간에 독일 언론에서 자취를 감추었다. 계속 이런저런 동반자가 그녀 곁에 있었지만, 어느 언론도 그 소식을 전하지 않았다. 공주는 나이가 들었고 포동포동해졌다. 마베야의 친구들은 그녀가 때때로 대낮부터 술을 마시기 시작했다고 주장한다. "그녀는 자신에게로 침잠했고, 가장 친한 친구들만이 그녀 곁에 남았다"고 한 친구는 전한다. 그녀가 실제로 어떻게 지내고 있었는지는 아마 아무도 몰랐을 것이다. 소라야는 항상 매우 내성적이었고, 자신의 감정에 대해 말한 적이 없었다. 그녀는 결코 자신이 "슬픈 왕비"로 비쳐지는 것을 원하지 않았다. 그녀는 "이런 인상은 내 눈이 나타내는 인상과 자식이 없는 상황에서 기인한 것이었다. 나는 많이 웃었고, 결코 우울한 적이 없었다. 나는 실제로는 매우 잘 살았다. 나는 과거를 자주 되돌아보지 않았다"라고 2000년에 ZDF와 가진 한 인터뷰에서 말했다.

소라야는 2001년 10월 25일에 파리에 있는 호화 저택에서 심장 이상으로 외롭게 생을 마감했다. 예전에 세상에서 가장 유명한 여인이었고 사람들 마음속에 자리한 왕비였던 그녀의 나이 겨우 69살이었다. 그녀의 집과 지하실에서 그녀가 왕에게서 받았던 모든 선물이 발견되었다. 이란에서의 행복한 시간들을 떠올리게 하는 개인 사진들도 있었다. 그녀는 모든 것을 보관하고 있었다. 아마도 그녀는 그를 사랑하는 것을 결코 포기하지 않았던 것 같다.

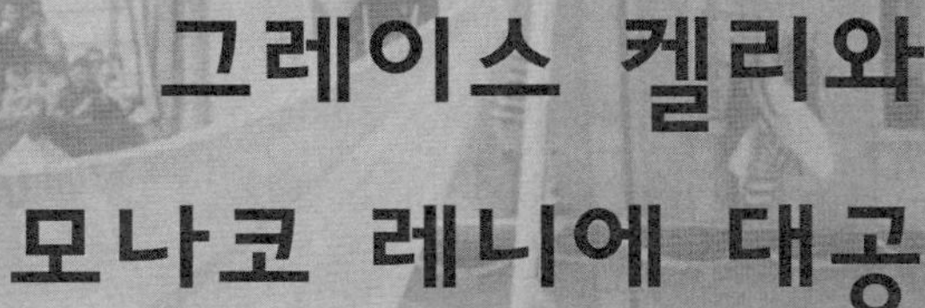

GRACE KELLY UND FURST RAINIER III. von MONACO

할리우드 미녀 그레이스 켈리와
모나코 레니에 대공은
50년대에 있었던 환상적인 부부였다.
시민계급 여성과 귀족 남성 간에 있었던
열정적인 사랑이라는 동화가
실현된 것처럼 보였는데,
이 동화 이야기는 타블로이드 언론에
수년간 다채로운 소재를 제공했다.
그러나 자세히 들여다보면
왕실이나 대중매체에 의해 미화된
이 이미지에 균열이 가 있음을
뚜렷하게 알 수 있다.

그레이스 켈리가 처음으로 모나코 레니에 대공을 만났던 그 운명적인 날에 모든 것이 뜻대로 되지는 않았다. 이 영화계의 디바는 1955년 5월 6일 아침에 칸의 호텔 방에서 단장을 하기 위해 제때 잠자리에서 일어났다. 그러나 막 샤워를 하고 흠뻑 젖은 머리를 드라이기로 말리려고 했을 때 작동이 되질 않았다. 프랑스에서 벌어진 파업으로 전기 공급이 중단된 때문이었다. 그 때문에 그녀가 이 만남을 위해 고른 고상한 의상도 다릴 수가 없었다. 결국 그녀는 젖은 머리를 간단하게 묶고는 구겨지지 않은 유일한 옷을 입기로 정했다. 그것은 눈에 띄는 커다란 붉은색과 초록색 장미 무늬가 인쇄된 옷이었는데, 품이 넓은 치마로 인해 걸을 때 바스락 소리가 크게 났다. "태프트 옷감으로 만든 보기 흉한 옷이었는데, 그 옷을 입고 있는 내 모습이 흡사 서양 배처럼 보였다"라고 그녀는 친구에게 털어놓았다. 그리고 궁정 의전에 따라 모자를 써야 했는데, 그레이스는 모자가 없었기 때문에 이 만남이 무산될 우려가 있었다. 결국 조화로 만든 화환으로 임시변통을 했는데, 그녀는 그 화환을 솜씨 좋게 머리에 장식했다. 모나코로 가는 두 시간 동안, 그녀가 타고 가던 차가 불필요하게 작은 추돌 사고를 일으켰고, 도로에 커브가 많아서 그녀는 차멀미를 느꼈다. 이런 우여곡절에도 불구하고 마침내 이 디바와 그 일행이 정확히 오후 3시에 궁전에 도착했을 때, 왕은 아직 그곳에 없었다.

원래 그레이스 켈리는 모나코 왕과 인사를 나눌 필요성을 느끼지 못했다. 이 만남은 계획적으로 준비된 것이었다. 그녀는 칸 영화제의 초대를 받고 1955년 5월에 코트다쥐르로 여행하는 것을 여러 번 주저한 뒤에야 비로소 가기로 결심을 했다. 이 시기에 26살의 이 여배우는 이미 스타가 되어 있었다. 그레이스 켈리는 9편의 영화를 찍었고, 그 전해에는 오스카상을 받았다. 칸으로 가는 기차 안에서 그녀는 동료 여배우인 올리비아 드 하빌랜드와 프랑스 잡지 『파리 마치*Paris Match*』지 기자인 그녀의 남편 피에르 갈랑트를 우연히 만났다. 갈랑트에게 이 만남은 행운이었다. 그가 일하는 잡지 편집부에서 불과 며칠 전에 은막의 여왕인 그레이스 켈리의 사진 연재를 위해 모나코 왕에게 그녀를 소개시키자는 구상을 했던 참이었다. 대중매체가 동행하며 취재하는 할리우드 미인과의 만남이 소국인 모나코에 있어서는 국가의 홍보를 의미했고, 레니에 대공에게 있어서는 그러한 영접이 군주로서의 의무였기 때문에, 이 잡지사의 계획에 대한 모나코 궁의 승인은 이미 나 있는 상태였다. 그레이스 켈리도 영화제 기간 동안 언론과의 일정을 지켜야만 했다. 그러나 그녀는 같은 날 오후에 칸에서의 리셉션에 참석하는 것으로 예정되어 있었기 때문에, 모나코에서의 일정을 거절하려고 했다. 그러나 왕과의 만남이 한 시간 앞당겨지자 그녀는 결국 승낙을 했다.

그녀는 모나코 궁전의 중세 성벽 앞에 서서 왕은 늦을 수도 있다는 것을 경험해야 했다. 궁정 직원이 안내를 해주겠다고 하자, 그레이스는 기꺼이 그에 응했다. 이 미국 여인에게는 오래된 유럽 귀족의 거처를 둘러볼 기회가 많지 않았다. 그녀는 경탄을 하면서 헤라클레스 갤러리로 향하는 활처럼 휘어진 계단을 올라갔다. 그녀는 천장에 그려진 프레스코 벽화를 보며 감탄했고, 자신의 모습이 반사되면서 끝도 없이 나타나는 유리의 방을 지나갔다. 그녀는 금색과 하얀색으로 칠해진 공간을 지나갔는데, 그곳에는 무거운 샹들리에가 달려 있었고, 금으로 장식된 프랑스 고가구들이 있었으며, 벽에 걸린 가족 초상화들은 수백 년에 걸친 그리말디 가문의 역사를 보여 주고 있었다. 그녀는 경외심을 가지고 붉은색과 푸른색 벨벳으로 치장된 옥좌가 있는 방에서 기다렸는데, 그 방의 한가운데에 화려한 왕의 황금 옥좌가 자리하고 있었다. 그러나 한 시간 뒤에 더 이상 참을 수가 없게 된 그레이스는 일행들에게 "출발해요"라고 말했다.

그 순간에 마침 왕이 나타났다. 그레이스 켈리는 정중하게 궁정 인사로 군주에게 예를 올렸다. 그는 태연하게 "안녕하세요?"라고 말했고, 유창한 영어로 자신이 늦은 것에 대해 사과했다. 그 뒤로는 두 사람의 만남이 예정대로 진행되었다. 레니에 대공은 그레이스 켈리를 『파리 마치』지 사진사들이 이끄는 대로 궁전 정원으로 안내했다. 나중에 레니에 대공은 "모든 것이 매우 형식적이었다. 사진사들은 우리에게 사진에 맞는 포즈를 취해 달라고 부탁했고, 우리는 그에 맞춰 이리저리 움직이며 포즈를 취했다"라고 기억했다. 맹수를 각별히 좋아했던 레니에 대공은 그레이스에게 자신의 개인 동물원을 보여 주었고, 그녀의 반응을 보며 즐거워했다. "나는 내 손님에게 테라스에 만든 우리에 갇혀 있던 수마트라 호랑이 한 쌍을 보여 주었다. 그러나 그녀는 그것을 전혀 좋아하지 않았다. 내가 생각하기에, 그녀는 푸들이 더 친숙한 것 같았다…." 아직 미국을 가본 적이 없었던 왕에게 유명한 미국 여인과의 대화는 이번이 처음이었고, 이 만남이 긍정적인 의미에서 그에게는 뜻밖이었다. 영화와 소문들은 그에게 부정적인 이미지를 심어 주었다. "나는 그녀에게서 깊은 인상을 받았다. 그녀는 명확한 영어를 구사했고, 매우 침착했다. 그녀와 대화를 나누는 것은 유쾌한 일이었다." 그러나 첫눈에 반한 사랑이라고는 할 수 없었다. "내 감정은 그 이상 진척되지 않았다. 그러기에는 기회가 없었다. 그녀의 방문은 한 시간이 약간 넘었고, 그녀는 곧바로 떠났다. 결혼에 대한 생각은 전혀 들지 않았다. 그것은 단순히 '안녕' 하고 인사를 나누는 수준의 만남이었다."

그레이스 켈리도 모나코 레니에 대공과의 만남에 대해 친구들에게 별일 아니라는 듯이 말했다. "정원과 궁전은 아름다웠어. 그리고 왕자도 매우 매력적이었어"라고 한 친구에게 밝혔다. 이 시기에 낭만적인 소문의 소재가 된 것은 레니에 대공과의 관계가 아니라 그레이스와 프랑스 배우인 장-피에르 오몽과의 관계였다. 그는 영화제 기간 동안 그녀의 곁을 벗어나지 않았고, 시간이 나면 언제나 두 사람은 아담하고 평화로운 레스토랑에서 식사를 즐기기 위해 산으로 도피를 했다. 두 사람이 그러한 만남을 즐기는 장면이 파파라치에 의해 발견되었고, 사랑스런 눈길과 키스 장면을 담은 두 사람의 친밀한 관계를 보여 주는 사진들이 금세 타블로이드 신문을 장식했다. 그러나 그것은 그저 일회성 사건에 불과했다. 그레이스 켈리는 뉴욕으로 돌아오자마자 다음 영화를 준비했다. 그녀는 〈백조〉에서 사랑과 사회적 억압 사이에서 결단을 내려야 하는 왕자비 역할을 했다. 세계는 처음으로 화려한 왕자비 의상을 입고 있는 그레이스 켈리를 보았는데, 이 영화는 백만장자인 조지 반더빌트가 프랑스 르네상스식 성을 본떠 노스캐롤라이나에 지은 성에서 촬영되었다. "그곳은 진짜 성 같았다. 그 성은 정말 멋졌다"라며 그레이스 켈리는 열광했다고 한다. 이 품격 있는 역할은 그녀에게 적격이었다. 이때까지는 그것이 그녀가 평생 해야 할 역할이 될 지는 아무도 몰랐다.

그사이에 무대 뒤에서 무슨 일이 벌어졌는지는, 다른 많은 경우들과 마찬가지로, 이 "환상적인 커플"의 경우도 비밀로 남아 있다. 아마도 레니에의 친구이자 궁정 신부인 튀케르 신부가 보낸 친절한 감사 편지가 시발점이 되었을 것이다. "당신께서 미국 가톨릭 여신도의 면모를 레니에 대공에게 보여 준 것에 대해 감사드리고, 전하께서 그 모습에 무척 깊은 인상을 받으셨다고 당신에게 단언할 수 있습니다." 그레이스는 정중하게 답장을 보냈는데, 그 편지에는 그 방문이 무척 즐거웠으며 레니에 대공을 곧 다시 만날 수 있기를 바란다는 내용이 들어 있었다. 실제로 튀케르 신부는 얼마 지나지 않아 미국으로 건너가 필라델피아에서 은밀하게 그레이스에 대해 조사했다. 당시 32살이었던 레니에 모나코 대공은 유럽에서 가장 인기 있던 총각 중 한 명이었으며, 자신에게 맞는 신붓감을 구하고 있었던 것도 사실이다. 소문에 따르면, 레니에가 그레이스에게 풍부한 감정을 담은 장문의 편지를 보냈는데, 그녀가 여기에 매료되었고, 두 사람이 여러 번 서로 전화를 주고받았다고 한다. 아마도 이런 접촉을 통해 그레이스가 호감을 가지게 되었을 것이다. 켈리의 가족들도 여기에 관여했다. 영화 세트장에서 그레이스의 미용사이자 가까운 지인이었던 버지니아 다씨는 다음과 같이 회상하고 있다. “그레이스가 내게 가족들이 자신과 이 왕자를 연결시키려고 하고 있으며, 심지어 그를 미국으로 초대하려 한다고 말했다. ‘나는 왕자를 만나야 한다. 그러나 이 남자에게 관심은 없다’라고 말했다.”

실제로 레니에 모나코 대공은 1955년 12월에 그의 생애 최초로 미국으로 여행을 떠났는데, 이는 켈리 가족이 크리스마스 연휴에 그를 초대했기 때문이다. 이미 오래전부터 모나코와 프랑스 그리고 미국에서는 왕이 미국에서 신붓감을 구하고 있다는 소문이 돌았다. 심지어 그가 여러 명을 리스트에 올려놓고 있다는 소문까지 돌았다. 물론 왕은 오늘날까지도 미국으로의 여행은 신붓감을 구하려는 의도와는 상관이 없었다고 주장한다. 크리스마스 연휴 첫째 날에 왕은 궁정 신부와 주치의를 동반하고 저녁 식사 시간에 딱 맞추어 필라델피아에 있는 켈리 가족의 집에 도착했다. 그레이스의 부모는 약간 위축되어 있었다. 왜냐하면 그들은 그때까지 진짜 귀족을 만나본 적이 없었고, 그를 "폐하"라고 불러야 할지 말아야 할지 몰랐기 때문이다. 신부는 그들에게 급히 "전하"면 족하다고 알려 주었다. 레니에에 따르면, 저녁 식사는 아주 유쾌한 분위기에서 이루어졌고, "그레이스와 대화를 즐겼다"고 한다. 그런 다음 그레이스와 레니에는 그레이스의 언니인 페기 집으로 가서 새벽까지 카드놀이를 했다. 크리스마스 연휴 둘째 날에 그레이스는 여동생 리잔에게 "그가 마음에 들어?"라고 물었다. 그리고 동시에 그녀에게 "나는 결혼할 거야. 우리는 약혼식을 올릴 거야"라고 말했다. 리잔은 후에 "나는 거의 소파에서 떨어질 뻔했다. 나는 '세상에나, 언니. 그를 전혀 알지도 못하잖아'"라고 말했다고 밝혔다.

그레이스의 대리인의 부인이자 가까운 친구인 주디 콰인은 그녀가 어떻게 이 새로운 사건을 접하게 되었는지 기억하고 있다. "그레이스는 내게 레니에와 궁전에서 만난 사실을 지나가는 얘기처럼 가볍게 언급한 뒤로는 그에 대해서 아무 말도 하지 않았다. 나는 그녀가 크리스마스를 보내기 위해 부모님 댁으로 가기 얼마 전에 그녀와 할리우드에서 만났다. 왕자에 대한 얘기는 단 한마디도 없었다. 그리고 크리스마스 이후에 그녀가 내게 전화를 걸어서 점심을 하자며 자기 아파트로 나를 초대했다. 그녀는 처음에는 숨기려고 했으나, 몇 번 채근을 받은 뒤에야 마침내 '내가 결혼하는 것을 상상해 봐'라고 털어놓았다. 나는 깜짝 놀라서 밤늦게까지 누가 그녀의 결혼 상대자로 선택되었는지 추측을 해 봤다." 또 다른 친구인 리타 갬도 점심에 똑같이 초대를 받았다. 그녀에게도 그레이스는 '나의 왕자를 찾았다'라고만 밝혔다. "그녀의 말이 글자 그대로의 의미인지는 알 수가 없었다"라고 리타 갬은 오늘날까지도 놀라워하고 있다. 다음 날 그레이스는 모인 친구들에게 "약혼을 했고, 결혼식을 올릴 거야. 상대는 모나코의 왕이야!"라고 알렸다. "나는 놀라서 마치 기습 방문을 받은 느낌이었다. 느닷없이 한 대 얻어맞은 듯한, 완전히 충격적인 소식이었다. 우리는 곧 이 결정이 어떤 결과를 가져올지 어렴풋이 알게 되었다. '이제 모나코로 가서 왕비처럼 행동해야 하는 거야?' 그러나 이 모든 것이 그레이스에게는 아주 자명한 일처럼 보였다"라고 주디 콰인은 기억하고 있다. 1956년 1월 6일에 뉴욕 월도프 아스토리아 호텔에서 있었던 갈라 행사에서 약혼이 공표되었다.

1955년은 그레이스의 경력에서 정점에 이른 해였다. 그녀는 세상에서 가장 유명하고 아름다운 여성 중 한 명으로 간주되었고, 이미 영화사 연감의 한 페이지를 장식하고 있었다. 그러나 모나코 왕과 결혼하겠다고 결심함으로써, 그녀는 전설이 되고 신화가 되었다. 미국인들에게는 영화에서나 볼 수 있는 동화 같은 이야기가 실제가 되었다. 젊고 아름다운 미국 여인이 구대륙 유럽의 귀족인 군주와 결혼을 하고 성에서 살며 진짜 신민들을 통치할 수 있는 진짜 군주의 부인이 되는 것이었다. 유럽인들과 마찬가지로, 미국 시민들도 그들 스스로는 꿈 같은 삶을 살 수 없기 때문에, 왕실의 일원들에게 자신들의 꿈을 투영시킨다. 게다가 그레이스 켈리는 50년대에 꿈의 산실이었던 그 신화적인 할리우드 출신이었다. 그러나 이 환상의 조합이 보여 주는 허상과 실제는 한참 뒤에야 비로소 알려지게 된다.

약혼할 때 그레이스의 나이는 27살이었다. 그녀는 1929년 11월 12일에 필라델피아에서 태어났다. 아일랜드계였던 그녀의 아버지 잭 켈리는 아메리칸 드림을 현실로 만들었다. 그는 평범한 벽돌공으로 일을 시작했지만, 후에 그는 자신의 건축 회사, "Kelly for Brickwork"를 가지게 되었고, 이 회사는 그를 백만장자로 만들어 주었다. 그레이스의 어머니인 마거릿 마이어는 독일계로 미국 역사상 최초의 체육학과 여성 강사였다. 그녀는 잭을 필라델피아 체조 단체에서 알게 되었다. 잭은 유력 인사였다. 하지만 그가 가진 재력에도 불구하고 아일랜드계 가톨릭 신자인 그는 매우 유감스럽게도 영국계 신교도 출신의 백인, 소위 WASPs라고 불리는 사람들로 주로 이루어진 동부 해안 엘리트들의 인정을 받지 못했다. "노동자 출신"의 열성적인 조정 선수였던 그에게 유명한 영국 헨리 레가타 조정 대회에 출전하는 것이 거부되자, 대신 그는 1920년 올림픽에서 금메달을 땄다. 그러나 그 상처는 깊었다. 그는 수년간 자신의 야심을 아들에게 쏟아부었는데, 결국 그 아들이 두 번에 걸쳐 헨리 레가타의 챔피언이 되었다.

켈리 가족에게 가장 중요했던 것은 단정함과 예의범절이었다. 그래서 '엄마' 켈리는 남편 잭이 악명 높은 바람둥이라는 것을 의도적으로 눈감아 주었다. 요점은 겉으로는 건전한 가족이라는 인상을 유지하는 것이었다. 켈리 가家는 4명의 자식이 있었다. 마거릿(또는 페기)이 첫째였다. 그 다음으로 켈이라고 불린 잭 주니어, 그레이스, 그리고 마지막으로 모든 사람들이 리잔이라고 부른 엘리자베스 앤 순이었다. 켈리 가는 필라델피아 저먼타운에 있는, 방이 14개나 되는, 아버지가 직접 지은 대저택에서 살았다. 그들은 시끄러우면서도 유쾌하고 자유분방한 가족이었다. 잭은 자녀들이 운동 능력과 경쟁심을 가지도록 장려했다. 세 아이들은 그의 기대에 부응했지만, 그레이스만은 예외였다. "페기, 존, 그리고 리잔은 외향적이고 튼튼했다. 그와 달리 그레이스는 수줍음을 탔고 내성적이었다. 그녀의 온순한 성격은 모든 사람들로 하여금 그녀를 보호해야겠다는 생각이 들게끔 만들었다"라고 어머니는 회상한다. 물론, 그레이스의 어머니는 자식들을 매우 사랑했지만 대단히 엄격하게 교육시켰고, 감정 동요가 심하지 않은 냉정한 여성으로 간주된다. 자식들끼리는 남몰래 그녀를 "프로이센 장군"이라고 불렀다. 그레이스는 그녀의 형제자매들과는 달리 운동신경과는 거리가 멀었다. 어릴 적에는 병치레를 자주했고, 항상 감기에 걸렸으며, 인형놀이를 제일 좋아했다. 아버지는 그녀와 많은 것을 나눌 수가 없었는데, 그가 "가장 좋아한 아이"는 쾌활하고 싸움을 좋아했던 딸 페기였다. 이 모든 상황에도 불구하고 그레이스는 가족들을 우상처럼 사랑했다. 친구들은 한목소리로 그레이스가 평생 아버지의 사랑과 인정을 받기 위해 노력했다고 말한다.

그레이스는 9년간 수도원 부속학교를 다닌 뒤에 필라델피아의 고등학교에 진학했다. 백조가 되기 전인 십대 때에 그녀는 짧게 미운 오리새끼로서의 시간을 보냈다. "그녀는 높고 비음이 섞인 목소리를 냈으며, 약간 통통하고 근시였기 때문에 안경을 쓰고 있었다"라고 어머니는 설명한다. 이 기간은 그리 오래 지속되지 않았다고 볼 수 있는데, 어머니가 상사병에 걸려 집으로 찾아왔던 사내아이들에 대한 애기를 전하고 있기 때문이다. 나중에 그레이스는 그녀를 처음으로 사모했던 하퍼 데이비스를 자기 인생에서 가장 큰 사랑이었다고 표현했다. 그러나 비극적이게도 그는 어린 나이에 다발성 경화증으로 죽었다. 그레이스는 이미 12살 때부터 연극에 관심을 보이기 시작했다. 그녀는 이웃에 있는 연극 그룹에 가입했고, 1942년에 처음으로 무대에 섰다. 가계에 확실히 예술적인 피가 흐르고 있었다. 극작가로 퓰리처상을 수상했던 그레이스의 삼촌 조지 켈리는 조카딸이 야망을 펼칠 수 있도록 지원해 주었다. 그녀는 배우가 되겠다는 생각을 염두에 두고 있었다. 그레이스는 1947년에 고등학교를 졸업하고 유명한 연극 학교인 미국 극예술 아카데미에서 공부하기 위해 뉴욕으로 옮기면서 자신의 생각을 실행에 옮기기 시작했다. 이곳은 로렌 바콜과 커크 더글라스가 자신의 명성을 쌓기 위한 첫걸음을 내디딘 곳이었다. "원래 그 시기에는 젊은 여성이 연극배우가 되는 것을 천박하게 여기고 있었다"라고 그레이스의 친구인 주디 콰인은 전한다. "그녀의 아버지는 그녀를 많이 신뢰하고 있지 않았다. 한번은 그가 '내가 그 아이를 뉴욕으로 가게 한 것은 배우 외에는 할 수 있는 일이 아무것도 없었기 때문이다'라는 부정적인 얘기를 한 적이 있었다."

수학 기간 동안 18살의 이 아가씨는 상류층 딸들에게 적절한 거처인 바비즌 호텔로 이사를 했다. 그레이스는 자신의 경력에서 엄청난 야심을 가지고 있었고, 연극 수업을 매우 진지하게 들었다. "갑자기 그녀의 목소리에서 비음이 사라지면서 그녀는 보다 깊고 부드러운 음역에서 말을 하게 되었다. 처음에 그녀의 형제자매들이 그녀를 놀렸지만, 그녀는 그저 '연극을 위해서 이렇게 말해야만 한다'라고 말할 뿐이었다"고 그녀의 어머니는 기억한다. 오래전부터 그녀는 평범한 십대에서 성숙한 미인이 되어 있었다. 그녀는 날씬했고, 푸른 눈, 금발, 세련된 인상, 나무랄 데 없는 피부색을 가지고 있었다. 그녀는 올바른 몸가짐과 세련된 예의범절을 익히고 있었다. 그녀는 아버지로부터 경제적으로 독립하기 위해 별도로 모델 일을 했다. 처음에는 올드골드 담배나 라인골드 맥주 광고판에서 그녀를 볼 수 있었지만, 곧 치약, 비누, 그리고 세제를 선전하는 방송 광고에서도 볼 수 있었다. 그녀는 순진하고 청결하며 깨끗한 이웃집 아가씨의 대명사였다. 그녀가 받은 시민적이고 가톨릭적인 교육은 그녀에게 더욱 깊은 인상을 주도록 만들었다. 그녀가 속옷 모델 제의를 받았을 때, 그녀는 그 자리에서 심사숙고한 후 예전 수도원 부속학교 선생님에게 문의를 했다. 그리고 거절했다.

완전히 켈리의 딸다운 면도 있었다. 그녀의 전 인생은 실제에 대한 허상의 승리를 보여 주는 예가 되었다. 그녀는 겉으로는, 한 비평가가 말한 바 있듯이, "매일 성수로 씻고 있는 것처럼" 순진하고 순수해 보였다. 그러나 사생활에서는 거의 점잔을 빼지 않는 것으로 알려졌다. 2학년 때부터 이미 그녀는 자신의 연극 스승인 돈 리처드슨에게 반해서 그와 관계를 맺기 시작했다. "그녀는 결코 수녀가 아니었다"라고 그는 나중에 밝혔다. "그녀는 나를 위해 발가벗고 하와이 음악에 맞춰 춤을 추는 것을 좋아했다… 그녀는 정말로 매우 육감적이었다." 돈은 잘 생긴 유대인 지성인이었고, 27살로 그레이스보다 8살이 많았으며, 자기 부인과 떨어져 살고 있었다. 그가 부모님 마음에 들 가능성이 제로에 가까웠음에도 불구하고, 그레이스는 어느 주말에 그를 데리고 필라델피아로 갔다. 그것은 재앙이었다. 부모님은 돈에게 전혀 존경심을 보이지 않았다. 돈은 몇 년이 지난 뒤에 "그들은 유대인 악센트를 흉내 내고 유대인에 대한 농담을 하면서 나를 비웃었다. 참을 수 없을 정도였다"라고 설명했다. 더욱이 어머니가 돈이 유부남이라는 것을 알게 되자 — 아마도 그녀가 그의 소지품을 뒤져서 콘돔뿐만 아니라 이혼 전문 변호사의 편지도 발견한 것 같다 — 큰 혼란이 벌어졌다. 그레이스가 뒤늦게 이 사실을 안 부모님으로부터 온갖 비난을 다 받고 있는 동안에 돈은 쫓겨났다. 그레이스는 즉시 바비존에 있는 자신의 방을 포기하고 집으로 돌아와야만 했다. 그동안 공부를 끝마치기는 했지만, 그녀는 계속 자신의 경력을 쌓기 위해서 다음 몇 달 동안 필라델피아와 뉴욕을 오가야만 했다.

그녀가 처음으로 성공을 거둔 것은 1949년 가을에 브로드웨이에서 상연된 아우구스트 스트린드베리[스웨덴의 극작가: 옮긴이]의 극작품 〈아버지〉에서 배역을 맡았을 때였다. 그사이 그녀의 부모님은 다시 진정이 되었고, 그레이스는 맨해튼 66번가에 있는 아파트를 임차했다. 그녀는 젊은 여배우로서 보헤미안적 삶을 즐겼다. 그녀의 집이 동료들의 집보다 훨씬 크고 좋았기 때문에, 사람들은 수다를 떨고 파티를 즐기기 위해 그녀 집에서 모였다. 외부 사람들의 눈에는 종종 그레이스가 차갑고 거만하며 매정한 사람처럼 보였다. 하지만 친구들에게는 친절하고 자유분방하며 종종 매우 단순한 사람처럼 보였다. 물론 그녀는 부모님에게 돈과의 관계를 즉시 끝내겠다는 약속을 해야만 했다. 그러나 그녀는 약속을 지키지 않았다. 아버지의 위협과 매수 시도에도 불구하고 그들의 관계는 그레이스가 다른 남자들과도 사귄다는 것을 돈이 알아차리고 실망해서 그녀를 떠날 때까지 몇 달간 지속되었다. 그레이스가 사귄 남자들 중에는 플레이보이인 알리 칸과 페르시아의 젊은 왕과 같은 저명인사들도 있었다. 후에 그레이스는 한 인터뷰에서 다음과 같이 말했다. "내가 젊었을 때, 나는 내가 줄 수 있는 것보다 더 많은 것을 내게 주는 사람들과 끊임없이 사랑에 빠졌다. 나는 아직 한 인간으로서 성숙하지 못했고 서툴렀다." 50년대 초에는 "사랑한다는 것"이 자동적으로 서로 친밀한 관계가 된다는 것을 뜻하지 않았다. 그럼에도 불구하고 모든 전기 작가들은 그레이스 켈리가 레니에를 알기 이전에 여러 명의 남성들과 성관계를 맺었다고 주장한다.

이 시기에 그레이스는 물론 사랑보다는 자신의 경력에 더 관심을 두고 있었다. 50년대 초는 방송 개척 시기였는데, 그녀는 50개가 넘는 방송 프로그램에서 중요한 역할을 맡았다. 거기에다가 그녀는 무대에서 계속 경력을 쌓아 가고 있었다. 그리고 꿈의 산실이었던 영화계에서 이미 신호를 보내고 있었다.

이 아름다운 금발 미인의 할리우드와의 첫 접촉은 그녀가 단역을 맡은 〈14시간Fourteen Hours〉[헨리 헤서웨이 감독의 1951년도 작품: 옮긴이]이었다. 그리고 그녀는 프레드 진네만 감독의 서부 영화 〈하이 눈High Noon〉(1952)에서 게리 쿠퍼의 상대 배우로서 처음으로 각광을 받기 시작했다. 게리 쿠퍼는 이 영화에서 나이 든 보안관 케인 역을 맡았는데, 보안관 케인은 그레이스 켈리가 연기한 젊은 퀘이커 교도와 결혼하기 위해 보안관 직을 그만두려고 한다. 그러나 결혼식 날에 케인은 한 살인자와 맞서야만 한다. 그리고 결투가 벌어지는데, 여기서 신부는 폭력을 혐오함에도 불구하고 사랑하는 사람의 목숨을 구하기 위해 사람을 쏘게 된다. 그레이스는 아름답고, 행실이 바르며, 약간 새침데기인 어리숙한 젊은 여인을 연기해야만 했다. 오디션에 그녀는 하얀 장갑을 끼고 나타났는데, 이는 곧 그녀의 트레이드마크가 되었다. 감독은 열광했다. 그 역할이 그녀에게는 적격으로 보였다. 그러나 그레이스가 처음으로 영화에 나온 장면을 보았을 때, 그녀는 자신의 부족함에 깜짝 놀랐다. "나는 나이든 '보안관'을 살펴보았는데, 그의 얼굴에서 감정을 읽을 수가 있었다. 그의 몸에 있는 모든 근육이 그의 생각, 번민, 그리고 극을 표현하고 있었다. 그리고 내 연기를 보았는데, 그것은 생명력이 없는 육신이었다"라고, 후에 그녀는 친구인 주디 콰인에게 말했다. 그녀는 더 혹독하게 자신을 다듬기로 결심했다.

그레이스 켈리의 친구인 여배우 리타 갬은 다음과 같이 말했다. "그레이스는 매우 야심이 많았다. 그녀는 그저 자신의 경력에만 관심이 있었다. 그녀의 모범이 되었던 인물은 캐서린 헵번이었다. 그녀는 굉장한 영화에서 역할을 맡는 위대한 스타가 되고 싶어 했다. 그녀의 목표는 분명했다. 그녀는 이를 위해 매우 엄격하게 일을 해 나갔다. 그녀는 전투에 임하는 장군처럼 자신의 경력을 쌓는 일에 뛰어들었다. 게다가 그녀는 매우 수완이 좋은 사업가였다. 그녀는 자신이 무엇을 해야 하는지 정확하게 알고 있었다." 아직 젊은 배우였음에도 불구하고 그레이스는 자신의 배역을 매우 신중하게 선택했고, 그녀 마음에 들지 않는 제안은 거절했다. 그녀는 냉혹한 영화 산업에 뛰어들었다가 혹사당하고 피폐해진 재능 있는 수많은 젊은 배우들처럼 되고 싶지는 않았다. 그녀의 계산은 분명했다. 당대 최고의 감독과 가장 유명한 주연배우들과 함께 작업하는 것이었다.

영화는 그레이스가 많은 주목을 받도록 만들었으며, 게리 쿠퍼는 오스카상을 받았다. 동시에 그레이스와 "보안관"이 더 이상 스크린 상의 파트너만은 아니라는 소문이 돌았다. 그러나 이어진 다음 영화들에서도 상대 배우들과의 스캔들이 항상 뒤따랐다. 때로는 소문이 맞았고, 때로는 틀렸다. 어쨌든 게리 쿠퍼는 당시 51살이었고, 그녀에게 반하지 않은 몇 안 되는 남자들 중 하나였다. 그레이스 측에서 보자면, 그렇게 유명한 스타와 연기를 할 수 있었다는 것이 그저 황홀하고 황송할 따름이었다.

다음 영화 파트너가 할리우드의 "왕"이었기 때문에 상황은 더욱 좋아졌다. 전설적인 감독 존 포드는 그레이스에게 〈모감보〉(1953)에서 클라크 게이블의 상대 배우 역을 제안했다. 그녀는 영화에서 사냥꾼(클라크 게이블)과 여자 무용수(에바 가드너)와 낭만적인 삼각관계에 빠지는 정결한 영국 부인 역할을 맡았다. 특히 그레이스는 촬영을 위해 아프리카로 갈 기회가 있다는 말에 이끌렸다. 또한 이를 위해 MGM 사와 7년 계약을 체결할 준비가 되어 있었다. 그레이스는 케냐에서 있었던 다섯 달간의 촬영 작업을 매우 즐겼다. 그녀는 클라크 게이블과 뛰어난 호흡을 보여 주었으며, 매일 저녁을 그와 함께했다. 그리고 두 사람은 촬영이 없는 날에는 황야로 사냥을 떠났다. 물론 곧 이 낭만적인 관계에 대한 소문이 돌았다. 그레이스는 확실히 26살 연상의 게이블과 사랑에 빠졌다. 그러나 여학생의 사랑 그 이상이었던 것 같다. 그가 촬영 작업이 끝난 뒤에 그녀를 영국 공항에 바래다주었을 때, 그녀는 비통한 눈물을 흘렸다. "나라도 이 매력적이고 호감이 가는 남자에게 눈물을 보였을 것이다"라고 어머니는 이해한다는 투로 말을 했다.

다시 뉴욕으로 돌아온 그레이스 켈리는 자신의 경력을 다음 단계로 도약시키기 위한 작업에 들어갔다. 위대한 알프레드 히치콕 감독이 젊은 여배우에게 주의를 기울이고 있었는데, 그 이유는 그레이스 켈리가 히치콕 감독의 이상형과 맞아떨어졌기 때문이다. 그녀는 금발이고 아름다웠으며, 다루기 어렵고 냉정했다. 그녀 이전에 히치콕 감독의 작품을 했던 여배우들 중에는 캐롤 롬바드, 잉그리드 버그만, 그리고 마를레네 디트리히와 같은 쟁쟁한 배우들도 포함되어 있었다. 이 서스펜스의 거장은 그녀에게 매료되어 거의 강박관념에 사로잡힐 정도였다. 그는 오디션이 끝난 뒤에 "그녀는 섹시하지 않으면서도 매혹적이다"라고 말했다고 한다. "얼음 같은 표면 아래로 내적인 열정이 불타오르고 있다. 그 열정은 스크린에 기적을 불러올 것이다. 그레이스와 같이 숙녀인 동시에 여배우인 사람은 감독을 편안하게 만든다. 그는 경박한 여자들과 함께 할 때보다 더 아름다운 러브신을 그녀와 찍을 수 있을 것이다. 그러한 장면은 숙녀와 함께함으로써 아름다워지고 자극적이 되지만, 결코 비속하게 되지는 않는다." 알프레드 히치콕은 그녀와 함께 모두 세 편의 영화를 찍었는데, 이 영화들이 두 사람에게 불멸의 명성을 가져다주었다. 그 영화는 레이 밀랜드와 함께한 〈다이얼 M을 돌려라Dial M for Murder〉(1954), 제임스 스튜어트와 함께한 〈이창Rear Window〉(1954), 그리고 캐리 그랜트와 함께한 〈나는 결백하다To Catch a Thief〉(1955)이다.

이미 〈모감보〉가 그레이스를 스타로 만들었지만, 히치콕과 함께함으로써 그녀는 우상이 되었다. 그녀의 얼굴이 잡지 표지면을 장식했고, 그녀의 이름이 모든 사람들의 입에 오르내렸다. 또한 그녀의 벼락출세에 대해 심지어 할리우드 전문가들조차도 놀라워했다. 그레이스 켈리는 새로운 여성상을 만들어 냈다. 매럴린 먼로가 순전히 섹스로 어필한 여배우였고, 조운 크로포드, 로렌 바콜, 그리고 리타 헤이워스가 열정적인 여성상을 연기했다면, 그레이스는 차분하고 우아하며 신비스럽고 매혹적인 여성을 연기했는데, 차분한 표면 아래로 활발한 움직임과 불타오르는 열정을 느낄 수 있었다. 이 냉정한 금발 미인은 자신의 은밀한 육감성을 무기로 남성 관객의 피를 들끓게 만들었다. 그녀의 스타일이 그녀에게 정숙한 면을 부여했다. 우아한 "켈리의 장갑"은 곧 모든 젊은 아가씨들이 끼고 다녔고, 그레이스는 단이 무릎 위로 올라가는 치마를 입은 모습을 거의 보이지 않았다. 당시에 할리우드에는 다음과 같은 말이 회자되었다. "모든 남자들은 매럴린 먼로와 하룻밤을 보내는 것을 꿈꾼다. 그러나 그레이스와는 평생을 보내고 싶어 한다." 그녀 안에는 창녀와 성녀가 합쳐져 있는 것처럼 보였다.

친구들에게 그녀는 그저 "그레이시"였을 뿐이었다. "사람들은 자주 그녀를 거리감 있고 젠체하는 사람으로 간주했다. 하지만 정말 그녀는 그런 사람이 아니었다. 그녀는 근시가 매우 심했는데, 자존심 때문에 대부분 안경을 쓰지 않았기 때문에, 먼 거리에 있는 사람들을 알아볼 수가 없었다. 원래 그레이시는 친절하고 아량이 넓고 매우 뛰어난 유머 감각의 소유자였다"라고 주디 콰인은 회상한다. 그레이스를 아는 사람들은 그녀에 대해 이구동성으로 온화한 사람이라 했고, 신의 있고, 이른바 철자 맞히기와 같은 퀴즈 놀이를 좋아하고, 유머 많고, 언제나 간단한 농담이나 장난을 치곤 했다고 한다. 대중 앞에 서지 않을 때면 그녀는 이웃집 아가씨처럼 보였다. 그녀는 화장을 거의 하지 않았고, 간소하고 편안한 옷을 자주 입었으며, 두꺼운 렌즈의 안경을 쓰고 편평한 구두를 신었다. "내가 그녀를 처음 보았을 때, 그녀는 매력적이고 세계적으로 유명한 여왕과는 전혀 딴판이었다. 그녀는 리허설을 하는 동안 코에서 계속 미끄러지는 안경을 쓰고 있었고, 심한 감기를 앓았고, 수줍어하며 악수를 했다. 나는 그녀가 친절한 시골 여교사처럼 보인다고 생각했다"라고 리타 갬은 회상한다. 동료들은 그레이스가 준비를 위해 세트장에 항상 정시에 나타났으며, 전혀 스타인 티를 내지 않았다고 말한다. 그녀는 "좋은 사람"이었고, 누구나 그녀를 좋아했다.

그레이스 켈리의 상승가도는 가팔랐다. 할리우드 생활 단 4년 만에 그녀는 영화 산업에서 가장 명예로운 상을 받았다. 〈갈채〉(1954)에서 맡은 역할로 그녀는 오스카 여우주연상을 받았다. 영화에서 그녀는 특별한 성격을 표현하는 역할을 맡았다. 여기서 그녀는 예외적으로 10년간 알코올 중독자와 결혼 생활을 한 괴로움으로 몸이 여위고 자포자기에 빠진 여인을 연기했다. 그레이스 켈리는 자신의 경력에서 정점에 섰다. 그녀의 아버지는 할 말을 잃었다. 시상식에서 그는 다음과 같이 말했다고 한다. "나는 그 아이가 해낼 것이라고는 전혀 생각하지 못했다. 나는 항상 페기가 출세할 것이라고 생각했었다." 그녀가 하는 일의 양은 어마어마했다. 같은 해에 두 편의 영화가 더 상영되었는데, 〈그린 파이어Green Fire〉와 〈원한의 도곡리 다리The Bridges at Toko-Ri〉가 바로 그 영화였다. 일 년 뒤에 세 번째 히치콕 영화인 〈나는 결백하다〉가 나왔다.

동시에 온갖 소문이 비등했다. 〈다이얼 M을 돌려라〉에서 상대 배우는 그녀의 아버지뻘 되는 나이의 레이 밀랜드였다. 밀랜드는 유부남이었고 아이가 있었다. 그가 부인을 떠나자 그것이 오직 그레이스와 결혼하기 위해서라는 소문이 났다. 스캔들을 다루는 신문들은 그녀를 "결혼 파괴자"라고 비방했다. 물론 이 스캔들의 진위 여부는 오늘날까지 밝혀지지 않았다. 어쨌든 밀랜드는 부인에게로 다시 돌아갔다. 그레이스에게 유부남과의 관계는 미래를 보장할 수 없었다. 그래서 그녀의 가족들은 항상 날카로운 눈으로 그녀를 감시하며 그런 일이 발생하지 않도록 돌봤다.

다음은 〈갈채〉에서 상대 배우였던 빙 크로스비였는데, 그가 청혼을 했다는 소문이 돌았고, 다음으로는 〈원한의 도곡리 다리〉의 상대 배우였던 윌리엄 홀든과 손을 맞잡고 있는 모습이 목격되었다는 소문이 돌았다. "남자들이 그레이스를 애모했으며, 그녀가 가는 곳마다 그녀 주위로 남자들이 몰려들었다"라고 할리우드에서 그녀와 한 아파트에 살았던 리타 갬은 회상하고 있다. "그리고 그녀도 남자들을 사랑했다. 하지만 연인이 아니라 형제나 친구, 또는 조력자로서였다. 그녀는 매우 친절하고 온화한 사람이었지 **팜므 파탈**은 아니었다. 나는 그녀가 순수했지만, 너무 순진했다고 생각한다. 그녀의 삶에는 항상 남자가 있었고, 데이트를 했던 남자와 언제나 사랑에 빠졌다." 홀든도 유부남이었기 때문에 다시 스캔들이 불거지기 시작했다. 할리우드의 타블로이드 언론들은 다시금 하이에나처럼 그레이스에게 달려들었다. 막연한 소문들이 그렇게 금세 퍼졌고, 그레이스는 요부나 색광으로 묘사되었다. 그녀는 이런 부정적인 기사들 때문에 매우 불행해했다. "당시 나는 인정이라고는 눈곱만큼도 찾아볼 수 없고 성공만이 중요시되는 도시 할리우드를 증오했다"라고 나중에 그레이스는 떠올렸다. "할리우드는 섹스를 중심으로 돌아갔다"라고, 그 자신이 꿈의 산실이었던 그곳에서 배우 생활을 했던 리타 갬은 말한다. "그것은 할리우드 신화이다. 그곳에서 이야기들이 날조되었다. 그처럼 그레이스에 관한 많은 소문들도 날조되었다. 그녀는 스크린에서 아주 역동적이고 성적인 매력이 있었으며, 요염한 인물이었다. 영화에서는 그런 이미지가 중요했는데, 50-60년대에는 오늘날보다 더 민감한 부분이었다. 그것이 스타를 만드는 방법이었다. 만약 당신이 특정한 무언가를 가지고 있지 않다면, 스타가 될 수 없다."

1954년 여름에 그레이스가 〈나는 결백하다〉 촬영을 위해 코트다쥐르에 갔을 때, 그녀는 또다시 자신을 흠모하는 사람을 데리고 갔다. 그는 패션 디자이너인 올레그 카시니였다. 카시니는 전력이 화려한 사람이었다. 그는 러시아 귀족 가문 출신으로, 뉴욕으로 이주해 와서 패션 디자이너가 되기 전에 플로렌스에서 자랐고, 테니스 선수로 데이비스컵 경기에 참가했다. 이번에는 진지한 관계가 이루어지는 것처럼 보였다. "그레이스가 프랑스로 떠나기 전에 내게 말했다. '나를 사랑하는 사람들은 나를 쫓아온다.' 그래서 나는 그녀를 뒤따라갔다"라고 올레그 카시니는 말한다. 앙티브에 있는 프랑스 레스토랑에서 두 사람은 약혼하기로 결심을 했다. 그러나 샴페인으로 축배를 드는 동안 그레이스가 주저하는 빛을 내비쳤다. "내 가족이 만만치 않을 거예요. 당신은 두 번이나 이혼을 했어요. 그러나 당신이라면 분명히 가족들을 당신 편으로 만들 수 있을 거예요." 미국으로 돌아온 뒤에 그녀는 주말을 이용해서 카시니를 부모님 댁으로 데리고 갔다. 돈 리처드슨의 경우처럼, 이 여행은 재앙으로 변했다. "아버지는 나를 완전히 무시했고, 어머니는 나와 얘기를 하지 않았다. 자매들만 친절하게 대해 주었다"라고 카시니는 오늘날까지 분에 차서 그 당시를 회상하고 있다. "결국 내가 그레이스에게 '이건 무의미해요. 아버지는 결코 승낙하지 않을 거예요. 우리에게 남은 유일한 방법은 같이 도망가는 거예요'라고 말했다." 그레이스와 카시니는 레니에가 등장할 때까지 친구로 지냈다. 그러나 그레이스는 결코 부모님의 의사에 반해서 결혼하지는 않을 거라는 것을 스스로 알고 있었다. 엄격했던 어머니는 "우리는 그레이스가 이혼한 남자와 결혼할 수도 있다는 생각 자체를 흉측하다고 여기고 있었다"라고 말했다.

그레이스와 결혼하고자 했던 모든 남자들이 부모님의 눈에 들지 않았다는 것은 분명했다. "이제 그 애는 유명해졌기 때문에 이웃집 청년이나 별로 뛰어나지 않은 남자와는 결코 행복해질 수 없을 것이다"라고 어머니는 판단했다. "그래서 나는 그 아이가 우수한 남자를 찾게 되기를 바랐다. 배우가 아니라 외과의사, 화가, 또는 성공한 기업가 같은 사람 말이다. 그러니까 '그레이스의 남편'으로서가 아니라 한 가족의 가장으로서 당당하게 설 수 있는 누군가를 소개받았으면 좋겠다고 말이다. 그러나 그 아이가 한 나라의 군주를 찾아낼 줄이야 누가 생각이나 했겠는가!"

많은 친구들과 전기 작가들은 그레이스가 레니에 모나코 대공과 결혼할 결심을 하게 된 보다 깊은 이유를 들여다보았다. 그는 6살 연상이지만 미혼이었고, 가톨릭 신자였으며, 특히 진짜 군주였다. 그레이스의 부모에게 이것은 그토록 고대하던 필라델피아 상류사회로의 신분 상승을 의미하는 것이었다. 어머니가 처음에는 모로코와 모나코를 구별하지 못했고, 결국 나중에 소국인 모나코가 엄청 작은 나라라는 것을 알게 되었음에도 불구하고 무척 황홀해했다. "얼마나 매력적이고 잘 생긴 군주인가! 좋아하지 않을 수가 없다. 이것은 동화와 같다. 필라델피아 출신의 보잘것없는 소녀가 군주를 만나서 결혼을 하고 죽을 때까지 서로 행복하게 살게 되다니.” 카시니조차도 이 대단한 사랑에 대해 믿지 않았다. 그레이스는 그에게 자신의 결정을 친절하게 설명하기 위해 맨해튼 앞을 지나가는 스테이튼 아일랜드 페리 위에서 그와의 만남을 마련했다. 카시니가 재현한 그녀의 말은 “나는 누군가를 사랑하는 그 이상으로 당신을 무척 사랑해요. 하지만 레니에 대공이 내게 청혼을 했고, 나는 받아들였어요”라는 것이었다. 그는 그녀에게 “당신이 나를 사랑한 것처럼 그를 사랑할 수 있어요?”라고 물었다. 그녀의 대답이 독특했다. “나는 그를 사랑하는 법을 배울 거예요.” 카시니는 오늘날까지도 그레이스가 그저 부모님을 기쁘게 하려고 그 결혼을 했다고 믿고 있다.

확실한 것은 그레이스 켈리가 이 당시에 무조건 결혼을 하고자 했다는 것이다. “경력은 그녀에게 매우 중요한 것이었다. 그러나 어떤 것도 그녀의 주목적, 즉 아내가 되고 어머니가 되는 것에 방해가 될 수 없었다”라고 주디 콰인은 기억한다. 어찌 되었든 그레이스는 1955년에 26살이 되었는데, 당시에는 30살부터 노처녀로 간주되었다. 그녀의 친구들 모두가 이미 아이들을 가지고 있었다. 심지어 그녀의 동생인 리잔도 임신 중이었는데, 그레이스는 여름에 있었던 동생 결혼식에 신부 들러리로 참석했었다. 레니에가 아주 적절한 시점에 모습을 드러낸 것이었다. 그는 부모님이 적당하다고 생각한 첫 번째 남자였다. 아무튼 그레이스는 알게 된 지 불과 며칠 만에 적절한 사람을 찾았다고 믿게 되었다. "그는 내가 언제나 사랑했던 모든 것을 가지고 있었다. 그는 매우 매력 있고 호감이 갔다. 그는 매우 수줍어했지만 강한 사람이었다. 그는 나처럼 친절하고 끈끈한 가족을 좋아했다. 그런 가족이 그에게 더욱 중요했는데, 이유는 그가 외로운 유년 시절을 보냈기 때문이다. 그는 매우 지적이고 잘 생겼다. 유머 감각이 뛰어나서 그는 나를 웃게 만들었다. 나는 그의 눈을 좋아했다. 나는 그 눈을 몇 시간 동안이나 들여다볼 수도 있었다. 그는 매우 훌륭한 목소리를 가지고 있었다. 그는 선한 사람이다. 나는 그를 사랑한다"라고 그레이스는 친구인 주디에게 털어놓았다. 마침내 그녀가 자신의 그늘에서 있지 않을 사람을 발견했다. "그의 일은 내 일보다 훨씬 중요하다. 나는 곁에서 그를 돕고 싶다"라고 그녀는 다른 친구에게 말했다. "나는 공비公妃가 된다는 생각이 그녀를 자극했다고도 생각한다"라고 리타 갬은 추측하고 있다. 물론 그레이스는 자신의 일이 무엇인지 몰랐다.

그리말디 가家는 원래 제노바에서 유래했다. 그들이 모나코를 지배한 이야기는 흡사 모험소설과 같다. 1297년에 프란체스코 수사 복장을 한 프란세스코 그리말디가 모나코 성문을 두드렸다. 보초들이 성문을 열자 그는 검을 뽑아 들고 몇몇 동료들과 함께 지중해에 위치한 자그마한 공국을 점령했다. 그리말디 가는 700년 이상의 역사를 가지고 있어 현재까지 통치하고 있는 유럽 왕조 중에서 가장 오래된 왕조이자 가장 부유한 왕조 중 하나이다. 그러나 항상 그러했던 것은 아니었다. 150년 전만 하더라도 모나코는 유럽에서 가장 빈곤한 국가였다. 그리말디 가는 많은 암석들과 몇몇 올리브 숲을 통치했고, 1천2백 명의 모나코인들이 중세 때처럼 살았다.

레니에의 고조부인 카를로 3세가 1856년에 카지노 회사를 설립하고, 1863년에 SBM(Societe des Bains de Mer)을 바트 홈부르크의 은행가인 프랑수아 블랑에게 위탁하면서 상황이 변했다. 이 회사는 오늘날까지 도박장과 모나코에 있는 대부분의 고급 호텔들과 레스토랑을 운영하고 있다. 룰렛 게임이 프랑스와 이탈리아에서 금지되면서, "적赤도 잃고, 흑黑도 잃지만, 블랑은 언제나 딴다"라는 은행가의 슬로건처럼, 지중해에 위치한 황량한 이 지역에 부가 흘러들어오기 시작했다. 소국인 모나코가 금융 귀족들을 끌어들이는 자석이 되었다. 카지노는 모나코가 얻은 명성의 기초가 되었다. 러시아의 니콜라스 대공, 오스트리아의 프란츠 요제프 2세 황제, 그리고 윈스턴 처칠 경이 여기에서 게임을 했다.

20년이 지나자 국가 수입의 97퍼센트가 손님들이 잃은 돈과 파산한 돈에서 나왔다. 햇볕이 비치는 암석 해안에 으리으리한 호텔들과 오페라 극장 그리고 호화스런 빌라들이 들어섰다. 나라는 곧 도박 수입으로 부국이 되었고, 이로써 카를로 공은 자신의 신민들에게 면세 혜택을 줄 수 있었다. 1949년 5월 9일에 레니에 3세가 모나코의 33번째 통치자로서 나라를 물려받았을 때, 제2차 세계대전의 자취가 이곳에도 남아 있었다.

공국의 경제는 파산지경에 이르렀다. 1856년에 설립된 이래로 통치자와 신민들에게 근심 없이 살림을 꾸릴 수 있도록 보장해 주던 도박 카지노가 재정적으로 막다른 골목에 다다랐다. 어느 누가 전쟁이 끝난 바로 뒤에 도박장에서 카드를 던지며 시간을 보내려고 하겠는가? 거기에다가 룰렛 게임이 폐지된 이후에 리비에라 해변에 위치한 도박장들이, 히틀러의 독일에 협조함으로써 평판까지 나빠진 공국의 경쟁자가 되었다. 그러나 레니에는 수완 좋은 금융 전략가로서 자신의 능력을 증명해 보였다. 그가 50년대에 그리스의 해운업자인 아리스토텔레스 오나시스를 모나코에 투자하도록 만든 것은 기발한 착상이었다. 교활한 오나시스는 이에 따라서 카지노 허가권을 소유하고 관광 사업을 조정하고 있던 SBM 주식의 절대다수를 확보하게 되었다. 이 해운업의 백만장자는 사치스런 제트족을 다시 불러들이고, 이로써 돈도 함께 끌어들일 원대한 구상을 가지고 있었다. 그의 견해에 따르면, 레니에에게 부족한 것은 매력적인 부인이 곁에 없다는 것이었다. 그는 공소에게 매릴린 먼로를 추천했고, 친구를 통해서 이 섹스 아이돌의 의중을 넌지시 알아보았다. "이틀만 그와 단둘이 놔두면, 내가 장담하건대, 그가 내게 청혼을 할 것입니다"라고 그녀가 대답했다고 한다. 그러나 이 군주는 그레이스 켈리를 만났다.

이 시기는 레니에가 결혼하기 꼭 알맞은 때였다. 통치자가 수년간 지속해 온 사랑은 가망이 없는 것으로 드러났다. 19살 때 그는 연상의 영화배우인 기젤 파스칼을 알게 되었다. 그가 권좌에 오를 때까지 지속된 관계가 그때 시작되었다. 그러나 이 관계를 궁에서는 탐탁하게 여기지 않았다. 기젤의 혈통은 비천하고 그녀의 가계는 너무 중량감이 떨어진다고 여겨졌다. 그리고 그녀가 자식을 가질 수 없다는 소문도 있었는데, 이것은 결혼을 불가능하게 만들 수 있었다. 1918년에 맺은 협정에 따르면, 모나코는 군주의 혈통이 끊어지면 자동적으로 프랑스에 귀속되게 되어 있다. 어쨌든 레니에는 오늘날까지도 당시에 결혼이 화제가 되었다는 얘기에 이의를 제기한다. 그러나 이는 차치하고라도 그는 무조건 가족을 만들고 싶어 했다. 그 자신이 겪은 유년기는 행복과는 거리가 멀었다. 레니에 3세는 1923년 5월 31일에 모나코 궁에서 태어났다. 6년 뒤에 부모님이 이혼했다. 어머니 샤를로트는 모나코의 루이 2세의 사생아였는데, 루이 2세는 왕조의 존속을 위해 나중에 그녀를 입양하고 왕위 계승자로 지명했다. 아버지는 가난했던 폴리냑의 백작 피에르였다. 그 때문에 그리말디 가문은 예로부터 내려오는 법을 엄격하게 적용하면 공작이 아니라 후작이나 백작에 불과하다. 레니에에게는 두 살 많은 누나 앙투아네트가 있었다. 그녀는 동생에게 항상 시기심을 가지고 있었고, 여러 해에 걸쳐 권좌를 두고 그와 다투었다.

11살 때 레니에는 엄격한 영국 기숙학교로 보내졌는데, 그는 이 학교를 싫어했다. 동료 학생들로부터 "작달만한 뚱보 모나코"라는 놀림을 받은 그는 복싱에서 도피처를 찾았다. 할아버지인 루이는 결국 그를 페르시아 왕도 다닌 바 있는 제네바 호숫가에 위치한 엘리트 학교 르 로제로 보냈다. 군주의 아들은 여기서 드디어 편안함을 느낄 수 있었다. 1939년에 그는 아비투어[고등학교 졸업시험: 옮긴이]를 마치기 위해 프랑스 장교 아르당의 호위와 감시를 받으면서 몽펠리에로 갔는데, 아르당은 레니에가 자신의 인생에서 얻은 몇 안 되는 친구 중 한 명이었다. 이어서 그는 파리에서 정치학과에 입학했지만, 일 년 뒤에 학업을 중단하고 말았다. 프랑스가 해방된 뒤에 이 군주의 아들은 프랑스 군에 들어가 엘자스 점령에 참여했다. 할아버지가 돌아가신 뒤인 1949년 5월 9일에 드디어 때가 되었다. 레니에는 26살의 나이에 공식적으로 정부 업무를 넘겨받았다. 그러나 그는 외로웠고, 곁을 지킬 아내가 필요했다.

그레이스 켈리는 필요조건을 충족했다. 그녀는 세계적인 유명 인사였으며, 아름다웠고, 양갓집 출신으로 부유하고 교양이 있었고, 우아했으며, 자신의 방식을 고집하지 않았다. 그리고 가톨릭 신자였다. 이제 그녀에게 임신 능력만 있으면 되었다. 레니에는 오늘날까지 임신 능력에 관한 테스트를 했다는 것을 부인하고 있다. 하지만 그레이스의 전기 작가인 J. 랜디 타라보렐리는 그레이스가 공국 주치의의 감독 아래 뉴욕의 존 홉킨스 병원에서 자세한 산부인과 검사를 받아야만 했다고 전한다. 결과는 긍정적이었다.

그 다음은 지참금에 관한 문제였다. 켈리의 아버지는 이 오래된 유럽식 전통에 대해 화를 냈다. 많은 돈이 들어가는 문제였다. 그가 "급하게 2백만 달러가 필요한, 파산한 이 낯선 대공"에 대해 투덜대고 다녔다고도 한다. 그러나 결국 그는 이를 갈며 지참금을 주기로 했다. J. 랜디 타라보렐리는 심지어 그레이스가 그 절반을 부담했다고도 주장한다. 가족의 한 친구는 "두 사람이 서로를 카탈로그를 보며 구매한 것 같다는 느낌이 든다"라고 빈정대듯 말했다.

마지막 영화를 촬영하는 동안, 그레이스는 다이아몬드와 루비로 장식한 약혼반지를 자랑스럽게 끼고 다녔다. 영화 제목은 특이하게도 〈상류사회High Society〉(1956)였다. 레니에는 그녀가 있는 세트장을 방문했을 때 그레이스의 영화계 동료들로부터 무례한 발언을 들어야만 했는데, 이런 것이 전하에게는 익숙하지 않은 일이었다. 주빈을 모신 식사시간에 한 MGM 직원이 "도대체 모나코 면적이 얼마나 되죠?"라고 질문했다. 대공은 "약 1.5제곱킬로미터 정도 됩니다"라고 대답했다. "어머나, 우리 스튜디오 단지 크기만 하잖아." 실제로 모나코는 바티칸 다음으로 세계에서 가장 작은 나라이다. 언젠가 켈리의 아버지가 말한 것처럼, 세상의 존경을 받던 그레이스 켈리가 "지중해의 한 자그마한 나라"의 공비가 되기 위해 정상에서 내려왔다. 레니에에게 있어서 장차 자신의 아내가 될 그녀가 할리우드를 영원히 떠나는 것은 당연한 일이었다. 그는 한 신문과의 인터뷰에서 "나는 아내가 일하는 것을 원하지 않는다. 그녀와 나는 이 영화 이후에 그녀의 영화계에서의 경력을 끝내는 것으로 합의를 보았고, 우리는 이런 결정을 하게 되어 행복하다"라고 말했다. 그러나 두 사람의 타협이 그렇게 순조롭게 이루어지지는 않았을 것이다. 그레이스는 철두철미한 영화배우였고, 언젠가 다시 영화 일을 할 수 있게 되기를 학수고대했다. "나는 그레이스가 정말로 영화배우 일을 포기해야만 한다고 생각하지는 않았다고 믿는다"라고 리타 갬은 말한다. "그녀는 신혼여행 기간 중에 지중해 한가운데서 느닷없이 그런 결정을 내렸다."

1956년 4월 4일 아침에 뉴욕에서는 큰 혼란이 일어났다. 수많은 팬과 3백여 명의 기자들이 "그레이시"에게 행복을 빌어주기 위해 84번 부두로 몰려들었다. 사람들이 무질서하게 쇄도하는 모습에 창백해지고 스트레스를 받았지만, 그럼에도 불구하고 그레이스는 차분하게 자신에게 쏟아진 질문에 대답했다. SS 컨스티튜션 호가 드디어 출항했을 때, 그녀 외에도 약 70명의 친구들과 친척들 그리고 1백 명의 기자들이 동승하고 있었다. "세기의 결혼식"은 그 당시 대중매체의 최대 이슈였다. 가장 성공을 거두었던 여배우를 잃은 MGM 영화사는 적어도 동화와 같은 결혼식을 통해 이득을 보려고 했다. 영화사는 스튜디오 디자이너가 디자인한 8천 달러짜리 결혼 드레스 비용을 부담했고, 미용사와 홍보 매니저를 같이 보냈으며, "세기의 결혼식" 영화 판권을 확보했다. 8일간의 항해 기간 동안 그레이스는 정기적으로 언론에 모습을 드러냈다. 그녀는 나머지 시간을 자기가 사랑하는 사람들 주변에 앉아 있거나 파티를 즐기고 추억을 나누는 데 보냈다. 그것은 작별을 위한 것이었다. 그녀는 곧 자신의 삶이 더 이상 예전 같지 않으리라는 것을 알고 있었다. 그레이스에게 이 여행은 미지의 곳으로 향하는 것이었고, 돌아오지 않을 여행이었다. 그녀는 낯선 언어와 문화를 가진 낯선 땅으로 떠났다. 주디 콰인은 "우스운 감정이 들었다. 우리는 결혼식이 끝난 뒤에 돌아왔지만, 그녀는 그곳에, 우리로부터 4천 마일이나 떨어진 곳에 남아 있었다"라고 회상한다.

4월 12일에 컨스티튜션 호는 몬테카를로 만에 도착했다. 해안가에 수천 명의 사람들이 모여 종이로 만든 작은 모나코 국기와 미국 국기를 흔들며 신부에게 환호를 보냈다. 궁에서 예포가 발사되었고, 배의 경적이 울렸으며, 소방선에서 물분수가 쏘아 올려졌다. 레니에 공은 자신의 흰색 요트 데오 유반테 2호를 타고 신부를 마중 나갔다. 그레이스는 하얀색 레이스 장갑에 짙은 청색 외투를 입고 있었고, 커다랗고 챙이 넓은 하얀 모자를 쓰고 있었다. 그녀가 트랩을 건너 레니에의 보트로 옮겨 타는 순간, 해가 구름을 뚫고 나왔다. 그녀는 한 손으로 조그만 검은색 푸들 올리버를 꽉 붙들고 있었다. 그녀는 다른 손을 레니에에게 건넸는데, 그는 그 손에 입을 맞추었다. "약간 우스웠다. 전 세계가 제대로 된 키스를 바라고 있었는데…, 대신에 형식적으로 '모나코에 온 것을 환영한다'는 인사와 악수가 있었다"라고 주디 콰인은 전한다. 두 사람이 팔짱을 끼고 해안가에 가까워졌을 때, 수상비행기가 요트 위로 선회하며 빨간색과 하얀색 카네이션을 뿌렸는데, 그것은 해운업자 오나시스의 선물이었다. 그레이스가 부두에 도착했을 때 모여 있던 사진사들은 크게 실망했다. 왜냐하면 커다란 모자가 그녀의 얼굴을 대부분 가리고 있었기 때문이다. 마침내 신랑 신부는 대공의 초록색 크라이슬러를 타고 축제 장식이 된 모나코를 가로질러 궁전으로 향했다. 나중에 부부는 도착 후의 나날들을 "끔찍했다" 또는 "악몽"이라고 표현했다. 대공은 나중에 "사람들은 결혼식이 쉬운 일은 아니라고 말한다. 하지만 그 정도가 상상을 초월한다. 이 모든 공식 오찬과 만찬, 오후 리셉션들. 다시 하라고 하면 못할 것 같다. 나중에 우리 두 사람은 산에 있는 조그만 예배당에서 식을 올리는 것이 더 좋았을 것이라고 생각했다"라고 말했다.

오늘날 모나코는 매년 대략 23,500건의 기사가 나오는, 유럽에서 가장 미디어에 잘 등장하는 귀족 가문이다. 당시, 자그마한 공국은 여전히 잠을 자고 있었는데, 그레이스 켈리가 오면서 갑자기 그 잠에서 깨어나게 되었다. 궁은 이제 막 시작된 미디어 서커스로 인해 완전히 과부하가 걸렸다. 1,600명의 기자들이 결혼식을 보도하기 위해 모나코로 왔다. 그 수가 결혼식 하객 수의 두 배가 넘었다. 대공은 홍보실을 두고 있지 않았으며, 불어만 할 줄 아는 궁 대변인은 결혼식에 앞서 신경쇠약에 시달리고 있었다. 미디어의 공격적인 성향과 끈질김은 대공이 완전히 새로이 경험하는 것이었는데, 그는 여기에 대비가 되어 있지 않았다. 결혼식까지 5일 동안 두 사람은 잔치, 연회, 리셉션과 저녁 갈라에 참석했다. 레니에는 기자회견을 매일매일 하지 않았고, 많은 행사들이 궁전 내에서 열렸다. 그리고 두 사람이 때때로 공식 행사에 나타났다가 금방 사라지기도 했는데, 이 때문에 사진기자들이 제대로 사진을 찍을 수가 없었다.

그 결과, 일군의 기자들이 손님들에게 달려들기도 했고, 그들 귀에 들어온 온갖 소문들을 퍼트렸다. 신부 들러리 중 한 명이었던 리타 갬은 기자들이 몰려드는 그 부담감 때문에 우울증에 걸렸다. 켈리 아버지에 관한 소문도 있었는데, 그 소문에 따르면 그가 속옷 바람으로 궁전 직원들을 맞았으며, 한 번은 화장실을 찾다가 길을 잃어버렸고, 그가 불어를 이해하지 못했기 때문에 화장실을 이용하기 위해 친구가 있는 호텔로 마차를 타고 갔다고 한다. 신랑 신부도 그런 소문들에서 자유로울 수가 없었다. 레니에는 가끔 "땅딸보"로 불렸으며 — 실제로 그는 그레이스보다 키가 작았다 — 그레이스는 중앙난방이 없는 궁전에서 5년을 버텨내지 못할 것이라는 소문이 돌았다. 어느 날 한 기자가 사진을 찍기 위해서, 그것도 거리 한가운데서 군주의 차를 세웠다. 레니에는 격분했다. 결국 MGM의 홍보 전문가가 투입되면서 혼란을 잠재울 수 있었다. 그는 매일 기자회견과 사진 촬영 일정을 잡았는데, 이 때문에 상황이 약간 호전되었다.

일반적인 법적 결혼식은 1956년 4월 18일 아침에 궁전 내 옥좌가 있는 방에서 거행되었다. 모나코에서 고위 관직에 있는 사람들과 친한 친구들 그리고 친척들이 참석했다. 방송은 한 팀만 입장이 허락되었다. 그레이스는 뉴욕에서 출발한 뒤로 몸무게가 4킬로그램이나 줄었다. "그녀는 안절부절못하고 긴장된 모습이었다"라고 신부 들러리 중 한 명이었던 주디 콰인은 전한다. "나는 특히 그녀가 결혼 계약이 가져올 결과 때문에 동요하고 있었다고 생각한다." 모나코 법에 따르면, 결혼에서 생긴 자녀는 이혼할 경우 아버지에게, 즉 모나코에 남겨진다. 결혼식을 주관한 주례자가 대공의 142개 칭호를 읊었다. 그레이스는 그저 레니에하고만 결혼한 것이 아니라 루이 앙리 막상스 베르트랑 레니에 3세, 존엄하신 전하, 모나코 대공 전하, 발렌티누와 공작, 보 후작, 카를라데 백작, 뷰 남작, 생 레미 영주, 마티뇽 전하, 토리그니 백작, 생 로 남작, 라 뤼튀미에르 남작, 마자랭 공작, 마이엔느 공작, 샤토-포르시엥 왕자, 벨포르 백작, 로스몽 백작과 결혼한 것인데, 이것도 몇 가지만 언급한 것이다. 그리고 모나코의 그라시아 파트리시아(그레이스 켈리의 공식 칭호)도 이제 134개의 칭호를 갖게 되었다.

교회 예식에 따른 결혼식이 거행된 1956년 4월 19일은 날씨가 화창했다. 이른바 그라시아 공비의 날씨로, 모나코 사람들에 의해 이후로 그렇게 불리게 되었다. 8백 명의 하객들이 전후에 미디어의 관심을 가장 크게 끈 이 결혼식을 축하하기 위해 모나코 대성당을 가득 채웠다. 3천만 명의 시청자들은 TV 화면을 통해 생중계되는 광경을 지켜보았다. 저명한 손님들 중에는 아리스토텔레스 오나시스, 이집트의 전왕前王 파루크, 에바 가드너, 데이비드 니븐, 그리고 아가 칸이 있었다. 유럽 왕실에서 보낸 대표자는 물론 아무도 없었다. 대부분의 왕실들은 모나코를 그저 도박장이 있는 암석 정도로 치부했고, 그리말디 가를 귀족의 일원으로 간주하지도 않았다. 아이젠하워 미국 대통령은 호텔업자인 콘래드 힐튼을 사절로 보냈다. 신부가 아버지의 팔을 잡고 교회에 들어섰을 때, 현장에 있던 구경꾼들과 TV를 지켜보던 시청자들은 숨을 죽였다. 그녀의 드레스는 비단과 망사직 그리고 베네치아 산 레이스로 만들어진 환상적인 옷이었고, 면사포는 수많은 작은 진주로 장식되어 있었다. "전하께서는 어느 누구도, 신부일지라도, 기다리시지 않는다"라고 주교가 설명했다. 트럼펫 팡파르가 대공의 도착을 알렸다. 그는 그가 직접 디자인한, 금실 수를 놓은 소맷부리와 견장이 있고 여러 줄의 훈장이 달린 검고 파란 제복을 입고 있었다. 그의 손에는 뾰족한 끝이 두 개인 타조 깃으로 장식된 모자가 쥐어져 있었고, 칼을 둘러차고 있었다. 그레이스 켈리는 자신의 역할을 완벽하게 해냈다. 매우 긴 예식이 진행되는 동안 그녀는 어떠한 감정도 내비치지 않았으며, 단지 그녀가 "예, 그러겠습니다"라고 하는 말이 방송 카메라에 약간 가냘프게 들렸을 뿐이었다. 결혼식이 끝난 뒤에 바로 이 신혼부부는 식을 지켜보고 있던 사람들의 환호와 신부 들러리들의 눈물 속에 데오 유반테 2호에 올라 7주간의 밀월여행을 시작했다. "공국이 시야에서 벗어나자 지친 우리는 안락의자에 쓰러져 곧바로 잠이 들었다"라고 레니에는 말한다.

그 후 여러 달은 새 공비에게 고문과도 같았으며, 동화의 자취는 어디에도 없었다. 레니에가 하루 종일 정무를 보는 동안, 약간은 낡은 220개의 방이 딸린 커다란 궁전을 그녀가 집처럼 편안하게 느끼기는 쉽지 않았다. 부부는 궁전의 반지하층에 있는 방 몇 개를 집으로 꾸몄지만, 이것은 뉴욕의 5번가에 있던 그레이스의 아파트에 비하면 격이 떨어졌다. 그녀는 궁전을 점진적으로 개보수하는 일에 착수했다. 그러나 그녀가 비로소 사생활이라는 느낌을 갖게 된 것은, 궁정 의전 규범과는 거리가 있었지만, 레니에가 별장 록 아젤을 1957년에 구입해 가족이 그곳으로 옮기고 나서였다. 끈끈한 가족 간의 유대감에 익숙해 있던 그레이스는 레니에 친척들 사이의 다툼에 깜짝 놀랐다. 친척들 중 몇몇은 그녀에게 공공연하게 반감을 드러냈다. 레니에의 어머니 샤를로트는 그녀에게 결코 따뜻하게 대한 적이 없었다고 한다. "그녀는 배우가 며느리가 된다는 것에 대해 몹시 화를 냈다. 그레이스가 그녀에게 손을 내밀었을 때, 마무Mamou는 그녀에게 업신여기는 감정을 감추려 하지 않았다"고, 첫 만남에 대해 레니에의 조카인 마시 남작 크리스티앙은 전하고 있다. 레니에와 계속 경쟁 관계에 있었던 앙투아네트 공주도 그레이스에게 언제나 거리를 두었다. 초기에는 150명이나 되는 궁정 직원들조차도 그녀를 제대로 존중해 주지 않았다. 그녀가 만찬 세팅과 꽃 장식 또는 메뉴 선택을 도와주려고 할 때마다, 집사장이 "우리는 그렇게 하지 않습니다"라는 말과 함께 그녀를 막았다.

물론 공비가 처음에는 엄격한 궁정 의전 규범을 아직 몰랐고, 몇몇 실수를 저지르기도 했다. 궁녀 마제 티베이-포콩은 쉬지 않고 그녀에게 규범에 주의를 기울이도록 만들었다. 몇 년 후, 그녀는 해고된 뒤 잡지 『코스모폴리탄』에 매우 신랄한 기사를 적어 보냈다. 그 기사에서 그녀는 그레이스가 매우 너저분하고 공식 행사에서 미국에서 가져온 옛날 옷을 즐겨 입거나 너무 짧은 치마를 입었으며, 때때로 에티켓으로 요구되는 모자 쓰기를 거부했고, 부득이한 경우에도 장갑을 벗지 않았으며, 정확한 칭호를 사용하지 않고 궁전에서 큰 소리로 "그레이스"라고 부르는 버릇없는 미국 친구들이 있다고 주장했다. 3천 명의 "순수" 모나코인과 2만5천 명의 이주민들이 그레이스를 통치자의 아내로서 받아들이는 것이 중요했다. 그러나 주민들은 "미국인 공비"를 회의적으로 받아들였다. 그 당시 모나코는 여전히 낙후된 국가였고, 대부분의 주민들은 한 번도 공국을 떠나본 적이 없었다. 많은 사람들에게 배우라는 직업이 추잡스런 일이었고, "많은 모나코인들은 미국인에 대해 1미터를 가더라도 캐딜락을 타고 가는 이상한 사람들이라고 생각했다." 결혼한 지 10년이 지난 1966년에도 그레이스는 "몇몇 사람들은 아직도 나를 여전히 외국인으로 취급한다"라고 말했다. 모나코인들은 공비의 일거수일투족을 불신의 눈으로 감시했다.

게다가 그레이스의 불어 실력이 형편없었기 때문에 생활을 더욱 힘들게 만들었다. "나는 질문을 할 수는 있었지만, 대답을 이해할 수는 없었다"라고 그녀는 나중에 고백했다. 그래서 그녀는 공식 행사에서 차라리 침묵하는 쪽을 택했는데, 이 때문에 사람들은 그녀가 거만하다고 잘못 생각하게 되었다. 곧 그녀는 심한 향수병에 시달렸다. 그녀의 가족과 친구들은 너무 멀리 떨어져 있었고, 새 친구들은 눈에 보이지 않았다. "나는 공비로서 '좋은 친구'를 가질 수가 없었다. 모나코는 너무 작았다. 게다가 궁전에는 내 나이 또래의 사람들이 거의 없었다"라고 언젠가 그레이스가 말한 적이 있었다. 공비는 수행원 없이는 한 발자국도 궁전 밖으로 나갈 수 없었다. 생을 마칠 때까지, 그녀는 분명 황금 새장에 갇혀 있다는 느낌을 가졌을 것이다. "할리우드에 있을 때조차도 내 삶은 나의 것이었다. 결혼하자 내 사생활은 공적인 일이 되었고, 이제 내게는 더 이상 사생활이 없다"라고 그녀는 1982년에 한 기자에게 밝힌 바 있다. 그레이스는 집으로 보내는 장문의 편지를 썼고, 몇 시간 동안 통화를 하기도 했다. 그녀는 궁전에서 외로웠고 불행했다.

이 "환상적인 부부"는 차근차근 서로를 이해할 수밖에 없었는데, 근본적으로 두 사람은 서로에게 완전히 낯선 사람이었기 때문이다. 레니에는 "형편없는 총각을 제대로 다루고 그의 나쁜 습관을 몰아내는 것"이 그레이스에게 결코 쉽지 않았을 것이라고 넌지시 시사했다. 레니에는 고압적이고 불끈거리는 성격의 소유자였다고 한다. 그는 군주로서 분위기를 지배하는 것에 익숙해 있었다. 그레이스가 한번은 그들의 결혼 생활에서의 위계질서에 대해 "대공은 매우 유럽적인 남편이다. 그의 말이 법이다"라고 설명했다. 하지만 곧 이를 무마하기 위해 다음과 같이 덧붙였다. "나는 미국의 파트너 관계보다 더 나은 결혼 원칙이 있다고 생각한다. 남편이 보스라고 한다면, 아내는 항상 무슨 일을 해야 하는지 안다. 왜냐하면 아내에 대한 남편의 관심은 그 뜻하는 바가 항상 분명하기 때문이다. 그리고 나는 남편이 내게 관심을 주는 것이 좋다."

레니에는 공공연하게 비판을 하기도 했다. 레니에는 1974년에 있었던 한 인터뷰에서 "분명 나는 너무 성급하게 그녀가 여기에 적응을 하고 편안함을 느끼기를 바랐다. 나는 사물을 보는 그녀의 방식을 가끔 이해하지 못할 때가 있었다. 그녀는 새로운 시각을 가지고 여기에 왔다. 그러나 그 시각은 내 시각과 항상 들어맞지는 않았다. 그것이 가끔 일을 어렵게 만들었다"라고 고백했다. 새로운 사람들과 사귀기 위해서 그레이스는 몇몇 모나코인들을 궁에서 하는 디너파티에 초대했다. 그러나 간극을 극복하고자 하는 그녀의 노력은 수포로 돌아갔다. "모나코인들은 자신들을 대공 가족의 일부로 생각하고 있지만, 그들은 조심스러워 하고 존경심을 간직하고 행동한다"라고 레니에는 설명한다. "우리가 몇 사람을 여기에 초대했을 때, 그들은 매우 공식적으로 처신했기 때문에, 그들에게 편안하고 좋은 밤을 마련해 주는 것은 쉬운 일이 아니었다." 부부싸움으로 집안 분위기가 싸늘하다는 것은 어렵지 않게 알 수 있었다. "다른 부부들처럼 어려운 시기가 있었다. 종종 코를 훌쩍이며 눈이 충혈된 채 공비가 자기 방에서 나왔다. 그녀는 내게 '감기에 걸렸다'고 핑계를 댔다"고 티베이-포콩은 전한다. 매우 현대적이고 독자적인 생활을 했던 그레이스에게 결혼은 엄청난 생활방식의 변화를 강요했다. "예전에는 내 경력이 모든 사고와 행동의 중심이 되는 기준점이었다. 하지만 지금은 그때와 달리 내 남편이 내 삶의 중심점이다"라고 그녀는 후에 한 인터뷰에서 말했다. 1957년 1월 23일에 카롤린 공주가 태어나면서 그들 관계에 휴지기가 주어졌다. 1년 뒤인 1958년 3월 14일에 알베르 세자가 태어났는데, 레니에에게는 "자기 생애에서 가장 경이로운 일들 중 하나"였다. 또한 그것은 그리말디 왕조의 존속을 위해서도 아주 큰 의미가 있는 일이었다. 모나코인들은 기뻐 어쩔 줄 몰라 했다.

"가톨릭 신앙은 우리 결혼 생활을 이어주는 아주 강력한 끈이었다. 그것이 우리를 도와주었다… 왜냐하면 그것을 제외하면 우리가 공유하고 있는 것이 많지 않았기 때문이다"라고 그레이스는 1974년에 고백했다. 두 사람의 관심사는 일치하는 것이 없었다. 그레이스가 오페라, 연극, 그리고 발레에 관심을 가진 반면에, 레니에는 이런 공연을 보면서 잠이 들곤 했다. 반대로 그레이스는 자동차 경주, 전차, 사냥, 잠수, 그리고 자신만의 동물원에 대한 레니에의 열정을 같이 나누지 못했다. 티베이-포콩은 어느 날 레니에가 도서관으로 뛰어 들어와서 대화중에 있던 그레이스를 방해했다고 얘기한다. 그녀가 반응을 보이지 않자 대공은 안달이 났다. "당신은 이해를 못하는 것 같아. 타나그라가 임신을 했단 말이야!" 타나그라는 침팬지 암컷의 이름이었다. 그레이스는 성을 내며, "알았어요. 뜨개질로 뭔가를 만들어 줄게요!"라고 대꾸했다. 레니에는 개인적으로도 권위적으로 행동했고, 종종 변덕을 부렸다. 그리고 뭔가 자기에게 맞지 않으면 화를 불끈 냈다. 그레이스는 이런 행동들에 대해 대개 침착하고 냉정하게 대응함으로써 폭풍이 지나가도록 놔두었다. 레니에는 나중에 그와 그레이스 사이의 사랑은 해가 지나면서 비로소 무르익어 갔고, 아이들이 태어나면서 사랑이 커졌다"라고 고백했다. "동화 같은 부부"는 마케팅에 의한 속임수임이 드러났다. 그레이스는 1966년에 가진 한 인터뷰에서 "우리 관계에서 동화적인 면은 아무것도 없었다"라고 말했다.

아이들이 태어남으로써 공국 내에서의 그레이스의 위치도 확고해졌다. 새로운 기운을 받은 그녀는 군주의 아내로서의 역할을 야심차게 그리고 적절하게 해냈다. 그녀는 적십자 총재가 되었고, 유치원을 설립했으며, 병원을 짓고 아이들과 노약자를 돌봐 주었다. 그레이스의 매력을 이용해 모나코를 세련되고 돋보이는 나라로 변신시키려는 레니에의 홍보 계획은 실현되었다. 그녀는 매년 개최되는 적십자 무도회를 세상에서 가장 화려한 상류사회의 축제 중 하나로 만들었다. 그녀는 프랭크 시나트라, 조세핀 베이커[프랑스 무용가, 가수, 배우: 옮긴이], 그리고 샤를 아즈나부[프랑스 샹송 가수: 옮긴이]와 같은 유명한 연예인들을 행사 프로그램에 포함시켰으며, 캐리 그랜트, 데이비드 니븐, 소피아 로렌, 리즈 테일러, 그리고 리처드 버튼과 같은 할리우드 스타들을 손님으로 모셨다. 거기에다 "장미 무도회," 꽃 전시회와 그녀가 당대의 위대한 지휘자와 예술가들과 출연 계약을 맺었던 국제 예술 페스티발이 있었다. 낮은 세율이 또한 모나코를 전 세계 부자들을 위한 도피처로 만드는 데 일조했다. 결혼 후 몇 년 뒤에 관광 수입이 두 배나 늘었다.

동시에 레니에는 가족 마케팅을 위한 홍보 시스템을 구축했다. 그는 어린 카롤린의 사진 판권을 수천 달러에 한 화보사에 팔았다. 어머니와 딸의 "홈비디오"가 만들어져 세계로 팔려 나갔다. 레니에는 『파리 마치』지와 같은 잡지를 몇 곳 선택해서 정기적으로 가족 이야기를 싣도록 했다. 대공 부부가 아이들과 같이 나오는 영화들이 시중에 계속 유통되었다. 건전한 모습을 담은 이미지들이었지만, 그 이면에 위기가 도사린 것을 은폐하고 있었다. 그러나 레니에는 자신이 불러낸 망령들로부터 오늘날까지도 벗어나지 못하고 있다. 언론에 대한 통제는 계획대로 이루어지지 않았다. 점차 파파라치들이 가족들의 일거수일투족을 감시했고, 가족의 삶을 끔찍하게 만들었다. 오늘날까지 그리말디 가는 언론의 주목을 받고 있는데, 수많은 소송을 통한 손해배상액과 위자료에 관한 것도 포함된다. 카롤린 공주가 추진하고 유럽 인권법원에서 제정한 법, 즉 대중 매체가 저명인사에 대한 보도를 하는 데 제한을 두는 법은 지금까지 이 미디어 익살극이 만들어 낸 최고의 작품이다.

레니에는 모나코를 현대적인 경제 및 금융 센터로 만드는 데 정력적으로 달려들었다. 그는 자기 왕조에서 가장 성공한 군주 중 한 명이 되려고 했다. 결혼 후 첫 10년 동안 그는 정치적으로 몇 가지 문제점과 맞서 싸우고 있었다. 옛날부터 모나코에서 살았던 가문들이 발언권을 가지고 있는 입법 의회가 대공의 현대화 드라이브에 제동을 걸었다. 레니에는 철도를 지하로 옮기고 바다를 막아 땅을 확보하려고 했다. 입법 의회가 이 계획을 거부하자 대공은 입법 의회를 얼마 동안 해산시켰는데, 이로 인해 그는 절대군주라는 말을 듣게 되었다. 일리가 있는 말이었다. 그는 프랑스와도 60년대 초에 큰 갈등을 빚었다. 공국은 금융 센터로 괄목할 만한 성장을 이루었다. 고층 빌딩들이 도처에 세워졌다. 세금 면제라는 유혹에 프랑스 회사들도 본사를 모나코로 옮겼다. 물론 이것은 프랑스에게 수백만 프랑의 세수 손실을 의미하는 것이었다. 프랑스와의 협정에 따르면, 모나코는 프랑스의 정치적·경제적 관심사에 반하는 행위를 하면 안 된다. 프랑스는 그 반대급부로 이 작은 남쪽 이웃 나라에게 독립과 주권을 보장해 주었다. 이 때문에 프랑스는 1962년 2월 21일에 이때까지 개방했던 국경을 즉각 폐쇄했고, 모나코에 전력 공급을 중단하겠다고 위협했다. 레니에는 프랑스와 새로운 공존 방법을 모색하도록 압박을 받았다. 1963년에 모나코가 프랑스 국민에 대한 세금 면제 혜택을 중지하는 대신에 프랑스 부가가치세에서 모나코가 차지하는 몫이 급격하게 올라갔다. 대공에게는 좋은 거래가 되었고, 드골에게는 실패한 거래였다.

공비가 남편의 모든 조치들에 대해 동의한 것은 아니었다. 그녀는 벨 에포크 시기의 모나코를 파괴하는 정력적인 건축 계획을 비판했다고 한다. 그러나 레니에는 정치적인 사항에 대한 그녀의 의견을 계속 무시했다. "그녀가 아무것도 이해하지 못하는 문제들이 있다. 그녀는 미적 관점에서 바라보고 있다. 나는 보다 실용적으로 생각해야만 한다"라고 레니에는 말했다. 대부분의 빌라들이 허물어졌고, 그 자리에 거대한 시멘트 탑들이 솟았다. 그레이스는 레니에가 바다를 메워 몇 헥타르의 땅을 더 확보해 자신의 영토를 1.95제곱킬로미터로 20퍼센트가량 늘리려는 간척 프로젝트에도 반대했다. 그는 옛 모나코의 모습은 온데간데없이 지중해의 홍콩처럼 변모한 그 땅에 신시가지를 만들었다. 레니에는 절대 권력으로써 통치를 했다. 게다가 그는 SBM 주식의 절대다수를 소유함으로써 공국에 매우 많은 영향력을 행사하고 있던 오나시스와 점점 더 대립하게 되었는데, 그 관계에서도 우위를 점하는 데 성공했다. 법에 따라 그는 SBM의 새 주식을 발행할 수 있었는데, 이 주식 모두가 국가 소유가 되었다. 이로써 회사는 거의 국영화되었고, 해운업자가 가지고 있던 주식은 쓸모가 없게 되었다. 오나시스는 재판을 걸었지만 패소하고는 모나코를 떠났다. 그 이후로 레니에 대공은 이론의 여지가 없는 이 "회사"의 사장이 되었다.

그레이스는 공비로서의 역할로 돌아가 그 역할을 완벽하게 해냈다. "배우로서 받은 교육이 내가 모나코에서 하는 일에 엄청난 도움을 주었다. 영화에서 익힌 규율이 내게 큰 도움이 되었다"라고 그녀는 1982년에 가진 한 인터뷰에서 인정했다. 그러나 그녀는 배우 경력을 그만둔 것에 대해 후회했다. 그녀는 자신의 직업을 매우 그리워했다. 알프레드 히치콕이 1962년에 그녀에게 〈마니〉의 배역을 제의했을 때 한 번의 기회가 주어졌다. 〈마니〉는 성적 문제가 있는 매력적인 여인의 이야기인데, 그녀는 친밀함에 대해 두려움을 가지고 있어서 한 남자가 자신에게 진지한 관심을 보이자 위기를 느끼게 된다는 것이다. 결혼 이후로 그레이스는 단지 "모나코로의 초대"라는 제목의 관광 홍보 영화에서만 모습을 드러냈을 뿐이다. 영화사들이 정기적으로 그녀의 속마음을 떠보았지만, 이때까지 그녀는 계속 거절했다. 이번에는 레니에가 아내에게 행복감을 선사하기 위해 허가를 해 주었다. 켈리의 아버지가 1960년 6월에 돌아가셨는데, 그의 죽음은 그레이스에게 엄청난 충격을 주었다. 게다가 그녀는 그동안 두 번의 유산을 겪었다. 그녀는 모나코에서 여전히 불행했는데, 레니에는 그녀의 직업이 부부 공동의 행복을 위해서 얼마나 중요한지 겨우 알게 되었다. 그는 두 달간의 여름 휴가 기간 동안 촬영 작업을 하자고 제안했는데, 그렇지 않아도 가족들은 이 휴가 기간에 미국으로 여행을 가려고 했었다. 그렇게 하면 아무도 나중에 그녀가 자신의 의무를 소홀히 했다고 주장할 수 없을 테니까 말이다. 궁은 이 새로운 소식을 언론 보도 자료를 통해 알렸고, 그레이스는 행복에 겨워 미국에 있는 친구들에게 이 소식을 알렸다. 그러나 낙관적인 분위기에 찬물이 끼얹어졌다. 모나코인들은 경악했다. 하필이면 드골과의 위기 와중에 공비가 나라를 돌보지 않으려고 하는가? 그레이스가 모나코를 영원히 떠나려 한다느니, 레니에와 이혼하려고 한다느니 하는 소문이 돌았다. 국민들은 자신들의 공비가 스크린에서 다른 남성과 키스하는 장면을 결코 보고 싶어 하지 않았다. "그것은 우리 나라에 대한 모욕이다!"라고 했다. 이런 반발에 부딪혀 그레이스는 마음을 접고 히치콕 감독에게 거절 의사를 전했다. 그러나 그녀는 망연자실해서 무너지기 직전이었다. 그녀는 이로써 자신의 컴백이 영원히 좌절된 것이라는 점을 분명히 알았다. 1966년에 그녀는 한 인터뷰에서 체념조로 "나는 연기를 사랑하고 그 일을 계속 하고 싶다. 그러나 살아가면서 결정을 내려야만 할 때가 있다"라고 말했다.

결혼 생활이 최악의 지점에 도달했다. 전기 작가인 J. 랜디 타라보렐리에 따르면, 그레이스는 1962년 겨울에 이혼할 생각을 품었다. 그녀는 구체적인 이혼 방법을 알아보기 위해 미국에 있는 변호사와 접촉했다. 답은 분명했다. 결혼 계약은 변하지 않았다. 즉, 그녀가 레니에를 떠나면 아이들은 그에게 남아 있게 되는 것이었다. 타라보렐리에 따르면, 그녀는 결국 그녀의 운명에 따르기로 하고 삶을 긍정적으로 살아가기로 결심했다. 그녀는 공비로서 자신의 의무를 다하기로 결정했다. 그녀는 순응하는 수밖에 없었다. "나는 20세기를 사는 현대적이고 젊은 여성이었다. 나는 자유로운 삶을 즐겼다. 그러나 과다한 자유가 여성에게 행복을 가져다주는 것은 아니다"라고 1966년에 켈리는 말했다.

1965년 2월 1일에 태어난 스테파니가 기쁨을 안겨 주었다. 아이들에 대한 사랑은 그레이스와 레니에의 관계를 공고하게 만들어 주었다. 그레이스는 헌신적인 어머니였다. 그녀는 되도록 많은 시간을 자식들과 보냈으며, 스스로 아이들의 교육을 돌봤고, 아이들과 놀아주기도 하고 여행을 가기도 했다. 그녀에게는 아이들을 거만하지 않고 가능한 한 "평범하게" 키우려는 확고한 목표가 있었다. 그러나 파파라치들이 무자비하게 가족들을 쫓아다녔다. 그레이스는 이 때문에 비탄에 잠겼다. "내 아이들은 그런 것들을 싫어한다. 2년 동안 스테파니는 사람들이 쫓아오지 못하도록 자동차 트렁크에 타고 체육관으로 갔다. 한번은 카롤린이 테니스 수업이 끝난 뒤 눈물을 흘리면서 돌아온 적이 있다. 그녀는 사람들이 지켜보면 테니스를 치고 싶지 않다고 말했다. 특히 카롤린은 마치 자신이 쫓기고 있는 동물 같다고 느꼈다." 아이들은 2개 언어를 하며 자랐고, 거의 매년 여름에 그레이스는 가족 방문차 아이들과 함께 미국 오션 시티 해변으로 갔다. 이로써 아이들이 미국과 관계를 맺게 되었다. 그레이스에게 아이들은 최우선순위였다. "공식적인 임무나 그 어떤 다른 일도 내가 어머니의 의무를 다하는 것을 못하게 만들 수는 없다"라고 그녀는 한 인터뷰에서 밝혔다.

18년간의 고된 노력 끝에 공비는 드디어 결실을 거두었다. 그녀가 신민들로부터 나라의 공비로 인정을 받은 것이다. 1974년 5월 8일, 레니에의 집권 25주년을 기념하기 위해 4,529명의 모나코인에게 베푼 그릴 파티가 대단한 성황을 이루었다. 그레이스는 즐거워하는 사람들 사이에 섞여 수영을 즐겼다. 그 이후로 모나코인들은 그녀를 "미국인 공비" 대신 "공비"라고 불렀다. 생애 마지막 시기에 그레이스는 자신의 관심사에 전념할 수 있었다. 16살이 된 카롤린이 1974년에 학업을 위해 파리로 갔을 때, 그레이스는 딸을 잘 보살피기 위해 파리로 따라 갔다. 그레이스는 포쉬 가에 있는 그리말디 가문의 주택으로 어린 스테파니와 같이 이사를 하고 대도시의 자유를 만끽했다. 다시 이혼에 관한 소문이 돌았다. 두 사람의 불륜에 대해서도 얘기가 나왔다. 분명 공비는 생동감 넘치는 대도시에서 남편과 떨어져 행복감을 느끼고 있었을 것이다. "그녀는 언제나 아무도 모르게 허름한 옷을 입고, 파리 지하철을 타고, 파파라치나 경호원 없이 카페에 앉아서 평범한 삶을 사는 것을 꿈꿔 왔다"라고 그녀의 친구는 기억하고 있다. 그러나 그것은 꿈에 불과했다. 그동안에 딸들은 공비에게 걱정거리가 되었다. 파리에서 그녀는 나이가 찬 아이들이 밤 생활에 빠져들고 그러면서 잘못된 사람과 만나는 것을 막을 수가 없었다. 카롤린은 1978년에 난봉꾼인 필립 쥬노와 결혼했다. 16살인 스테파니는 말괄량이였고, 제도에 반항적이었다. 그리말디 가문의 아이들과 그들의 스캔들은 오늘날까지도 타블로이드 언론에서 계속 다루어지고 있다.

공비는 갑자기 자리를 많이 비우게 되었다. 그녀는 20세기 폭스 사의 이사 자리를 받아들였고, 공식 시낭송회에서 시를 낭독했다. 그것이 연극 무대는 아니었지만, 그래도 무대는 무대였다. 그녀는 유럽과 미국에 모습을 드러냈고, 그럼으로써 계속 모나코에서 벗어나게 되었다. 그녀의 예술적인 호기심을 만족시키기 위한 새로운 가능성을 찾으면서 그녀는 압화(押花, Pressed Flower)에 몰두했다. 1977년에 그녀의 화려한 콜라주가 파리의 갤러리에서 처음으로 전시되었다. 같은 해에 그녀는 다시 영화계로 조심스럽게 발을 내디뎠다. 그녀는 레닌그라드 발레학교를 다룬 루마니아 출신의 오스트리아 감독 로베르트 도른헬름이 찍은 다큐멘터리 영화 〈연극 거리의 아이들Children of Theater Street〉의 내레이터 역할을 맡았다. 30살의 이 감독과 로맨스가 있었다는 소문이 있었지만, 도른헬름은 여기에 대해 그저 "우리는 친구 사이고 서로 즐거운 시간을 가졌다"라고 말한다. 2년 뒤에 그녀는 자신의 가든 클럽에 대한 선전 영화를 찍었는데, 이 클럽은 전혀 운영된 바가 없고, 오늘날도 대공이 공개하지 않고 있다. 그녀는 미국 방송에 방영된 세 편의 종교 프로그램을 위한 내레이션도 맡았다. 오늘날 이 필름들은 레니에가 동의해야 볼 수 있는데, 레니에가 동의를 하지 않고 있다. 그 외에도 그녀는 모유를 수유하는 어머니들을 위해 라 레헤 리그[la leche는 스페인어로 우유를 뜻함: 옮긴이]에 참여해 선구적 역할을 했고, 국산 공예품을 장려했다. 그녀의 활동은 매력적인 쇼 비즈니스라기보다 성실한 국모의 소일거리였다. 그러나 아무것도 없는 것보다는 확실히 나았다. "나는 인생에서 행복을 찾지 않지만, 어느 정도 만족하고 있다. 행복은 자신에게 만족하는 것이다. 물론 나는 내 자신과 종종 다투기도 한다. 나는 내가 진정 평화를 찾았다고 생각하지 않는다"라고 언젠가 그녀가 말한 적이 있다.

그녀의 결혼 생활 중 마지막 2년은 아마 최고의 시기였을 것이다. 타라보렐리는 레니에가, 아내가 여행을 떠나면, 그녀를 그리워하기 시작했다고 적고 있다. 1981년에 그녀는 결혼 25주년을 시나트라의 집에서 축하했는데, 그때 레니에가 자리에서 일어나서 "내 인생과 다른 많은 사람들의 삶이 이 훌륭한 여인이 우리 세상에 발을 들인 이후로 더 이상 예전과 같지가 않다. 나는 요즈음 그 어느 때보다 더욱 그녀를 존경하게 되었다. 그녀는 나의 공주님이다"라고 말했다. 그는 그녀에게 모나코의 극장을 헌정했다. 그리고 갑자기 두 사람은 몇 시간이고 자리를 같이 했고, 저녁마다 촛불을 밝힌 정원에서 식사를 했다. 그들에게 느지막이 봄이 찾아온 것일까? 그레이스는 항상 비밀을 지켰고, 인터뷰를 할 때는 언제나 "나의 훌륭한 남편"이라고 불렀다. 아마도 그녀와 그의 관계가 실제로 호전되었던 것 같다.

그레이스는 록 아젤과 몬테카를로를 수없이 많이 오갔다. 그녀는 꼬불꼬불한 길 어디에 커브가 있는지 잘 알고 있었다. 그러나 그녀는 운전에 미숙했다. 티베이-포콩은 1966년에 "그녀가 운전하는 것은 드물었다. 그녀가 운전을 하면 기어 변속을 잘 하지 못했다. 그녀는 길을 잘 보지 않았고, 아무 생각 없이 핸들을 몰았다. 그녀는 비행기 사고나 자동차 사고로 죽을 수도 있다며 굉장히 두려워하였다"라고 말했다. 1982년 9월 13일, 그 운명적인 날에 그레이스는 스스로 운전을 하려고 했다. 스테파니가 디오르 사에서 만든 무도회 옷을 펼친 채 앉아 있었는데, 공비가 그것을 재단사에게 가져다주려고 했다. 운전사가 앉을 자리가 없었다. 차가 급커브 길에서 브레이크를 잡지 않고 직진해서 40미터 아래 비탈로 떨어진 것이 아침 10시가 조금 지나서였다. 자동차는 여러 번 굴러서 지붕면부터 땅에 떨어졌다. 스테파니는 피를 흘리며 차에서 빠져 나와 도움을 요청했다. 의식을 잃은 그녀의 어머니는 뒤쪽 창문을 통해 빼내야 했다. 모나코의 가르시아 파트리시아 공비 병원은 국모가 입은 뇌손상을 치료하기에는 충분한 시설이 갖추어져 있지 않았다. 그녀는 돌이킬 수 없는 혼수상태에 빠졌다. 하루 뒤에 생명을 유지해 주던 장치가 멈췄다. 그레이스 켈리, 모나코의 그라시아 파트리시아가 숨을 거두었다. 그녀의 나이 고작 53살이었다.

사고 과정에 대한 추측들이 오늘날까지 난무하고 있다. 공식적으로는 그레이스가 운전 중에 가벼운 뇌졸중 증상을 보였고, 이 때문에 그녀가 실신을 하면서 사고가 일어났다고 한다. 가장 유명한 추측은 스테파니가 운전을 했다는 것인데, 스테파니는 이를 부인하고 있고, 절대 증명될 수 없을 것이다. 비록 스테파니가 상대적으로 가벼운 부상을 입었지만, 당시 17살이었던 그녀에게 이 사고는 정신적 외상을 겪게 만들었다. 그녀는 뇌에 충격을 받았으며, 척추에 손상을 입었다. 그녀가 어머니를 죽게 만들었다는 비난은 오늘날까지도 그녀를 괴롭히고 있다. 그녀는 언니에게 어머니가 패닉 상태에 빠졌다고 설명했다. "엄마가 계속 '멈출 수가 없어, 브레이크가 말을 안 들어, 멈출 수가 없어'라고 말했다." 여태껏 스테파니는 이 사고에 대해 공식적으로 언급한 적이 없었다. "나는 내가 할 수 있는 모든 것을 했어요. 나는 핸드브레이크를 잡으려고 했지만 너무 늦었어요"라고 그녀는 미국 방송에서 털어놓았다.

수백만 명의 사람들이 그라시아 파트리시아 공비의 장례식을 위성 생중계로 지켜보았다. 그레이스가 죽은 뒤에도 미디어의 관심은 여전한데, 그녀는 생전에 공국이 미디어의 관심을 받도록 도움을 주었다. 레니에 대공은 고통과 절망감에 시달렸다. 그는 몇 년은 더 늙어 보였다. 그는 나중에 다음과 같이 말했다. "내 생애에서 가장 슬픈 날이었습니다. 사람들은 생전에 내가 많은 것을 달리할 수 있었는데 그러지 않았다고 말하고 있습니다." 동화 같은 결혼식과 함께 시작된 소위 "환상적인 부부"의 이야기가 모나코에서는 오늘날까지도 계속 만들어지고 있다. 의미심장한 보도는 찾아보기 힘들다. 모나코에 의지하여 살고 있는 동시대 목격자나 동료들은 보복 조치에 대한 두려움 때문에 이들의 결혼 생활에 대해 비판적인 말을 하지 않는다. 전지전능한 대공이 이를 확실하게 하였다. 어느 누가 그라시아 파트리시아에 필적할 수 있겠는가. 2005년 4월 6일에 대공은 82살의 나이로 모나코에서 숨을 거두었다. 아마도 그의 후계자인 알베르 치하에서 이 결혼에 관한 한두 가지 비밀이 세어나올 수도 있을 것이다. 그러나 리타 갬은 "사람들은 신화가 필요하다"라고 말한다. "만약 아름다운 할리우드 공주가 유럽의 대공과 결혼한다면, 그것은 새로운 신화의 시작이 될 것이다. 그리고 상상력이 그러한 동화 같은 이야기에 고무 받게 되면, 그 상상력은 영원히 지속될 것이다. 이 이야기는 이미 세계적인 신화의 한 부분이다." 그렇게 존재하지 않았던 환상적인 부부의 이야기가 계속 이어질 것이다.

괴벨스 부부

MAGDA und JOSEPH GOEBBELS

그들은 제3제국의 모범이 되는 부부였다.
국가사회주의 이념의 철저한 신봉자들이었던
선전장관 요제프 괴벨스와
그의 아내 막다 괴벨스는
모범적인 국가사회주의 부부상을
보여 주어야만 했다.
그러나 이들의 부부 관계는
위태로운 동맹 관계에 의해 유지되고 있었는데,
그들의 일상은 위선과 기만
그리고 독선으로 점철되어 있었다.
그들이 부부 관계를 유지할 수 있었던
가장 큰 이유는 무엇보다도
그들이 공유한 "총통 숭배" 덕분이었다.

그는 히틀러의 베르히테스가덴 별장에서 언제나 환영받는 손님이었다. 능숙한 언변의 선전장관 요제프 괴벨스가 총통의 한적한 별장에서 개최된 원탁회의를 통해 다른 가신들을 교묘하게 궁지에 몰아넣을 때면, 단조로운 대화 분위기에 변화가 예견되었다. 이 키 작은 박사가 제2의 정부나 다름없는 이곳 별장에 괴링, 보어만 또는 슈페어처럼 자신의 거처를 가지고 있진 않았지만, 그는 이곳에서 언제나 환영받고 인정받았다.

그러나 1938년 가을에는 요제프 괴벨스가 이 별장과 거리를 두고 싶어 했을 것이다. 이때 그는 초대를 받은 것이 아니라 소환되었다. 괴벨스는 1938년 10월 22일 일기에서 "오버잘츠베르크로부터의 전화. 일요일에 총통을 뵈어야 한다"라고 기록하면서, 의연하게 "싸울 각오가 단단히 되어 있다. 나는 내 명예를 지킬 것이다"라고 덧붙였다.

이틀 뒤 선전장관이 히틀러의 부관의 차를 타고 베르크호프에 도착했을 때, 날씨만 쌀쌀한 것이 아니라 그를 맞는 분위기도 쌀쌀맞았다. 부인 막다는 그에 앞서 아이들과 미리 도착해 있었다. 선전 문구를 통해 자신들을 "제3제국"의 모범이 되는 부부로 내세우곤 했던 이들 부부는 이미 오래전부터 대화를 하지 않았다. 수많은 일탈 행위와 스캔들을 일으킨 뒤에 요제프 괴벨스는 결혼 생활의 의무감보다 체코 출신의 영화배우 리다 바로바와의 관계를 더 소중하게 받아들이기로 결심했다. 그러는 동안 그의 부인 막다 또한 조건부이긴 했지만 이혼에 합의하기로 마음을 굳혔다. 일반 대중들에게 많은 영향을 미치는 두 사람 간의 동맹 관계에 가을이 찾아온 것이다. 이로써 그들의 관계는 그 토대가 흔들리기 시작했다.

그러나 히틀러 제국에서는 그것이 가신들의 개인사에 속하는 일일지라도 보스의 결정에 따라야 했다. 독재자 히틀러는 나라를 지배했을 뿐 아니라 측근들의 관계 구조까지도 통제했다. 측근들에게서 금지된 상황이 눈에 띄면, 그는 개인적으로 최고 재판관의 역할을 했다. 이를 떠나서 괴벨스 부부의 계속되는 불화는 지도자인 히틀러에게는 매우 신경에 거슬리는 일이었다. 선전장관이 물러날 것이라는 소문과 이혼에 관계된 스캔들은 히틀러가 외국 정부에게 제3제국의 강한 면모를 보여주고자 했던 이 시점에는 거의 도움이 되지 않는 일이었다. "곧바로 총통께서 도착하셨다. 총통께서 내게 다시 한 번 전체 상황에 대한 설명을 길게 하셨다. 총통께서는 자신의 생각을 견지하셨지만, 매우 인간적이고 호의적이셨다. 나는 내 입장을 설명하고 열과 성을 다해 내 생각을 변호했다. 그 뒤 총통께서는 단결, 조국, 그리고 공동의 위대한 과업에 대해 호소하셨다"라고 괴벨스는 일기에 기록했다.

히틀러의 단호한 어조가 효과를 보았다. 말이라면 둘째가라면 서러울 이 선동가도 마지막에는 보스의 말을 들으며 침묵을 지켰다. 히틀러를 만나기 전에는 자신의 정부情婦와 헤어질 바에는 차라리 일본 영사로 가겠다며 확고한 의지를 보였다. 하지만 이 충실한 추종자는 다시 한 번 주군에게 충성을 맹세할 수밖에 없었다. 12년 전에 이미 요제프 괴벨스는 "나는 정치 천재인 위대한 이 분에게 머리를 조아린다!"고 실토한 바 있다. 그와 함께 제국 지도자 반열에 오르고 그 자신 출세가도를 달리게 되었지만, 그 생각에는 변함이 없었다. "나는 총통의 호소를 거부할 수 없고 또 거부하고 싶지도 않다"라고 괴벨스는 그의 고무된 심정을 일기장에 기록했다. "그러고 나서 막다가 불려 들어왔다. 그녀는 처음엔 약간 반발했지만, 나중에는 우리 모두 총통이 바라는 대로 따라야 했다. 그는 정말 인간적이고 호의적인 자세로 그가 바라는 바를 밝히셨는데, 우리에게는 따르는 것 외에 다른 방법이 없었다."

실제로 이 일은 피고와 같은 입장이었던 그에게 매우 쓰라린 타격이었다. 그는 치욕을 당했으며, 훈계를 듣는 사람으로 격하되었다. 게다가 주군의 총애를 잃을까 노심초사해야만 했다. 반면, 막다는 이 알프스 산장 방문을 승리로 여겼다. 이혼함으로써 권력과 특권 계층으로부터 이탈되는 사태는 피할 수 있게 되었고, 피상적이나마 부부 관계도 정상으로 회복되었다. 오버잘츠베르크에서의 회동이 끝나고, 이를 증명하듯 화목한 가족 사진을 찍었다. 이 사진은 전국 잡지사에 빠르게 배포되었다. 이 사진은 가족 모임의 목적 그 이상의 것을 잘 보여 준다. 세 아이에 둘러싸인 부부가 억지로 웃으면서 카메라 앞에 포즈를 취하고 있다. 그러나 그들 가운데, 즉 사진의 한가운데에는 아돌프 히틀러가 억지로 다시 맺어준 가정의 평화를 자애로운 표정으로 바라보며 서 있다. 마치 그에게 복종하는 신도들을 보호자처럼 지켜주는 아버지같이 말이다. 이 사진은 15년간 지속된 그들의 관계를 상징적으로 보여 주는 사진이다. 그들의 관계는 언제나 국가사회주의 이념 선상에 있었으며, 최후의 순간까지 히틀러 정권의 부침과 밀접한 연관을 맺고 있었다.

괴벨스는 막다와 연인 관계를 시작한 1931년에 이미 "세 사람 모두 서로 잘 지내게 될 것이다"라고 일기에 기록하고 있다. "그는 우리의 가장 절친한 친구가 되려고 한다. 눈물이 날 지경이다." 초기 연애 시절부터 히틀러는 이 관계에 제3자로 관여했다. 히틀러의 따뜻한 호의가 아니었다면 그는 결코 결혼 증서를 얻지 못했을 것이며, 히틀러의 조치가 없었더라면 수년 뒤 그들의 관계는 필연코 깨지고 말았을 것이다. 괴벨스 부부는 그들 방식으로 총통 신화에 기여했다. 두 사람은 아버지 같은 이 동반자의 호의를 얻으려 했으며, 가까운 관계를 유지하며 그에게 인정받고 평가받으려고 노력했다. 히틀러도 두 사람에게 의지했다. 막다 괴벨스에게는 강한 애착과 유대감을 느끼고 있었기 때문이고, 요제프 괴벨스는 권력을 획득하고 유지하는 데 있어 그의 선전 능력이 필수적이었기 때문이다.

독문학 박사학위 소지자인 괴벨스는 국가사회주의노동당에

서 자신의 능숙한 선전 능력을 동원해 현대 대중 선동술의 가능성을 보여 주었으며, 당을 의미 없는 극우파 군소 그룹에서 빠져나오게 하는 데 크게 기여했다. 요제프 괴벨스가 영향력을 행사한 이 영역은 또한 그가 실패한 인생의 막다른 골목에서 빠져나오는 탈출구였다. 1897년 10월 29일, 라인 강 하류의 라이트에서 부기 계원의 아들로 태어난 그는 문학 학위를 가지고 있음에도 불구하고 비참한 실직자 신세였다. 가냘픈 몸매의 그는 아웃사이더로서 자신이 더 고귀한 일에 부름을 받을 것이라고 생각하고 있었다. 그는 또한 자신이 작가, 이상주의자, 개혁가로서 미래에 큰 명성을 누릴 것이라고 확신하고 있었다. 그는 절망적인 생각에 화를 내며, "다른 사람들이 아주 뛰어난 정신적 재능을 가진 사람들을 도울 수 있는 돈을 헛되이 쓰고 낭비하며 탕진하기 때문에 정작 그들은 궁핍한 삶을 살고 쇠락해 가는 것이 불합리하지 않은가?"라고 편지에 적었다. 자본주의에 대한 그의 비판은 일찍이 "국제 유대주의"에 대한 격렬한 증오로 이어졌다. 요제프 괴벨스는 당시의 경제적 곤궁과 그에 따르는 자신의 개인적 불행이 국제 유대주의 탓이라고 생각했다. 그는 일기에 "아무것도 이뤄지지 않는다. 정말 아무것도 이룰 수가 없다"라고 한탄했다. "이 세계에서 보호받고 경력을 쌓으려면 사람들은 우선 자신의 견해, 시민의식, 인격, 그리고 개성이라고 불리는 모든 것을 벗어던져야 한다. 나는 아무것도 아니다. 나는 제로다."

그 당시 그의 정치적 후견인이었던 히틀러는 이미 뮌헨에서 명성을 떨치고 있었다. 히틀러는 학자 출신인 괴벨스의 원고 작성 및 표현 능력 그리고 연설 능력을 활용하였으며, 1926년 그를 베를린 대관구장으로 파견했다. 그는 홍보 캠페인, 시가지 폭동, 언쟁과 신문 캠페인, 유인책과 선전선동 등 모든 방법을 동원해 당이 어려움을 겪고 있던 제국 수도 베를린에서 히틀러의 정치적 승리를 위한 기반을 닦기 위해 준비했다. 괴벨스는 이에 적합한 사람이었다. 그는 자신이 가진 자기 과시욕, 출세하려는 열망, 인정받고자 하는 욕망을 이 과정에서 풀어 냈다. 특히 연단은 그를 위해 마련된 자리나 마찬가지였다. 외관상으로는 전혀 이목을 끌지 못하는 이 선동가가 자신의 낭랑한 목소리로 연설을 시작하자마자 청중들은 그 마력에 빠져들었다. 예리한 표현, 신랄한 조롱과 통속적인 비꼼을 통해 그는 자신의 과업을 따르는 추종자들을 확보했다. 히틀러 외에 나치당의 어떤 순회 연설가도 그처럼 강당을 꽉 채운 사람이 없었다.

그러한 선거전의 선전 효과에 흥미를 느낀 한 여성이 1930년 여름 어느 날 베를린 스포츠궁 집회에 참석했는데, 그녀는 고통 속에서 희망을 좇고 있는 이 대중들과는 잘 어울리지 않는 사람이었다. 막다 크반트는 고귀한 여성으로 베를린 상류 사회 사람들과 왕래가 있었으며, 예의 바른 교양을 갖춘 사람이었다. 1년 전에 이혼하기 전까지 그녀는 매우 부유한 기업가 중의 한 명인 귄터 크반트와 혼인관계에 있었다. 이혼 이후로 그녀는 남성들을 여럿 바꿔 가며 풍요롭고 한가한 날을 즐기고 있었는데, 그 외에는 별로 기분 전환 거리가 없었다. "그 아이는 따분해했고, 어떻게 새 출발을 해야 할지 몰랐다"라고 그의 어머니가 종전 후 그 당시를 회상하며 말했다. "막다가 가진 것의 단지 일부분이라도 가지고 있었다면, 수많은 사람들은 너무나 행복해했을 것이다. 그러나 그 아이는 무미건조한 삶에 따분함을 느끼고 있었고, 삶을 허비하고 아무 쓸모없는 '젊은' 여자가 될 위험에 항상 놓여 있었다." 이미 한 번 이혼을 경험했지만, 앞날이 창창한 28살의 이 여인은 정치 분야에서 새로운 방향을 모색하고자 했다. 하필이면 자칭 호민관이라는 이들의 거리 선전선동술이 그녀의 앞길을 안내하는 길잡이가 되었다는 사실이 그렇게 모순적이지는 않다. 당이 역동적으로 전파한 국가주의 "사상"이 이미 오래전부터 노동자 계층이나 소시민 계층을 뛰어넘어 상류 계층에까지 지지자를 확보하고 있었기 때문이다.

1930년 9월 1일, 당원번호 297442로 당에 가입한 막다 크반트는 자신이 어떤 일에 관여하는지 잘 알고 있었다. 다른 동지들과 달리 그녀는 『나의 투쟁』을 비롯한 히틀러의 주요 저작들을 읽었고, 정기적으로 당 회보를 연구하고 언론에 나오는 사건 사고와 연설회에 대한 기사들을 큰 관심을 가지고 지켜보았다. 교양 분야에 조예가 깊은 이 당원이 광범위한 당의 강령 전부에 대해 동감하지는 않았겠지만, 그녀는 국가사회주의 이념에서 장차 자신의 인생을 바칠 이상을 찾았다. 유복한 환경에서 나태한 생활을 하던 그녀가 추구한 것은 단지 새로운 믿음뿐만 아니라 의미 있는 활동이었다. 그리고 그녀는 이런 활동에 나서는 것을 주저하지 않았다.

그녀가 속한 지구당에 구성된 국가사회주의 여성 그룹의 지도권을 인수받기 위한 시도가 실패로 돌아간 뒤, 이 초보 당원은 직접 국가사회주의 노동당 베를린 본부에서 일을 하게 해 달라는 청원을 넣었다. 대관구장이 세련된 의상에 아름다운 용모와 우아한 기품을 갖춘 이 고상한 여인을 본부 복도에서 보고 난 뒤, 그녀의 업무 지망 건은 곧바로 대관구장이 직접 결정하는 일로 격상되었다. 요제프 괴벨스는 그녀를 자신의 사무실로 불러 짧게 대화를 나눈 뒤에 자신의 개인 문서고를 정리하는 업무를 그녀에게 맡기고 싶다는 의사를 전했다. 막다의 어머니는 장차 사위가 될 괴벨스와 딸의 이 첫 만남을 회고하면서, "그 외에는 호의를 베푸는 말도 없었으며, 칭찬도 없었고, 전혀 사적인 발언도 없었다. 다만 그가 막다를 뚫어지게 쳐다보고 있다는 느낌을 받았을 뿐이다. 한참 뒤에 막다가 내게 '나를 감싸며 파고드는 그 강렬한 눈빛에 녹아내릴 듯한 느낌이 들었다'고 얘기해 주었다." 여성과의 교제에 관한 한, 이 가냘픈 대관구장은 한가락 하는 사람이었다. 그의 일기장에는 여성들과의 만남이 마치 정복자가 전리품을 획득하는 것처럼 기술되어 있다. 요제프 괴벨스는 1926년 자신의 일기장에 "모든 여자들이 나의 피를 끓게 만든다"라고 적고 있다. "나는 굶주린 늑대처럼 그 주위를 미쳐 날뛰고 있다. 그 옆에 서면 나는 수줍은 아이처럼 된다." 난봉꾼이고자 했던 괴벨스는 자신의 남성성을 증명해 보이고자 하는 열망에 광적으로 사로잡혀 있었다. 실제로 일어나거나 소문으로만 떠도는 그와 관련된 모든 스캔들은 이미 유년 시절부터 깊은 상처를 받아 병든 영혼을 위로하는 치료 행위였다. 네 살 때 골수염을 앓고 오른쪽 다리의 발육이 정지된 이래로 요제프는 학교에서, 운동장에서, 그리고 무도장에서 또래와 어울리지 못한 채 굴욕적인 시기를 보내야만 했다. 그는 자기 나름의 방식으로 그 보상을 받고자 했다. 막다와의 만남에 관한 것도 그의 일기에는 마치 연대기처럼 기록되어 있다. 요제프 괴벨스는 1930년 11월 7일에 "크반트라는 이름의 아리따운 여인이 나의 새 문서고를 정리하고 있다"라고 기록했고, 그 다음 주에는 다음과 같이 적었다. "어제 오후 아리따운 여인이 내 곁에서 사진 정리를 도와주었다." 새해 들어서 그는 이 사냥에서 아주 중요한 진전을 보았다. "크반트 양이 문서고 일을 하기 위해 내 집(!)으로 왔다. 그녀는 아름답다"라고 1931년 1월 28일 일기에 기록했다. 그리고 2주 후에 제대로 사냥이 이루어졌음을 일기에 적어 놓았다. "저녁에 막다 크반트가 왔다. 그녀는 매우 오랫동안 머물렀다. 매혹적인 금발의 매력이 마음껏 드러났다. 나의 여왕이여, 그대는 어떤가요?" 여기서 이 거만한 연대기 기록자는 "첫 번째" 친밀한 접촉을 마치 사냥 트로피처럼 기록했는데, 그 이후에도 이 트로피에 번호가 계속 붙여졌다. "아름다운 여인이여! 그대를 너무도 사랑하게 될 것 같소. 오늘 나는 꿈속을 거니는 것 같소. 무한한 행복감에 사로잡혀. 아름다운 여인을 사랑하고 그녀의 사랑을 받는 것이 어찌 굉장하지 않겠는가.”

그러나 이 사냥이 그리 쉽게 마무리되지는 않았다. 왜냐하면 그녀가 이 자기중심적인 난봉꾼에게 쉬운 사냥감은 아니었기 때문이다. 물론 막다도 베를린의 고위 당원이 매력과 재치를 뽐내며 자신을 사로잡으려 하는 것이 싫지 않았다. 그녀는 흥미 있는 대화와 공유하는 의견 그리고 그를 만날 때 가지게 되는 감정들을 소중히 생각했다. 또한 그녀는 유복한 유한마담이었고 기본적으로 이성과 친해지는 것에 대해 반감을 가지고 있지도 않았다. 이런 면에서 보면 그녀에게 나무랄 만한 결함은 없었다. 마지막으로 그녀의 환심을 사려고 했던 사람은 미국 대통령의 손자이자 백만장자 기업인의 후손인 허버트 후버로서 훌륭한 사람이었다. 그러나 후버가 부주의로 교통사고를 일으키면서 그녀에게 부상을 입혔다. 그녀는 몇 주 동안 병원에서 치료를 받아야 했는데, 그때 이후로 관계가 정리되었다. 막다 괴벨스는 자신의 독립성을 소중히 여겼으며, 독립적인 생활을 할 능력도 있었다. 이는 매달 이혼한 남편으로부터 받는 4천 마르크의 적지 않은 연금 외에 베를린 라이히칸츨러 광장에 있는 대저택 덕분이었다. 그녀는 상대가 없어 애태우는 여인이 전혀 아니었다. 그녀는 어떻게 남자를 대해야 하는지 잘 알고 있었다.

베를린에서 하녀로 일하던 어머니를 둔 이 미혼모의 자식은 평생 강한 아버지와 같이 지내는 것이 소원이었는데, 그것은 유년 시절부터 그녀가 원하던 것이었다. 그녀는 아버지에 관한 매우 다양한 기억을 갖고 있었다. 라인란트 출신의 공학 학사였던 생부 오스카 리첼은 딸과의 관계가 매우 소원했다. 어머니의 새 남편인 리하르트 프리트랜더는 그 뒤 몇 년 동안 아버지로서 동반자가 되어 주었다. 이 유대인 의붓아버지의 역할은 모녀가 사회적 신분 상승을 이룸과 동시에 끝이 났다. 막다는 고등학교를 다니면서 처음으로 진지한 연애를 하게 되는데, 그 상대는 두 살 연상의 빅토르 알로소로프였다. 그는 매우 카리스마 있는 모습을 보였다. 이 두 사람의 관계가 보여 주는 역사의 아이러니는 쾨니스베르크 출신의 유대인 이주자인 빅토르가 나중에 확고한 반유대주의자로 드러난 막다에게 유대인 별이 달린 목걸이를 하게 만들고, 심지어 팔레스타인으로 같이 여행을 떠나는 것을 진지하게 숙고하도록 만드는 일에 열정적이었다는 것이다. 1차 세계대전 발발 후 두 사람은 각자의 길을 가게 되었는데, 두 사람이 속한 세계가 달랐기 때문이다. 막다가 1921년에 결혼한 거물 기업가인 귄터 크반트는 그녀에게 반려자이기보다 오히려 아버지와 같았다. 거의 스무 살 가까이 나이가 많았고, 대머리에 걸음걸이가 부자연스러웠으며, 교제 관계를 성가시게 생각하고 여가시간을 즐기는 데 서툴렀던 그는 전혀 젊은 여자들을 쫓아다니는 데 열중하는 사람처럼 보이지 않았다. 그러나 그와의 관계는 평범한 가정 출신의 이 딸에게 사회적 신분 상승과 물질적 풍요 그리고 명성을 얻도록 해주었다. 그녀는 두 의붓아들과 두 사람 사이에서 태어난 아들 하랄트의 어머니로서의 역할에도 충실했다.

이 매력적인 부인은 자신이 기댈 강한 남편을 찾고 있었으나, 너무나 유감스럽게도, 그녀는 가문의 장식품 또는 트로피 와이프 정도로 취급받았다. 지위가 높고 영향력을 갖춘 부유한 남자라 할지라도 한 남자만을 사모하는 것은 그녀에게 어울리지 않았다. 라이트 출신의 미혼 괴벨스가 거부할 수 없는 호색한으로서의 자신에게 만족하긴 했지만, 그때까지만 하더라도 실제로 여성과의 친밀한 관계는 어머니와의 관계 외에는 없었다. 그래서 그녀에게 매력을 느끼다가도 또 멀리해야겠다는 느낌을 받는 감정의 기복을 처음으로 겪을 수밖에 없었다.

이미 1931년 2월 26일 괴벨스의 일기장에는 낙관적인 느낌은 사라지고 끝났다는 느낌이 드러난다. "내가 무심코 던진 말 때문에 집에서 둘 사이에 처음으로 다툼이 있었다. 그녀는 내게 작별 메모를 남기고는 울면서 집을 떠났다. 언제나 같은 일이 반복되는구나! 그녀가 얼마나 아름답고, 내가 그녀를 얼마나 사랑하고 있는지 이제야 알겠다."

고집 센 이 여인이 며칠 동안 연락을 끊자, 기다림에 지친 연인은 "미칠 것 같은 질투심"에 사로잡혔다. 그사이 그는 다른 여인들로부터 위로를 받는 것이 필요하다고 생각했다. 그러나 예전에 흠모하던 이 연인이 오히려 시기심에 가득 찬 황당한 행동들로 막다를 괴롭히게 되자, 상황은 악화되고, 괴벨스는 자신의 일기에 신세를 한탄하는 글을 적었다. "이제 그녀는 완전히 떠났다. 그녀의 목소리에서 내가 그녀를 잃게 되리라는 것을 예감한다. 내가 얼마나 막다를 사랑했는지 생각해 본다.

나는 다시 나를 정상으로 되돌리려고 노력을 경주할 것이다. 아마 이 상처는 내가 완전히 업무에 복귀하는 데 필요한 것일지도 모른다. 누가 알겠는가!…." 이 얼마나 가혹한 운명인가! 이 장애인 작가는 이미 유년 시절부터 자기 연민을 효과적으로 이용하는 법을 알고 있었다. 고통에 괴로워하던 이 연인은 1931년 4월 13일 일기에 "왜 그녀는 아무런 신호도 주지 않는가? 이런 막연함이 심각한 결과를 가져온다. 어떤 결과가 나오더라도 그녀와 얘기를 해야겠다"라고 한탄했다. "밤새도록 고통으로 울부짖었다. 가슴이 찢어진다."

그러나 단 몇 주 뒤에 이미 그 엄청난 고통이 사라져버렸다. "막다는 내게 충만한 기쁨과 고통을 가져다주었다. 나는 그녀가 살면서 많은 사랑을 했고, 많은 실망을 겪었으며, 또한 사랑과 실망을 주었을 것이라고 생각한다"라고 일기에 적으면서, 그는 새로운 의지로 그녀와 맞닥뜨릴 준비가 되어 있다고 기록했다. "그녀는 완전히 새로운 사람이 되어야 한다." 이 말은 일련의 정열적인 사랑의 맹세, 극적인 질투심의 폭발, 모욕적이고 악의적인 행동과 꾸민 듯한 화해의 서막에 불과하다. 이 기록자의 관점에서 보면, 이 삶의 동반자와의 관계는 고요한 강의 흐름이라기보다 롤러코스트의 질주에 가까웠다.

어쨌든 이 관계에도 화목하고 낙관적인 순간들이 없지는 않았다. "이제 우리 관계는 모든 면에서 깔끔해졌다"라고 요제프 괴벨스는 1931년 5월 말에 의미심장한 말을 했다. "우리는 서로에게 엄숙한 약속을 했다. 우리가 제국을 장악하는 순간 부

부가 되겠다고. 나는 매우 행복하다. 막다도 아이처럼 기뻐한
다. 이제 내게는 두 가지 임무가 있다. 하나는 민족을 위한 것
이고, 하나는 나 자신을 위한 것이다." 그러나 두 연인은 히틀
러가 집권할 때까지 기다릴 수가 없었다. 그들의 연인 관계가
법적으로 공식화되는 순간이 점차 다가오고 있었다. 왜냐하면
이 우아한 여인과 대관구장의 은밀한 관계가 당의 편협한 소
시민적 환경에서는 결코 존경받을 수 없었기 때문이다. 막다
크반트는 여러 사람과 사귄 전력이 있는 이혼녀라는 이유뿐만
아니라 유복한 시민계급, 다른 모욕적인 의미로 "금권정치" 세
계에서 파견된 여인이라는 이유로 평판이 좋지 않았다.

"막다에 대해 떠벌리는 소문들이 있다"라고 요제프 괴벨스
는 일기장에 하소연을 했다. 막다의 생부가 그녀의 어머니와
결혼하지 않았다는 소문은 아주 확실한 의도를 가지고 퍼트
린 것이었다. 그 당시의 엄격한 윤리관에 따르면 그것은 중대
한 결함이었다. 하지만 이 딸은 평생 이 일에 대해 모르고 있었
다. 장차 신랑이 될 괴벨스는 "막다는 심신 상태가 엉망이 된
채 앉아 있었다"라고 적었다. "막다는 어머니로부터 아버지와
혼인을 하지 않았다는 말을 들은 적이 있었다. 그러나 그녀는
그것이 무엇을 의미하는지 몰랐다. 이제 그녀는 절망적인 상황
에 처했다. 내게 그녀는 여전히 세상에서 가장 매력적인 여인
이다. 실제로 유대계 언론이 그 사실을 샅샅이 파헤쳐서 당에
커다란 손해를 끼칠 가능성이 있다. 히틀러만이 이 상황을 무
마할 수 있다." "보스"가 또다시 만능 해결사 노릇을 해야 한

다. 또 다른 험담으로는, 비록 귄터 크반트와 결혼하기 전에 개명을 통해서 유년 시절 유대계 의붓아버지 프리트랜더의 이름을 따라 지을 수밖에 없었던 "결점"을 없애기는 했지만, 막다가 유대계 혈통이라고 주장하는 내용이 있었다. 그녀는 "어린 시절 유대인과 연관된 허물"을 이미 오래전부터 잊어버리려고 했다.

그 자신 중상모략과 밀고의 대가였던 이 정혼자는 이와 같은 "비열한 인신공격"에 대해 대응할 계획을 세웠다. 그는 일기장에 자신을 명예를 지키는 싸움에 나서는 기사처럼 표현했으며, 당 동료들과 정적들로부터 나온 다양한 소문들에 대해 격렬한 비난을 퍼붓거나 전면 부인을 하든지 엄중 경고를 내리는 방법으로 맞섰다. 결혼식 3일 전에도 그는 "어리석은 여자들이 막다에 대한 음모를 획책하고 있다"라고 한탄했다. "수많은 경고가 쏟아진다. 말도 안 되는 악담들이 떠돌고 있다. 그러나 이런 소문이 오래 가지는 못할 것이다." 공식 결혼식이 이런 소문들을 잠재우게 될 것이기 때문이었다.

그러나 이 결혼식은 또 다른 목적을 달성했는데, 그것은 요제프 괴벨스와 그의 정치적 스승 간의 특이하다고 할 만한 남자들 간의 우정과 직접적인 연관 관계가 있었다. 오래 지나지 않아 아돌프 히틀러의 귀에 그가 후원하고 있는 괴벨스가 대관구 사무소에서 일하는 비상한 여자 당원을 개인적으로 이용하고 있다는 얘기가 들어갔다. 그렇지 않아도 괴벨스 자신도 막다를 되도록 빠른 시일 안에 자신의 스승에게 소개시키려고 했다. 하지만 그녀와의 비밀스런 연인 관계는 여전히 숨기고 있었다. 소개는 성공적이었다. 1931년 8월 말, 히틀러가 크반트 양을 라이히칸츨러 광장에 위치한 그녀의 웅장한 저택에서 만났을 때, 그는 금발의 이 여주인에게 아주 매료되었다. 그것도 괴벨스가 좋아하는 것보다 더. "막다가 보스에게 약간 마음을 빼앗긴 것 같다"라고 괴벨스는 일기장에 적었다. "이 때문에 마음이 아프다. 그녀는 정숙하지가 않다. 간밤에 한숨도 자지 못했다. 나는 뭔가를 바꿔야 한다. 나는 그녀가 확실하게 정절을 지키지 않을 것 같아 두렵다. 그게 두렵다. 나는 보스가 편히 지내시도록 열과 성을 다했다. 하지만 보스는 내 마음을 이해하는 데 서투르신 것 같다." 다음 날 막다는 그날 밤의 해프닝에 대해 속상해 했다. 그녀는 눈물을 흘리면서 괴벨스가 준 반지를 돌려주려고 했다.

그러나 히틀러는 사태가 이렇게 진행될지 전혀 예상하지 못했다. 어쨌든 그도 알게 되었다. 그는 일주일 뒤에 이미 그녀로부터 새로운 식사 초대를 받았다. 질투심에 가득 찬 괴벨스와는 상의도 하지 않고 말이다. 그는 "간사한 사람! 나는 너무 슬프다"라고 화를 내며 욕을 했다. 하지만 소용이 없었다. 막다의 어머니는 종전 후에 "막다의 많은 발언들에서 히틀러가, 괴벨스와 그녀의 관계가 얼마나 깊은지 아직 알지 못하는 상태에서, 매우 조심스럽고 신중하게 그녀에게 접근하려고 했다는 사실을 알아챌 수 있을 것이다"라고 확인해 주었다. 두 사람의 이런 민감하고 무리한 요구를 막기 위해서는 막다가 히틀러에게 괴벨스와 미래를 계획하고 있다는 사실을 고백하는 방법 외에 다른 도리가 없었다. 총통이 진실을 알게 되었을 때, 깜짝 놀라지 않을 수 없었다. 그는 자신이 후원하고 있는 부하가 한 발 앞서고 있을 줄은 생각도 못했다. 괴벨스는 1931년 9월 14일 일기에 "그는 망연자실했다. 그는 그녀를 사랑한다. 그러나 나와의 신의를 지키려고 한다"라고 안도의 심정을 기록하며, 자신의 보스보다 우월한 면을 보인 이 특별한 순간을 만끽했다. "히틀러는 체념했다. 그는 매우 고독하다. 여자 복은 없는 것 같다. 그가 여자에게 너무 여린 심성을 갖고 있기 때문이다. 여자들은 그런 것을 좋아하지 않는다. 여자들은 자신을 뛰어넘는 남자를 원한다. 이제 나는 매우 행복하다. 복된 저녁이다. … 불쌍한 히틀러! 나는 내가 이렇게 행복한 게 부끄러울 지경이다. 이 일로 우리의 우정이 상하지 않기를 바란다."

여러 면에서 괴벨스의 모범이자 가이드가 되었던 히틀러는 이에 대해 자기보다 젊은 괴벨스에게 양보했다는 구실을 댔다. 하지만 괴벨스는 승리에 흠뻑 도취되어 있었다. "히틀러가 나를 밖으로 불러내더니 감정이 북받쳐 오른 듯 내게 말을 건넸다. 친구이자 형제여. 행운의 천사여, 라고 말했다. 그는 막다를 사랑한다. 하지만 그는 내게 행복을 기원해 주었다. '영리하고 아름다운 여인입니다. 그녀는 당신을 안주하지 않고 앞으로 나아가게 할 것입니다.' 그가 내 두 손을 잡았는데, 그의 눈에 눈물이 고여 있었다. 행복을 빕니다! 나는 너무나 감사했다. 그는 내게 많은 덕담을 해 주었다. 훌륭한 나의 동지이자 지도

자여! 우리는 곧 결혼할 것이다. 그는 어느 정도 체념한 상태다. 행운이 그에게 호의를 베풀지 않았다. 가여운 나의 히틀러! 나는 영원히 그대에게 충성할 것이다! 그 또한 결혼하고 싶은 좋은 친구를 찾게 될 것이다." 그 당시 히틀러는 미성년 상태에서 벗어난 성숙한 여성과 진실된 감정을 교환할 수도 없는 상태였고, 하려고도 하지 않았다. 막다 크반트와 같은 여성과 진지한 관계를 맺는 것은 전혀 상상할 수 없는 일이었다. 그녀는 권력의 아우라에 둘러싸인 그를 정치 지도자로서 존경했고, 그의 정치적 가르침을 조건 없이 따랐다. 그와 훌륭한 대화를 주고받으려 했고, 그에게서 아버지와 같은 보호자를 찾으려 했다. 그러나 히틀러가 배필로서 적합한 후보자는 아니었다.

지도자는 장차 국민의 지도자로서 자신은 미혼으로 남을 의무가 있다는 이야기로 주위 사람들에게 자신의 허물을 미화했다. 그가 미혼으로 남기 위해 베를린 대관구장에게, 말하자면 그를 대신해 막다 크반트와 결혼하도록 해 주었고, 그럼으로써 사랑하는 뮤즈를 항상 자신의 곁에 둘 수 있게 된다는 것이다. 히틀러는 돌격대 참모장인 오토 바게너에게 "이 여인은 비록 나와 결혼하지 않더라도 내 인생에 큰 역할을 할 수 있을 것이다. 그녀는 내가 일을 함에 있어 남성적으로 치우친 내 감각에 여성적인 감각을 불어넣어 줄 수 있을 것이다"라고 밝혔다. 그는 요제프 괴벨스에게 생색을 내듯, "그녀가 미혼이라 유감이군. 만약 당신이 이 여인과 빨리 맺어지지 않는다면, 당신은 결코 그녀를 얻지 못할 것이다"라고 자극적인 발언을 하기도 했다.

1931년 12월 19일에 식이 진행되었다. 신부는 결혼식장으로 굳이 메클렌부르크 주, 제베린에 있는 전남편 귄터 크반트 소유의 봉건 영지를 선택했다. 당 업무를 보고 있던 관리자가 사용을 허가해 준 이 외진 농장에서 그녀는 정적들의 스토킹으로부터 안전하다는 느낌을 받았다. 막다가 첫 번째 결혼에서 얻은 아들 하랄트가 즉흥적으로 소년단복을 입고 신랑 신부 곁을 따라왔으며, 결혼식 증인인 히틀러와 리터 폰 엡이 호위를 했다. 신랑 신부는 나치 식 경례로 손을 높이 치켜든 채 도열하고 있던 사람들 사이를 지나 자그마한 마을 교회로 걸어갔다. 그곳에서 정치적 성향이 같은 목사의 주례로써 가톨릭 집안에서 성장한 교회 적대자와 가톨릭 교육을 받은 신교도 간의 결혼식이 거행되었다. 제단을 덮은 천으로는 나치 깃발이 사용되었다.

괴벨스는 "나는 매우 축복받은 사람이다"라고 언급했다. "히틀러는 감격한 표정으로 나를 끌어안았다. 막다는 그에게 키스를 했다. 그의 눈에 눈물이 고여 있었다. 이제 행운이 우리에게 찾아왔다." 채 2주가 지나지 않아 그런 마음은 사라져버렸다. 갓 결혼한 신랑은 자신의 일기장에 "저녁에 처음으로 막다와 다투었다. 사소한 일이었다. 그녀가 결국 문을 박차고 나가며 소리를 질러댔다. 그녀를 개처럼 다뤄야 했는데. 그녀는 그런 행동을 반드시 철회해야 한다. 나는 마지막까지 가려고 마음먹었다"라고 확실한 다짐을 했다. 그는 곧이어 장차 부인을 어떻게 대할지 그 방향을 미리 보여 주는 말을 했다. "막다는 길을 들여야 한다. 그녀는 이때까지 너무 자유롭게 지내왔다." 결혼이 공식적으로 확정된 지금, 괴벨스는 전력을 기울여 그가 이해하고 있는 가부장적인 역할을 수행하려고 했다. 즉, 그가 지침을 주면 부인은 최선을 다해 이에 복종해야만 한다는 것이다. 그는 적어도 그런 생각을 가진 사람이었다. 그러나 막다가 호락호락 물러설 사람은 아니었다. 그녀는 장차 자신이 행사할 영향력이 결코 유명한 남편의 덕을 입고 그럴 것이라고는 보지 않았다. 막다 괴벨스는 당내 거물의 아내로서가 아니라 독자적인 지위를 가진 동료로서 인식되고 싶어 했다. 그녀는 어머니에게 "히틀러가 권력을 쥐게 된다면, 나는 독일에서 가장 높은 지위에 있는 여성 중 한 명이 될 것"이라고 노골적으로 자신의 야심을 털어놓았다.

남성 단체인 나치당에서는 그러한 야망을 충족시킬 수 있는 여지가 없었다. 여성들은 히틀러를 지지하는 유권자 중 다수를 차지했지만, 초창기부터 당원으로 등록할 수는 없었다. 이는 위대한 당 총재의 관련 발언, 즉 "여성의 세계는 남성의 것이다" 또는 "여성은 결코 지식인과 어울리지 않는다"는 발언에 아주 충실한 것이었다. 그의 충복인 괴벨스의 생각도 이 관점과 일치했다. 괴벨스는 자신의 일기에 "그는 여성에 대한 아주 새로운 사상을 발전시켰다"며 히틀러의 조야한 생각에 대해 언급했다. "여성은 이성의 동료이며 노동의 동료이다. 오늘날의 경제 시스템에서도 그렇다. 예전에는 들판에서, 오늘날에는 사무실에서 그렇듯이 말이다. 남성은 조직하는 사람이며, 여성은 도움을 주고 실행에 옮기는 기관이다. 합당하고 맞는 말이다.” 스스로 결정을 내려야 하는 지도부에 그러한 특성을 가진 여성들을 고려할 수는 없었다. 막다 괴벨스도 이를 인식하고 있었다. 그녀에게는 장차 구성될 권력 카르텔에서 히틀러의 지원을 받고 괴벨스의 곁을 지키면서 주목을 받거나 어느 정도 호감을 이끌어 내는 방법 외에는 다른 도리가 없었다.

이런 목적을 달성하기 위해 우선 남편을 사교계에 적합한 사람으로 만들어야 했다. 막다는 괴벨스가 남들의 주목을 받게 만들고, 철두철미한 독신주의자였던 그에게 몸가짐, 예의범절, 그리고 적절한 의상에 대한 기본을 갖추도록 만들어 준 최초의 여성이었다. 그때까지 학생들이나 기거할 만한 숙소에서 살며 식사도 건너뛰기 일쑤였던 이 유랑자는 여전히 전남편 크반트에 의해 유지되고 있던 그녀의 저택을 그의 신분에 맞는 새로운 보금자리로 삼았다. 매우 생산적인 공생 관계의 시작이었다. 그녀는 세련된 조언자이자 그의 인지도를 높이는 데 기여한 원동력이었다. 반면, 그는 그녀에게 명성과 특권을 누릴 기회를 제공해 주었다.

막다 괴벨스의 사교 공간은 또한 나치 지도부 사람들의 아지트가 되었다. 안주인이 손님들에게 간단한 먹을거리를 제공하고 푸치Putzi라는 별명을 가진 당 해외언론부장 에른스트 한프슈탱글이 피아노를 연주하고 있는 동안, 이 정치 도박꾼들은 센세이셔널한 선거전 승리에 고무된 채 바이마르 공화국을 무너뜨릴 다른 계획들을 논의하고 있었다. 이때 이 부인은 결코 주변 인물로만 머물러 있지는 않았다. 히틀러가 측근들과 함께 이탈리아 파시스트 대표단 일행을 영접했을 때, 막다가 "대단한 연설"을 했는데, 남편이 "금권정치와 반유대주의" 문제에 관해서 모든 참석자들이 "확실하게 수긍했다"라고 인정할 정도였다. 다른 문제에 있어서는 서로 이견을 보이기도 했지만, 그녀의 극우적인 세계관에 관한 한 부부는 의견이 같았다.

이전 결혼에서 유산을 여러 번 하였던 터라, 이제 다시 새로운 희망에 차 있던 막다 괴벨스는 많은 어려움을 겪긴 했지만 이 정치적 투쟁의 중심에서 일어나는 변화무쌍한 삶을 즐겼다. 그 삶은 그녀에게 출세와 미래를 약속했다. 대중들 앞에 같이 모습을 보일 때면, 이 우아한 동반자는 대관구장보다 더 인기가 많았다. 괴벨스는 1932년 6월 초 일기에 "사람들이 미친 것 같았다"라고 기록할 만큼 본의 아니게 쓰디쓴 현실을 경험하게 되었다. "특히 막다에게 열광했는데, 모든 사람들이 그녀를 좋아했다." 이런 일에 대해 존경심을 나타내지도 않고 부인의 귀족적인 처신에 대해 좋지 않은 얘기를 퍼트리는 자들은 남편의 노여움을 피부로 체험해야 했다. 괴벨스는 일기에 경멸조로 "한 편집장이 대중신문에 내 아내의 명예를 훼손하는 아주 추잡한 기사를 실었다. 친위대 대원 한 명을 그에게 보내 승마용 채찍으로 그가 피투성이가 되어 쓰러질 때까지 두들겨 팼다. 그러고 나서 그는 탁자 위에 명함 하나를 놓아두고 그 자리를 떠났다. 그 자리에 있던 가증스런 기자들 중 어느 누구도 편집부를 이렇게 유린하는 것을 막지 못했는데, 이것이 그들을 손보는 유일한 방법이었다"라고 적었다.

그 비평가가 괴벨스 식의 폭력에 희생된 유일한 사람은 아니었다. 폭력은 이 교사자가 행하는 선전선동의 본질적인 요소였는데, 그는 실제로 폭력을 행사하는 것은 다른 사람을 시켰다. 아주 효과적으로 실행된 실내에서의 싸움이나 도로에서의 싸움은 계속 언론의 관심을 불러왔을 뿐 아니라 두려움과 공포의 분위기가 널리 퍼지도록 했다. 이런 분위기는 선전선동 연설의 효과를 극대화시켰다. 테러를 저지르는 한편으로 약속을 내거는 행위는 음험한 그의 전략과 불가분의 관계였다.

그러나 1932년 말에 점차 선전선동과 폭력을 통한 캠페인이 그 한계에 도달한 것처럼 보였다. 11월에 실시되는 제국 의회 선거를 앞두고 그때까지 가파르게 상승하던 국가사회주의노동당의 지지율이 다시 뒷걸음치기 시작했다. 히틀러 당은 재정 상태가 악화되고 상대 당으로 당원들이 넘어가면서 당이 붕괴될 위기에 처했다. 대중 영합적인 여론 조작자의 공격 목표였던 경제 위기는 저점을 벗어나고 있었다. 선거를 통해 집권의 교두보를 마련할 수 있는 가능성이 점차 희박해지고 있었다. 선거전을 담당하고 있던 괴벨스는 일기에 "1932년은 너무나 불운의 연속이었다"라고 요약했다. 9월에 건강한 딸을 출산한 그의 부인에게도 피를 말리며 엎치락뒤치락하는 선거전이 영향을 안 미칠 수가 없었다. 크리스마스이브에 막다는 심한 통증 때문에 병원으로 실려 갔다. 상황은 매우 좋지 않았다. 나치의 선전장관이 바이에른의 별장에서 총통과 권력을 잡기 위한 계책을 꾸미고 있는 사이에 그의 부인은 병원에서 생사를 다투고 있었다. 괴벨스는 1933년 새해 첫날의 자신의 일기에서 "우리는 투쟁할 것이다. 승리 아니면 죽음이다!"라고 격한 감정을 토로했다. "나는 히틀러의 손을 꽉 잡으며, '당신이 권력을 잡기를 기원하겠습니다'라고 말했다."

그 다음 날 그는 또다시 패닉 상태에 빠졌다. "아내가 삶과 죽음 사이를 오가고 있다. 그러나 나는 6백 킬로미터나 떨어진 호텔 방에 묶여 있다. 그녀를 잃을 수도 있다는 두려움을 통해 비로소 내가 그녀를 얼마나 사랑하고 있는지 그리고 얼마나 그녀를 필요로 하고 있는지 알게 되었다." 이 불확실한 순간에 비로소 평소에는 아무렇지 않게 행동하던 그가 실제로는 반려자의 능력과 인기에 대단히 의지한다는 것을 느끼게 된 것이다. 그는 이상할 정도로 경건한 마음이 되어 일기에 "신이시여, 내 아내를 지켜 주소서. 아내 없이 나는 살 수가 없습니다"라고 적었다. "세상 끝까지 막다 당신과 같이 할 것이오. 당신은 꼭, 꼭, 꼭 살아야만 하오." 또다시 유산을 함으로써 합병증에 시달리고 있던 이 환자는 수술을 받은 뒤에 점차 원기를 회복했다. 같은 시기에 히틀러는 보수파의 적극적인 협력 하에 이미 물 건너갔다고 생각하고 있던 집권을 위한 돌파구를 마련했다. 1933년 1월 30일, 노쇠한 힌덴부르크 제국 대통령은 그를 수상으로 임명했다. 괴벨스는 자신의 일기에 "출발! 봇물처럼 터지는 국민들의 참여 움직임. 말로 형언하기 힘들 정도다"
라고 환호했다. 이틀 뒤 막다 괴벨스는 퇴원했다.

  그러나 회복 기간과 정치적 승리의 시간은 이 부부에게 쓰라
린 환멸감을 가져다주었다. 히틀러 당이 이제 국정에 참여하게
되었지만, 선전장관은 배제되었다. 보스의 "굳은" 약속과는 달
리 보수파 인사들로 꾸려진 정부에 무자비한 선전선동가를 위
한 자리는 없었다. 이로써 출세가도에 쓰디쓴 타격을 받게 되
었다. 특히 막다에게 큰 타격이 되었다. 요제프 괴벨스는 2월 3
일 일기에 "내가 진일보하는 자리를 얻지 못했기 때문에 막다
는 매우 불행해한다"라고 담담하게 기록했고, 3일 뒤에 추가
로 "막다가 매우 슬퍼하고 있다. 나는 궁지에 몰려 있다. 히틀
러는 나를 전혀 도와주지 않는다. 나는 용기를 잃었다"라고 적
었다. 그러나 그는 곧 다시 의욕을 불태웠다. 공명심이 강한 이
부부가 후열에 앉는 직위에 만족할 리도 없었지만, 히틀러도
여론을 획득하는 것이 필요했기 때문에 이 국민 선동가라는
패를 계속 포기한 채 놔두려 하지 않았다. 나치 찬탈자들이 정
부 내 보수파 인사들을 해치운 후에 괴벨스는 자신의 다음 목
표를 달성했다. 1933년 3월 14일, 그는 자신을 위해 만들어진
자리인 "국민계몽 선전장관"직에 취임했고, 여기서 자신의 선
전선동 능력을 유감없이 발휘했다. 요제프 괴벨스는 인간 의식
을 전면 공격의 대상으로 삼으면서 전무후무할 정도로 온 나
라를 휘젓고 다녔다. 그는 자신의 메시지를 전하기 위해 현대
매스미디어의 가장 최신 방법을 교묘하게 접목시켰다. 영화 스

크린이 희망과 고양된 느낌을 투사하는 대상이 되었다. 공공 장소에 있는 확성기와 적당한 가격의 라디오가 이 새 인물을 전국 곳곳 어디에나 존재하도록 만들어 주었다. 심리전에 전력을 기울이면서, 이 정권에 맞지 않는 사람들은 적으로 규정되었다. "국민 동지Volksgenosse"들은 숨 가쁘게 진행되는 캠페인과 문화 행사, 대규모 집회와 대체 종교와 같은 신비스런 의식들로 인해 정신을 차릴 수가 없었다.

그러나 이 의식儀式의 대가는 서투른 거짓말을 통해서가 아니라 현실을 교묘하게 조작함으로써 가장 큰 효과를 달성했다. 괴벨스는 이를 공모한 자신의 당 동료들에게 "이것이 선전선동의 비밀이다"라고 가르쳤다. "선전선동은 분명한 목표를 가지고 있다. 그러나 이 목표는 빈틈없이 교묘하게 은폐되어야만 한다. 그래서 이 목표에 의해 달성되어야만 하는 바를 아무도 인식하지 못하도록 해야 한다." 대규모로 행해지는 의식의 기만, 이것이 키 작은 박사가 기본으로 바탕에 깐 방법이었다.

장관 부인인 막다도 이제 드디어 그녀가 정치 무대에 입문한 이래 꿈꿔 왔던 목표, 즉 국가 및 사회 지도층 인사들 중에서 최고가 되는 목표에 도달한 것처럼 보였다. 막다 괴벨스의 공식 직무 중에는 독일 의복청衣服廳의 명예 회장직을 수행하는 일도 있었는데, 그녀는 명예 회장으로서 "내가 모범을 보임으로써 독일 여성들이 여성의 진정한 모습을 보여 줄 수 있도록 만들겠다"는 다짐을 했다. 막다 괴벨스는 당 소유의 공공복지협회인 "국가사회주의 국민복지"에서 사회적 비상사태가 발생할 경우 자기 재량 하에 예산을 직접 운영할 수 있는 권한을 가진 최고 수장이 되었다.

그러나 실제로 그녀가 중요한 역할을 했던 부분에서는 공식 직함이 별도로 없었다. 막다 괴벨스는 히틀러의 수상 취임 이후 초창기에 비공식적으로 제국의 "퍼스트레이디" 역할을 담당했다. 1934년 대통령직까지 넘겨받은 제국 수상이 아내가 없고 여성 지도층 인사가 부족했기 때문에, 장관 부인이 이 결함을 메우게 된 것이었다. 공식 영접이나 국빈 방문 시, 예를 들어 파시스트 동맹국인 이탈리아 방문 시, 우아하고 재치 있으며 언어 능력을 갖춘 이 동반자에게 대화를 이끌고 초대 인사들의 배우자들을 맞이하는 임무가 주어졌다. "제국의 퍼스트레이디," 그것은 막다 괴벨스에게 주어진 일생일대의 역할이었다.

비공식적으로 여성 지도자 역할을 했던 그녀는 히틀러 정권이 자신들의 목적을 달성하기 위해 그 성격을 바꿔버린 어머니 날에도 연설할 기회를 가졌다. 1933년 5월 14일, 막다 괴벨스는 국영 라디오 방송을 통해 새로운 정권의 여성상에 대해 발표했다. 나치의 이 모범적 여성은 바이마르 공화국 시절에 여성의 권리를 얻기 위한 투쟁 과정에서 얻어냈던 모든 성과에 대해 비난을 퍼부었다. "그렇게 함으로써 어머니의 가치 또한 떨어졌다. 아무 가치 없는 그 시기의 망상으로 인해 가족의 지주이자 보호자인 어머니의 고귀한 지위가 그 격이 떨어졌고, 어머니는 남편의 파트너, 즉 정치, 노동, 그리고 도덕 영역에서 남편과 동등하거나 또는 남편을 넘어서려는 목적을 가진 여성이 되었다.” 이 발언은 그녀가 가진 야망을 포기하는 듯한 인상을 준다. 역사는 남자에 의해 만들어지도록 되어 있다는 생각을 널리 퍼트렸던 그녀의 남편도 달리 더 잘 표현할 수 없었을 것이다. 성장 과정에서 많은 관습을 거부해 온, 처세에 능한 이 부인은 이제 과거로 역행하는 세계관을 대변했다. 베를린에서 발행되는 대중신문 『베를리너 차이퉁 암 미탁*B.Z. am Mittag*』지에 그녀의 이러한 생각이 보도되기도 했다. “괴벨스 부인은 독일 여성들이 제1차 세계대전 후에 부여된 참정권이라는 의아스러운 권리를 통해 그 격이 떨어졌다는 견해를 대변했다. 여성에 대한 혹독한 자아비판을 통해 그녀는 의회에서 정치적 논쟁을 벌이는 여성들이 필요한 자제력을 매우 결여하고 있다며 대립각을 세웠다.” 여성은 직장생활에서도 남성들을 남성 본연의 일자리에서 몰아내고 또한 이를 통해 “여성의 행복 자체”도 잃어버리는 일이 벌어지지 않도록 해야 한다는 것이다.

막다 괴벨스 개인은 여러 측면에서 볼 때 새로 공표된 이상적인 이미지와 전혀 어울리지 않는다는 점은 아이러니가 아닐 수 없다. 그녀는 국제적으로 유명한 브랜드의 옷을 즐겨 입었고, 화장을 했으며, 담배도 피우고 술도 싫어하지 않았다. 그녀는 자기 방식을 고집하며 정치 무대를 휘젓고 다녔다.

그녀는 당 “여성회”에서 국민 동지들에게 행한 연설을 통해 자신과는 달리 “독일 여성들”은 이 모든 것을 포기하고 산부로서 되도록 많은 아이를 낳는 주임무에 집중해야만 한다고 강조했다. 이 때문에 막다 괴벨스가 나치 여성 지도자인 게르트루트 숄츠 클리니크와 원만한 관계를 갖지 못했다는 사실은 결코 놀라운 일이 아니다. 그러나 그녀는 어머니날 연설에서 파격적인 문법을 동원해 강조한 것처럼, 이 운동의 구세주에 대한 그녀의 확고한 믿음을 확실히 보여 주려 했다. "새로운 시대를 이끄는 사람 그리고 새로운 도덕과 새로운 명예를 위해 싸우는 전사로서 한 남자가 민족 앞에 나타날 때, 여성, 특히 어머니는 본능적으로 그의 편이 되고, 그 남자의 고귀하고 정신적이며 도덕적인 목표를 이해한 뒤에 이에 열광하며 그를 따르는 추종자가 되고 전사가 되는 것은 결코 놀라운 일이 아니다."

이미 권력을 수중에 넣은 히틀러의 추종자들은 이제 그들의 광적인 투쟁의 칼날을 독일 유대인들에게로 겨누었다. 특히 요제프 괴벨스는 반유대 배척 정책을 이끌어가는 원동력으로서 두각을 나타내며 증오로 가득 찬 선동 캠페인을 시행했다. 확신에 찬 이 반유대주의자는 독일 문학의 주요 저작물을 불태우는 자리에서 연설을 했으며, 유대인 상점에 대한 배척 운동을 전개하도록 부추겼고, 독일문화협회에서 유대인 예술가들을 내쫓았다. 그는 주위 사람들의 경시로 인해 자신이 오랫동안 받았던 모멸감을 이제 정권에 의해 적으로 선언된 자국 유대인들을 대상으로 앙갚음하고자 했다.

그의 부인은 이 난폭한 사냥몰이를 제지하기 위한 가시적인 어떤 노력도 하지 않았다. 그녀는 이 반문명적인 범죄에 협조한 것이다. 유대인 세계와 자신의 연관 관계에 대해 그녀는 더는 모른 체하려 했다. 유대인 의붓아버지는 이제 남남이었다. 막다의 어머니와 이혼한 뒤 리하르트 프리트랜더는 사회적으로 끊임없이 몰락의 길을 걸었다. 어느 날 그가 아주 용기를 내서 선전부로 청원을 하러 갔을 때, 한 부관이 날카로운 목소리로 "유대인 프리트랜더"라고 부르며 그를 쫓아냈다. 막다의 유년 시절 동반자였던 그는 그녀의 새로운 구역에서 죽은 듯이 조용히 있을 수밖에 없었다.

막다의 청소년기 친구였고 팔레스타인에서 대외전권대표 직을 맡고 있던 빅토르 알로소로프 또한 치명적 타격을 당했다. 1933년 5월, 이 외교관은 자신의 옛 고향 도시인 베를린을 찾아가 그곳에서 옛 여자 친구인 막다를 통해 나치 지도부와 접촉하려는 순진하기 이를 데 없는 계획을 시도하려고 했다. 막다 괴벨스는 전화 통화에서 그의 요청을 매정하게 거절한 뒤, 그에게 더 연락을 해 온다면 두 사람 모두에게 엄청난 위험이 야기될 것이라고 분명하게 주지시켰다. 채 한 달도 지나지 않아 34살의 이 시온주의 지도자는 텔아비브에서 지금까지도 완전하게 규명되지 않은 암살의 희생자가 되었다. 괴벨스가 자기 부인이 예전에 시오니즘에 경도되었다는 사실을 은폐하기 위해 배후에서 살인을 조종했다는 추측이 있지만, 그에 대한 증거는 없다. 어찌되었든 알로소로프의 예기치 않은 이른 죽음은 막다 괴벨스의 민감한 과거 전력이 드러나는 것을 방지했다.

그 당시에 이 장관 부인은 "권력 장악"의 소용돌이와 남편과의 그 유명한 불화 사건에서 벗어나기 위해 11살 먹은 아들 하랄트와 9달 된 딸 헬가와 함께 북해에 위치한 하일리겐바트 해수욕장에서 휴양을 하고 있었다. 괴벨스가 가족을 잠깐 방문하기 위해 그곳에 머물렀을 때, 부부간의 상황이 진정되는 기미가 있는 것처럼 보였다. 그는 1933년 6월 18일 일기에 "막다와 나는 허심탄회하게 대화를 나누었다"라고 기록했다. "고요하고 축복받은 밤이다. 우리는 다시 의견 일치를 보았다. 많은 업무와 유감스런 사태로 인해 우리는 약간 소원해진 상태였다. 우리는 예전의 관계를 다시 회복해야만 한다. 우리는 서로 그러기로 약속을 했다." 그러나 이 약속은 그리 오래가지 않았다. 한 달 후에 벌써 다음 위기가 찾아왔다. 괴벨스는 부인이 공식석상에 이목을 집중시키며 등장하는 것을 매우 탐탁지 않게 생각하고 있었다. 그는 막다가 행한 어머니날 연설을 "완벽한" 강연이라고 칭송했다. 하지만 막다가 대중 앞에 스포트라이트를 받으며 등장하는 모습은 그로 하여금 상당히 불쾌한 감정을 불러일으켰다. 이 때문에 이 여론 조작자는 부인의 그림자로 전락하는 위험에 처하게 되었다. 괴벨스는 부인이 "제국의 퍼스트레이디"로 나서는 것을 기꺼이 허락해 주었다. 그러나 능력을 발휘해 명성을 얻는다든지 정치적인 목소리를 내는 것은 그녀가 해서는 안 될 일이었다. 그의 일기는 자신의 분노를 표출하는 공간이었다. "저녁에 의복청 일 때문에 막다와 또 다투었다. 그 일 때문에 내가 얼마나 신경을 쓰는지 모른다. 큰 소리가 오갔다. 막다는 더 많이 자제해야 한다. 이런 식은 안 된다. 이런 관계라면 나는 그녀에게 화를 낼 수밖에 없다. 화가 난 채 잠자리에 들었다.”

이번에 막다는 그가 의도한 대로 따를 생각이 없었다. 그뿐만이 아니었다. 그녀는 남편의 전제적인 태도에 화가 나서 스트라이크에 돌입했다. 그녀는 그가 “제3제국” 우상숭배의 성지인 바이로이트의 “녹색 언덕”에 위치한 오페라 하우스에 같이 가자는 것을 거부했다. 그곳은 히틀러와 그의 충복들이 매년 여름마다 순례를 하는 곳이었다. 한방 먹은 이 남편은 일기에 “상황이 매우 안 좋다”라며 참담해 했다. “그녀는 바이로이트로 같이 가지 않겠다고 한다. 나 혼자 가야 한다. 심각한 갈등이 일어났다. 막다가 변하지 않는다면 결론을 내려야 한다.” 그러나 당장의 결과는 괴벨스가 부인 없이 리하르트 바그너 축제에 참석하는 것이었다. 그가 그녀에게 대중 앞에 나서는 것을 허락하지 않는 한, 그녀는 그의 장식품에 불과한 사람으로 남을 생각이 없었기 때문이다. 그리하여 혼자 참석하게 될 이 남편은 오페라 하우스 방문객들의 조소와 악담을 듣게 될 터였다. “보스”도 그의 부인의 행방에 대해 물어봤다. “히틀러와 같이 점심을 했다. 그는 막다가 같이 오지 않은 것을 보고 놀랐다. 나는 그에게 모든 상황을 설명했다.” 변화무쌍한 3인의 윤무에서 자주 그랬듯이, 히틀러가 직접 개입을 했다. “그는 베를린에 있는 막다에게 비행기를 보내 바로 데려오도록 했다.” “총통”이 부르자 그녀는 망설이지 않았다. “그녀는 기꺼이 오겠다고 했다.” 히틀러의 부름이 틀어진 두 사람을 고분하게 만들었다. 그녀는 남편에게 그보다 더 막강한 사람이 있음을 느끼게 해 주었다. 그녀는 그 사람의 결정에 기꺼이 복종하려고 한다는 것도 느끼게 해 주었다. 그러나 괴벨스 또한 이 중재를 기꺼이 받아들였다. 괴벨스는 "그는 막다와 나 사이에 평화 분위기를 조성했다. 그는 진정한 친구다. 그러나 그는 여성들이 정치 무대에서 무언가를 추구해서는 안 된다는 내 생각이 옳다고 했다. 그러자 다시 격렬한 다툼이 벌어졌다. 호텔에 있는 것이 무척 고통스럽다. 일촉즉발의 상황이다. 그러고 나서 화해가 이루어졌다"라고 1933년 6월 22일의 상황을 기록했다. 그러면서, "그러나 원칙적으로는 용서하지 않았다"며 순순히 물러서지 않았다. 그의 부인은 그의 이런 생각을 그날 이후 분명하게 느낄 수 있었다. 요제프 괴벨스는 자신의 생각을 견지했으며, 막다를 점차 정치 무대에서 집구석으로 몰아냈다. 그녀는 무엇보다도 당의 세계상에 따라 여성에게 부여된 임무에 충실해야만 했다. 그녀는 가사를 돌보며 "총통"에게 많은 아이를 선사했다.

그러나 이러한 의무의 이행(출산)도 처음에는 문제를 야기했다. 1934년 4월 13일, 이 행복한 어머니가 두 번째 딸을 낳았을 때, 선전장관은 섭섭한 마음을 드러냈다. 이 아버지는 대를 이을 적자의 탄생을 염두에 두고 있었기 때문이다. 딸이 태어나기 며칠 전 일기에 그는 "아들이었으면" 하고 자기의 바람을 적어 놓았다. 원하던 아들을 얻지 못하게 되자 이 아버지는 부루퉁해졌다. 그러나 히틀러가 직접 방문하자 그 불편한 심기도 금방 사라졌다. 주군을 안내하면서 요제프 괴벨스는 자신의 귀여운 딸 힐데를 친절하게 소개했다. 그러나 그가 떠나기 전에 괴벨스는 산욕의 고통을 겪고 있는 부인의 귀에 속삭였다. "그러나 다음번에는 아들이어야 해!"

이번에는 막다가 남편의 지시를 따랐다. 1935년 10월 2일, 괴벨스가 바라는 세계의 모습이 다시 정상으로 돌아왔다. 너무 행복한 아버지는 일기에 "아들이다! 말로 형언할 수 없다! 기뻐서 춤을 추었다. 아들은 헬무트라 부를 것이다. 끊임없이 환호성이 나온다"라고 기록했다. 남자들의 소망이 이루어졌다. "저기 나를 닮은 내 새끼가 누워 있다. 나는 더할 나위 없이 행복하다. 너무 기뻐서 정신이 없다. 아들이다! 아들!" 시간이 흐른 뒤에야 비로소 이 엄격한 가장은 별 볼일 없는 적자보다 영리한 딸들과 더 많은 것을 시작할 수 있었다는 것을 알게 되었다. 그러고 나서 1937년 2월 19일에 홀데, 1938년 5월 5일에 헤다 그리고 1940년 10월 20일에 하이데가 태어났다. 부모의 별난 기호에 따라 모든 이름은 알파벳 H로 시작되었다. 이 사랑스런 아이들은 부모의 마음만을 기쁘게 한 것이 아니었다. 그 아이들은 괴벨스 가족이 명성을 얻게 된다는 것을 의미하기도 했다. 장관 가족은 그의 이익을 위한 선전 도구였다. 믿음이 깊고 금발의 곱슬머리를 가진 많은 아이들. 히틀러 제국의 다음 세대는 이와 같은 특성을 지녀야 했다.

영화 산업의 최고관리자였던 괴벨스가 악의적인 선전 영화 〈과거의 희생자〉에서 자신의 아이들에게 장애인과 유전병 환자들의 흉측한 모습과 대비되는 "건강한" 다음 세대 역할을 하도록 한 것은 그다운 일이었다. 삽화가 들어간 기사나 가끔 하인츠 뤼만이 연출을 맡고 있던 가정용 영화에서도 아이들은 항상 완벽한 가족의 모습을 보여 주는 보조 역할을 했다. 총 7명인 아이들 사이에서 막다 괴벨스는 국민 어머니 역할을 했다. 반제 호수의 슈바네베르더에 위치한 격조 높은 대저택, 집안 고용인들, 보유 차량, 모터보트, 요트와 자그마한 동물원은 명성과 신망을 성취한 훌륭한 가족의 본보기 모델을 완성시키는 장식물이었다. 안주인은 이런 상류사회 이미지를 관리하는 것을 그녀의 본질적인 활동 분야의 하나로 생각했다. 그녀는 정성을 다해 훌륭한 저택의 시설들을 관리했다. 거기에다가 베를린 북쪽에 위치한 보겐제 호수의 대지도 추가되었는데, 국영 영화사인 UFA가 그 확장 비용을 부담했다. 또한 선전부 근처에 위치한 국가 소유의 업무용 호화 저택도 추가되었는데, 320만 제국마르크에 달하는 값비싼 장식 비용도 국고에서 부담했다.

이 장관 부인은 자신의 이미지 관리에도 많은 공을 들였다. 그녀는 엄선된 디자이너들이 제작한 세련된 야회복을 행사에 따라, 때로는 하루에도 몇 번씩 갈아입었다. 그녀는 항상 화장을 새로 고치고 완벽한 머리모양을 유지했다. 막다 괴벨스는 외모뿐만 아니라 태도에서도 빈틈이 보이지 않도록 했다. 겉모습은 항상 깔끔하게 유지하고 있었는데, 그녀는 여기에 많은 의미를 두었다. 엄격한 자기 규율을 통해서 그녀는 자신의 감정을 제어했고, 의무를 수행함에 있어서 그녀는 자신의 일정을 엄격하게 관리했다. 그녀의 일정표는 수많은 사회적 의무와 대리 임무들로 채워져 있었는데, 그동안 아이들은 직원들의 손에 맡겨졌다.

나치 거물들의 부인들은 사교 무대에서 심한 라이벌 의식을 가지고 있었다. 특히 제국 2인자의 새 부인인 배우 에미 괴링은 막다 괴벨스와 비공식 지위인 "퍼스트레이디"를 두고 다투었다. 그러나 이 경쟁자들은 히틀러의 비밀 연인이었던 에바 브라운에 대한 반감을 똑같이 가지고 있었다. 이 부인들은 사진을 찍을 때 들러리로 나서는 젊은 금발의 여자와 사귀는 것은 격에 맞지 않는다는 생각을 숨기지 않았는데, 특히 막다 괴벨스가 그랬다.

히틀러가 이에 관해 알게 되었을 때, 그는 상당히 불쾌해하며 평소에는 존중해 주던 충복들의 부인들을 망신을 주어 혼내 주었다. 상당 기간 동안 아버지 같았던 이 친구는 막다 괴벨스와의 모든 관계를 포기했다. 물론 이유는 달랐지만, 요제프 괴벨스도 가능하면 그녀와 한자리에 있는 것을 피하기 시작했다. 1936년 5월 8일, 그는 부부싸움을 하고 나서 자신의 일기에 "나중에 막다가 왔다. 나는 바로 자리를 떴다. 그녀가 있는 한 내게는 더 이상 머물 집이 없다"라고 하소연을 했다. 그리고 이틀 뒤에 다음과 같이 덧붙였다. "집안에 분란이 그칠 날이 없다. 점점 더 참기 힘든 상황이 되어 간다. 아마도 나는 베를린으로 거처를 완전히 옮겨야 할 것 같다. 거기서 나는 적어도 평안을 얻을 수 있을 것이다.” 이 선전장관은 업무 출장을 떠나지 않을 경우에는 자신의 거처를 시내의 업무용 호화 저택으로 그리고 그 이후에는 확장 공사가 끝난 보겐제 호수 별장으로 옮겼다. 단란한 가족의 모범적인 모습이란 그저 망상에 불과했다.

이들 부부는 결혼의 성실 의무에도 거의 구속을 받지 않는 것 같았다. 특히 집안의 가장은 자기 내키는 대로 여성들과 즐기고 그들의 인정을 받는 것이 자신의 천부적인 권리라고 생각했다. 영화 배급을 주무르는 수장인 그가 출세하고 싶어서 안달이 난 젊고 재능을 갖춘 여성들의 환심을 사는 것은 전혀 어려운 일이 아니었다. 그러나 여기서 어릴 적 콤플렉스 때문에 카사노바가 되려 하는 이 사람에게 중요한 것은 혼외 관계를 갖는 것보다 오히려 카사노바 같은 인상을 퍼트리는 것이었다. 그 당시 프랑스 신문 『르 마탱*Le Matin*』지의 특파원이었던 스테판 루셀은 “베를린은 그 당시 온갖 뜬소문의 중심지였다. 이런 상황에서 우리 일은 쉽지 않았다. 정보를 수집하고 전달하는 일, 두 가지 모두 위험한 일이었다. 그러나 손에 넣기 쉬운 정보가 하나 있었는데, 그것은 여성들의 우상인 요제프 괴벨스에 관한 것으로 그와 여배우, 주로 스타 영화배우와의 스캔들에 관한 상세한 내용들이었다”라고 말하며 요제프 괴벨스의 개인 홍보에 대해 적었다. “그는 사람들이 그 일을 알고 있다는 것에 큰 의미를 두었다. 사람들은 이 여자 또는 저 여자가 키 작은 거물 괴벨스와 하룻밤을 보냈다는 사실을 알아야 했다." 베를린의 소문꾼들 사이에서는 그의 부인이 그런 일에 대해 아무것도 모르고 있다고 믿고 있었지만, 더 믿을 만한 추측은 그녀가 실제로 알고 있는 것에 대해 다른 사람들에게 내색하는 것을 싫어했다는 것이다. 유명한 바람둥이가 같이 사는 집 안에서 그 짓을 벌이더라도, 이 안주인은 우선 이 여자 불청객에게 손 하나 갖다 대지 않고 아침을 먹이고는 공손하게 그러나 확실하게 그 여자를 역으로 떠나보냈다. 부부 관계는 유지되어야 했고, 잘 지내고 있다는 이미지는 어떤 희생을 치르더라도 지켜야 했다.

막다 괴벨스도 부정한 남편에게 시기심을 불러일으키게 할 기회가 없지는 않았다. 1936년 8월에 "호의를 가진" 당 동료가 장관에게 어린 시절 장관 부인을 사모했던 쿠르트 게오르크 빌헬름 뤼데케가 그의 구역에 나타났다고 알려주었다. 그의 방문으로 인해 괴벨스 집에는 으레 그렇듯이 한바탕 난리가 났다. 괴벨스는 일기에 "밤에 막다는 뤼데케 얘기는 사실이라고 인정했다"고 불만을 터트렸다. "나는 그 때문에 매우 우울하다. 그녀는 내게 항상 진실이 아닌 말만 한다. 엄청난 신뢰의 손상이다. 모든 것이 너무 두렵다. 결코 타협 없이 삶을 영위할 수는 없다. 끔찍한 일이다! 내가 이 일에서 회복하기까지 시간이 오래 걸릴 것 같다."

신뢰의 상실에 관해서는 자신이 전문가였는데도 이 정열적인 난봉꾼은 결혼의 성실 의무를 이런 식으로 위반하는 것에 대해서는 용서하지 않았다. 괴벨스가 부인에 대해서 격앙된 감정을 쏟아내는 동안에도 자신은 다음 연애 스캔들의 상대에게 작업을 걸고 있었다. 1936년 늦여름에 이 작업꾼은 여자를 유혹하는 온갖 기술과 수단을 동원해서, 즉 장미꽃다발을 선사하거나 식사에 초대하고, 배역을 제시하거나 감언이설로 현혹하는 등의 방법을 동원해서 체코 출신의 여배우 리다 바로바의 환심을 샀다. 그러나 이번에는 그들의 관계가 예전 스캔들처럼 부수적인 은밀한 관계로 머물지는 않았다. 선전장관은 정말로 사랑에 빠졌다. 그리고 조금은 순진한 이 여배우도 이렇게 막강한 권력자의 연인이 된다는 생각에 사로잡혀 있었다. 제2의 청춘을 맞이한다는 생각에 고무된 괴벨스는 학생같이 철없는 애정행각을 벌였고, 시간이 날 때마다 이 연인을 찾았으며, 거리낌 없이 그녀와 함께 대중 앞에 모습을 드러냈다.

　결국 막다도 이 건에 대해 더 이상 못 본 척 할 수 없게 되었을 때, 우선 그녀는 피해를 최소화하는 방법을 강구했다. 후에 리다 바로바가 밝힌 것처럼, 그녀는 즉시 연적과 약속을 잡고 그녀에게 솔직하게 설명했다. "당신도 알다시피, 그이는 중요한 사람이고, 우리 두 사람을 모두 필요로 해요. 나는 자식을 가진 엄마라서 오로지 내가 사랑하는 이 집안에 대한 걱정뿐입니다. 밖에서 일어나는 일에 대해서는 관심이 없어요. 한 가지만 내게 약속해 줘요. 그이 아이는 결코 갖지 않겠다고요."

　남편에게 기만당한 이 부인에게 중요한 것은 역시 가족에 대한 이미지를 지키는 것이었다. 그래서 그녀는 우선 위험천만한 관계에 대해 제안했다. 즉, 괴벨스가 자신의 정부를 비공식적인 첩으로 둘 수 있게 하는 대신에 가족을 대내외에 알리기 위해서는 남편으로서의 신뢰를 지켜야 한다는 것이었다. 그녀의 옛 시누이였던 엘로 크반트는 막다가 "그가 정말로 사랑하는 바로바 양과의 확고한 관계가 그로 하여금 더 많은 모험, 그의 명성과 지위를 한순간에 무너트릴 수 있는 그런 모험을 못하게 막아 주고 있다"라고 말하며 이 "삼각관계"를 정당화시켰다고 밝혔다. "나는 끝까지 지켜낼 것이다. 그를 이해시킬 것이다. 아마도 나는 관용을 베풀면서 요제프를 내 곁에 붙잡아 둘 수 있을 것이다. 언젠가 바로바 양과의 관계도 끝날 것이다. 내가 지금 떠난다면, 나는 남편을 영원히 잃어버리게 될 것이다. 그러나 나중에 그런 식으로 요제프에게 대가를 치르게 할 것이다. 나이가 들면 그는 완전히 내 사람이 될 것이다." 그녀의 후원자였던 괴벨스에게 이 일은 그것으로 해결된 것처럼 보였다. 그는 일기에 부인의 고결한 통찰력에 만족해하는 심정을 적었다. 요제프 괴벨스는 1938년 8월 3일 일기에 "막다와 긴 대화를 나누었다. 그녀는 매우 사랑스럽고, 내게 호의적이다. 나도 그녀를 매우 사랑한다. 한 사람에게 완전히 속한 사람을 소유하고 있는 것은 기분 좋은 일이다"라고 기록했다. 그리고 한 주 뒤에, "이제 우리는 하나가 되었다. 영원히 그렇게 되기를 원한다"라고 적었다.

물론 이 바람은 소원에 불과했다. 당연히 이 인위적인 삼각관계는 오래 지속될 수가 없었다. 이 여배우는 괴벨스의 총애를 받는 여인으로서의 자신의 역할을 효과적으로 잘 해내고 있었다. 최근에 몇 주간 요양을 하고 돌아온 막다는 평상시처럼 침착함을 유지하는 데 무진 애를 쓰고 있었다. 나이 어린 연적에게서 받은 치욕적인 경험들 때문에 그녀가 타협을 하게 되었는지, 아니면 화해를 위한 이 대담한 시도가 결국 기만적인 술책에 불과했는지에 대해서는 시간이 흐른 이 시점에서 더 이상 제대로 규명할 수가 없다. 물론 실망한 부인은 반격을 취했다. 그녀는 이때 어떤 수단을 동원하는 것이 효과적인지 매우 잘 알고 있었으며, 적절한 우군도 찾았다. 선전부에서 괴벨스의 오른팔이었던 카를 항케가 기사도 정신을 발휘해 언짢은 경험을 한 이 장관 부인을 도왔는데, 그는 오래전부터 이 부인을 흠모하고 있었다. 이 선전부 차관은 자신이 접근할 수 있었던 편지와 일정 그리고 증언들을 통해 자기 상관의 이중생활을 입증하겠다고 나섰다. 부인은 이런 증거들로 이혼을 요구하거나 아니면 단지 위협용으로 쓸 수 있었는데, 그것이 그녀가 노리는 바였다. 이 경우에 요제프 괴벨스는 아마도 정치적으로 몰락할 수 있었을 것이다. 괴벨스는 이미 7년 전에 마치 예언처럼 "나는 막다를 적으로 만들고 싶지 않다"라고 일기에 적었다. 히틀러가 다음번에 수도 베를린으로 오자마자, 막다는 서둘러 그를 찾아가서 그녀의 결혼 생활에 끼어든 체코 여인에 대해 쓰라린 하소연을 털어놓았다. 그 때문에 이 통치자는 자신의 가신을 불러들이고는 그에게 강도 높은 훈계를 했다. 키 작은 박사는 풀이 죽은 채 그런 비난을 부인의 과도한 히스테리 증상 탓으로 몰고 또한 연애생활은 자신의 개인사라고 변호를 시도했다. 그러나 이런 시도가 최고 가정법원장인 그에게 먹혀들지는 않았다.

히틀러는 자기 측근들이 어떤 동반자와 행복하게 살고 있는지에 대해서 한 번도 관심을 가진 적이 없었다. 그러나 자기 정권의 국제적 평판에 대해서는 매우 신경을 썼다. 의아스러운 애정 관계 때문에 자신의 의무를 소홀히 하고 "바벨스베르크의 호색한"이란 나쁜 평판을 얻은 선전장관, 히틀러가 곧 공격하려고 계획 중이던 "인종적으로 열등한" 체코 출신의 정부情婦, 거짓된 이미지라고 드러난 국가사회주의의 모범 가족. 이 모든 것들은 독일의 독재자가 결코 헤드라인의 소재로 쓰이지 않기를 바라던 것이었다. 히틀러는 선전장관이 그의 정부와 결별하는 것만을 염두에 두고 있었다. 이런 점을 그는 괴벨스에게 분명하게 시사했으며, 괴벨스가 주군의 총애를 잃을 수 있다는 점도 분명하게 암시했다. 연애 게임은 끝이 났다. 힐책을 당한 그는 뜻을 알아차렸다. 괴벨스는 1938년 8월 16일 일기에 "그러고 나서 나는 그와 아주 오래 진지한 대화를 나누었다. 그녀는 나를 엄청난 충격에 빠트렸다. 그로 인해 나는 완전히 얼이 빠졌다"라고 적었다. 이런 상황에서 으레 그렇듯이, 그의 일기는 격앙된 자기 연민으로 가득 차 있었다. "삶은 이토록 가혹하고 잔인하다. 어디서 시작해야 하고, 어디서 끝내야 할까? 그러나 의무가 무엇보다 우선이다. 이런 어려운 순간에는 의무에 따라야 한다. 의무 외에는 모든 것이 덧없다. 그래서 나는 의무에 복종하려 한다. 아무런 불평 없이. 그리고 나는 아주 길고 아주 슬픈 전화 통화를 했다. 나는 가슴이 터질듯이 처참하다. 이제 새로운 삶이 시작된다. 가혹하고 잔인한, 의무만 따르는 삶이."

괴벨스가 이런 결심을 실제로 마음에 깊이 새기도록 하기 위해서 베르크호프 산장에서 다시 한 번 확실한 설교가 이루어졌다. 이 부부가 엉망이 된 관계를 이혼으로 종지부를 찍기로 합의했음에도 불구하고, 이들의 부부 관계는 산장에서 행한 히틀러의 지시에 따라 재차 회복되었다. 중재관이 두 사람에게 비록 3개월간의 유예기간을 갖도록 승인했지만, 그 기간이 지난 뒤에는 부부간의 계약에 따라 좋은 관계를 복원해야만 했다. 히틀러는 다시 관계가 회복될 것이라는 걸 의심치 않았다. 괴벨스에게는 리다 바로바와의 엄격한 접촉 금지 명령이 부과되었다. 체코 출신의 이 여배우는 얼마 뒤에 그녀의 고향으로 돌아가야만 했다. 이런 지시를 내린 사람이 자신의 보스였기 때문에, 요제프 괴벨스는 겸허히 이를 따랐다. 그럼에도 불구하고 그에게는 계속 히틀러의 산장으로의 출입이 제한되었다. 이는 괴벨스에 관한 비밀을 누설함으로써 의도적으로 갈등을 부추겼던 당 내부의 모든 경쟁자들을 만족시키기 위한 조치였다. 그 뒤로 모든 영접 행사와 회의는 요제프 괴벨스 없이 이루어졌다. 일탈 행위 때문에 그는 신뢰할 수 없는 사람이 되고 말았다.

더군다나 이 선전장관에게는 타고난 활동 영역에서 활약을 펼칠 기회가 점점 더 줄어들었다. 정권에 대한 국민들의 지지

율은 1938년에 정점에 달했다. 여론을 얻기 위한 싸움에 더 이상 힘을 쏟을 이유가 없었다. 괴벨스에게는 자신의 음험한 공격 수단을 제대로 펼칠 기회가 없어졌다. 그때 선동가로서의 명성을 다시 얻을 예기치 않은 기회가 그에게 주어졌다. 방어 능력이 없는 "적"을 공격하는 것이었다. 히틀러 정권의 공무원들은 이미 독일에 있는 유대인의 시민권을 박탈하고 추방하기 위한 사전 행정 조치를 취해서 사무실에 그 명부를 비치하고 있었다. 그러나 정작 공개적으로 실행에 옮길 좋은 빌미를 제공한 것은 한 젊은 유대인 이민자가 파리 대사관 소속 서기관에 대한 암살을 기도한 사건이었다. 반유대주의의 광기를 행함에 있어 "총통"은 자신이 전면에 나설 필요가 없는 한에는 그 행위가 급진적일수록 더 좋아한다는 사실을 괴벨스는 너무나 잘 알고 있었다. 1938년 11월 8일에 개최된 "옛 투쟁 동지"들의 연례 집회 기간 동안 파리 암살 기도로 대사관 직원이 사망했다는 소식이 공표되었을 때, 이 선전장관은 자신의 시간이 도래했다고 생각했다. 뮌헨의 구 시청사에 모인 노련한 당의 전사들 앞에서 괴벨스는 법의 보호를 더 이상 받지 못하는 소수민족에 대한 가혹한 연설을 행하며 출정을 알렸다. 홀에 있던 모든 당 간부들은 연설에 담긴 요구가 무엇인지 이해했고, 그 요구 사항을 자신들의 대관구에 전달했다. 그들은 미증유의 잔인한 방법으로 같은 국민인 유대인에 대한 광기 어린 학살을 자행했는데, 세간에서는 이 학살을 하찮은 일인 듯 대수롭지 않게 "제국 수정의 밤"이라고 불렀다. 그러나 실제로는 유리만 파손된 것이 아니었다. 이 시기에 4백 명이 넘는 사람들이 맞아 죽고, 총살당하거나 익사당했으며, 자살로 내몰렸다. 수많은 사람들이 괴롭힘을 당했으며, 학대받고 약탈당했다. 그리고 3만 명이 강제수용소로 끌려갔다. 이 선동가는 자신으로부터 야기된 이 엄청난 화禍에 대해 뿌듯해했다. 괴벨스의 일기는 갈채 일색이었다. 국민들의 분노가 자발적으로 터져 나온 것처럼 꾸미고 연출된 폭력. 그것이 그의 전매특허였다.

그간 잘 알려지지 않았던 사실은 이 사태가 벌어지기 몇 달 전에 이미 전조가 있었다는 것이다. 그것은 괴벨스의 대관구였던 베를린에서 일어난 유대인들에 대한 구타 사건으로, 그로 인해 대규모 체포 사태가 벌어졌다. 이 진압 과정에서 박해를 받은 주요 인물 중에는 막다 괴벨스의 청소년 시절에 아버지로서 후견인 역할을 하고 자신의 이름을 주었던 리하르트 프리트랜더도 있었다. 이 유대인 의붓아버지는 강제 노역을 하기 전에 베를린의 티어가르텐에 있는 한 카페에서 서빙을 보며 겨우 생계를 유지하고 있었다. 그는 1938년 6월 15일에 자신의 근무지에서 체포되어 그와 같은 처지에 놓인 다른 2천 명과 함께 바이마르 근교에 위치한 부헨발트 강제수용소로 끌려갔다. 그 이면에 깔린 냉혹한 계산은 보다 나은 환경에 있는 사람들을 수용소라는 견딜 수 없는 조건에 몰아넣어 "자발적으로" 이주를 하도록 강요하는 것이었다. 그것도 그들의 재산을 압수하는 조건하에서. 그러나 리하르트 프리트랜더에게는 더 이상 내놓을 것이 없었다. 그에게 남은 것은 죽음뿐이었다. 1939년

2월 18일, 58살의 그는 채석장에서의 고통스런 노동과 수용소에 만연된 전염병으로 인해 쓰러졌다. 쓸쓸한 죽음이었다.

막다 괴벨스가 나중에라도 의붓아버지의 죽음에 대해 알게 되었는지에 대해서는 알려진 바가 없다. 그러나 그녀가 알았다 하더라도 리하르트 프리트랜더가 목숨을 구할 수는 없었을 것이다. 유대인과 연관된 모든 것들에 대한 지독한 혐오감은 확고한 국가사회주의자인 그녀가 남편과 일치를 보는 부분이었다. "유대인 양장점에서 옷을 만들었다"는 단순한 의심조차 그녀에게는, 얼마 남지 않은 그녀의 편지 한 통에서 밝혔듯이, "불쾌하고 견딜 수 없어" 보였다. 국가적인 반유대주의를 그녀가 지지하고 있었다는 점은 의심할 여지가 없다. 반유대주의가 그녀의 의붓아버지의 목숨을 앗아갔다.

억지로 가족이 다시 결합된 뒤에 부부 사이의 관계는 점차 호전되기 시작했다. 진심에서 우러나오는 신뢰감이 다시 생기지는 않았지만, 이때부터 신뢰가 이 결혼을 지탱하는 원칙으로 간주되지도 않았다. 그러나 혼외 관계와 부부 사이의 내적인 권력 게임은 전쟁의 기운이 점점 무르익는 시대 분위기에 따라 더 이상 주목을 받지 못했다. 괴벨스는 리다 바로바와 강제로 헤어진 뒤에 "이제 청춘은 끝이 났다"라고 말했는데, 옳은 말이었다. 그러나 그에게는 아직 갚아야 할 빚이 하나 남아 있었다. 괴벨스는 일 년이나 지난 뒤에야 비로소 자신의 충실한 부하였던 항케가 자신의 부인과 내밀하게 협조하여 바로바 스캔들이라는 큰 소동을 일으킨 장본인이라는 사실을 알았다. 요제프 괴벨스는 1939년 7월 23일 일기에 분개하며 "밤마다 그녀는 내게 자신이 하고 싶은 말을 전부 퍼부었다"라고 적었다. "나는 이미 만사가 그런 식으로 진행되었다고 생각하고 있다. 항케는 1급 협잡꾼임이 드러났다. 그에게 신뢰가 가지 않는 것은 당연하다. 대가를 치르게 만들 것이다." 그리하여 신임을 잃은 이 차관은 적절한 계기에 자신의 고향인 슐레지엔의 브레스라우의 대관구장으로 좌천되었다.

제2차 세계대전이 개시되면서 선전장관은 제국 지도층 인사들 사이에서 다시 우월한 위치를 점하게 되었다. 그는 전시 상황을 결코 바라지 않았으며, 서방 강대국과 적이 되어 싸우는 것에 대해 항상 우려를 표명했다. 그러나 결국 그는 오류가 있을 수 없는 "총통"의 운명과 "신의 섭리"를 계속 믿기로 했다. 1939년 11월 8일, 슈바벤 출신의 가구 공예사인 게오르크 엘저가 직접 조립한 폭탄이 히틀러를 몇 분 사이로 놓치고 난 뒤에, 그는 이 우연을 통해 운명의 손짓을 느꼈다. 괴벨스는 그의 일기에서 히틀러에 대해 기적을 몰고 다닌다며, "그는 전지전능한 신의 보호 하에 있다"라고 적었다. "그는 자신의 사명이 완수될 때 비로소 생을 마치게 될 것이다." 이 "사명"을 위해 가신家臣 괴벨스는 자신이 효과적인 조력자임을 증명했다. 독일군이 전격전을 진행하는 동안, 그는 계속 미디어를 통해 선전전을 수행했다. 그는 사람을 현혹시키는 능력을 이용해서 적군의 이미지를 만들어 내고 복수심을 불러일으켰다. 선전장관은 그에 알맞은 사람이었다. 그는 새로운 적을 맞이하여 축복받은 "투쟁 시기"[1919-1933년간의 기간으로 나치가 권력을 얻기 위해 투쟁한 시기를 의미: 옮긴이] 때처럼 공격을 가하고, 적들의 공격에 보복을 가할 수 있었다.

이제 그의 악명 높은 인간에 대한 증오심이 새로운 자양분을 얻게 되었다. 요제프 괴벨스는 개전 후 몇 주가 지난 뒤에 "유대인 문제는 아마 가장 풀기 어려운 문제가 될 것이다"라고 자신의 일기에 고민을 털어놓았다. "이 유대인들은 더 이상 인간이 아니다. 이들은 냉정한 지성으로 무장한 맹수로, 우리는 그들을 무해한 존재로 만들어야만 한다." 1939년 11월, 점령 지역인 폴란드를 시찰하는 동안 그는 자신의 병적인 세계상을 확인하고자 했다. 그는 우치[폴란드에서 세 번째로 큰 도시로, 수도인 바르샤바 남서쪽으로 120km 지점에 위치: 옮긴이]의 독일 강제수용소에서 군대가 저지른 비참한 장면을 자신의 일기장에 마치 동물원 구경을 한 것처럼 대수롭지 않게 기록했다. "게토 지역을 가로질러 갔다. 우리는 차에서 내려 모든 상황을 자세하게 살펴보았다. 말로 표현하기 어려운 광경이었다. 이것들은 더 이상 인간이 아니다. 그들은 짐승이다. 따라서 이곳의 일은 인도적인 임무가 아니며, 외과적인 임무도 아니다. 여기서는 무조건 쳐내야 한다. 그것도 아주 단호하게." 그리고 하루 뒤에 그는 "총통"에게 열성적인 반유대주의자의 목소리로 소식을 전했다. "나는 총통께 폴란드 시찰에 대해 보고했는데, 그는 이 시찰에 대해 매우 관심을 가지고 있었다. 그는 특히 유대인 문제에 대한 내 분석에 완전히 동의하셨다. 유대인은 쓰레기다.

그들은 임상적인 문젯거리거나 사회적인 문젯거리다.” 이는 배후 살인자들이 하는 발언이었다. 그가 말로써 미리 마련했던 유대인 절멸 시스템이 실행에 옮겨졌을 때, 그는 전적으로 이에 동감을 나타냈다. 1942년 3월 27일, 그는 인간을 경시하는 표현으로써 “매우 야만적이고 상세하게 설명할 수 없는 방법들이 사용되었다. 유대인에 관한 것들이 거의 남아나지 않았다”라고 적었다. “유대인들에게 처벌이 가해졌다. 비록 야만적이긴 했지만, 당연한 처벌이었다.”

요제프 괴벨스는 자기 부인에게도 이 사정을 알렸다. 그녀는 옛 시누이였던 엘로 크반트에게 “그가 내게 말한 모든 것이 끔찍하다”라고 고백했는데, 이 시누이는 이 애기를 전쟁이 끝난 후에 다른 사람에게 밝혔다. “그가 끔찍한 애기로 나를 얼마나 괴롭히고 있는지 당신은 상상하지 못할 거예요. 나는 아무에게도 이 애기를 털어놓을 수가 없어요. 나는 어느 누구와도 애기를 해서는 안 됩니다.” 엄청나게 끔찍한 상황에 놀라기도 했지만, 막다 괴벨스도 수백만 명을 학살하는 것에 대해 거부 의사를 밝히지는 않았다. 두 사람에게는 “총통”의 과업이 그 어떤 대가를 치르더라도 가차 없이 수행되어야 함을 확실히 알고 있었다. 두 사람은 결코 이를 되돌릴 수 없으며, 문명화된 국제사회와의 연결고리가 이미 끊어졌음을 잘 알고 있었다. 그들은 자신들이 공범자이며, 이제 지도자를 중심으로 더 단결해야 한다는 사실을 알고 있었다. 요제프 괴벨스는 일기에 “총통께서 말씀하셨다. 정당한 방법이든 부정한 방법이든 간에 우리는 승리해야만 한다. 그것이 유일한 길이다"라고 자신의 신조를 밝히며, 드문 일이었지만, 이에 대한 자기 인식을 덧붙였다. "우리는 어찌 되었든 간에 많은 짓을 저질렀기 때문에 승리해야만 한다. 그렇지 않으면 우리 민족 전체가, 지도부에 있는 우리들이 우리가 사랑하는 모든 것과 함께 몰살당할 것이기 때문이다."

이런 적국의 복수를 미연에 방지하기 위해 이 부부는 이미 오래전부터 패전하는 순간 같이 죽기로 약속했는데, 요제프 괴벨스는 이 얘기를 주위에 있는 사람들에게 숨기지 않았다. 행복한 시기에는 전혀 이룰 수 없던 일이 이제 계속 심화되는 패전의 분위기 속에서 이루어졌다. 그것은 요제프와 막다 괴벨스가 운명 공동체를 이룬 것이었다. 몰락할 때까지 자신들의 신조와 정권 그리고 "총통"에 충성을 다하겠다는 광기 어린 생각에 그들은 이상하게도 일치를 보았다. 괴벨스가 1943년 2월 18일에 베를린 스포츠궁에서 행한 유명하고 악명 높은 연설을 통해서 "전면전"에 대한 자신의 확고한 생각을 국민투표를 통해 지지를 얻고자 했을 때, 그의 부인도 관중석에서 이 연설을 귀담아 듣고 있었다.

이 선동가는 1943년 3월 1일 일기에서 매우 자랑스럽게, "나는 그녀가 특히 전면전 문제에 있어 매우 확고하고 근본적인 입장을 견지하고 있어서 아주 기쁘다. 만약 모든 나치 여성들이 그녀와 같은 생각을 갖고 있다면, 분명 전면전 상황이 나아질 텐데"라고 적었다. 두 사람은 대중들에게 효과를 거두기 위해 지정된 프로그램에서 역할을 분담했다. 선전장관이 "전면전 투입을 위한 제국 전권 위임자"로서 전선에 투입할 예비군과 군 장비를 모으기 위해 온 나라를 도는 동안, 이 부인은 애국심을 대중들에게 보여 주고자 노력했다. 막다 괴벨스는 전차를 타고 텔레풍켄 사[1903년에 설립된 독일 가전회사: 옮긴이]에 군 장비를 생산하러 갔다. 그러나 그녀는 얼마 못 가 병을 얻어 그 일을 그만두었다. 그래서 그녀는 전쟁에 기여하는 방법을 집 안에서 찾았다. 희생할 준비가 되어 있다는 것을 보여 주기 위해 손님들은 생필품 구입권을 내놓고 나서야 식사에 초대를 받았다. 첫 번째 결혼에서 낳은 막다의 아들 또한 참전함으로써 가족의 명예를 드높여야 했다.

이 의붓아버지는 1941년 8월 19일 일기에 "총통께서는 하랄트가 크레타 전투에서 훌륭하게 싸우고 자신의 능력을 보여 준 것에 대해 매우 흡족해 하셨다. 그렇게 해야 국민들에게 계속 값비싼 희생을 감내하라고 요구할 수 있다. 국민들은 지도부가 이 희생에 동참했다는 것을 알아야 한다"라고 아주 자랑스럽게 기록했다. 하랄트가 심신을 지치게 만드는 전선을 경험한 뒤, 자신의 영웅 역할을 잠시 내려놓고 뮌헨 군병원에서 감기 치료를 받고 있을 때, 그는 부모로부터 혹독한 비난을 받았다. "나는 그에게 가능한 빨리 원기를 회복해서 부대로 복귀하라고 요구했다. 더욱이 막다는 월요일에 뮌헨을 방문해서 그를 다독여 줄 것이다." 이런 질책이 효과를 발휘했다. 하랄트는 이탈리아에 있는 자신의 부대로 복귀해서 1944년 9월에 치열한 전투를 치른 뒤, 부상을 입고 영국군의 포로가 되었다. 그의 부모도 냉정한 시각에서 이 전쟁에서 이길 가망이 없음을 알고 있었다. 괴벨스는 이미 1944년 중반에 적은 일기에서, 당황스러워 하며, "결국에는 전선 어딘가를 지켜내는 일이 가능할 수도 있을 것이다"라고 적었다. "계속 이런 식으로 가다가는 소련군이 곧 동프로이센 국경 코앞으로 진군해 올 것이다. 총통께서 이를 막을 수 있을지 나는 의구심이 든다."

군 통수권자는 퇴각을 거듭했다. 이로써 선전장관의 모병 활동은 중요성을 더해갔다. 선전장관은 수많은 연설을 통해서 사수 의지를 설파했고, 군수 노동자들에게 생산을 독려했다. 그는 폐허가 된 시설 앞에서 방공 업무를 도운 사람들에게 훈장을 수여하고 폭격당한 사람들에게 특별 식량을 공급했다. 그는 신무기에 대해 언급하거나 전쟁에 전환점이 있을 것이라는 암시를 줌으로써 기적에 대한 잘못된 믿음을 갖도록 부추겼다. 그는 자신이 베를린의 방어자임을 보여 주기 위해 나치식 인사로써 오른팔을 치켜들고 대전차 로켓포로 무장한 미성년자와 고령자들을 사열했다. 몰락의 순간은 이렇게 선전선동가에게 예기치 않은 출세를 경험하게 해 주었다. 그러나 그는 단지 점점 더 현실과 멀어지고 있는 광기 어린 세상의 관리자에 불과했다.

폭격을 피해 아이들과 보겐제 호수의 별장으로 피난을 간 그의 부인도 이 상황을 억지로 웃으며 견뎌내고 있었다. 그녀는 겉으로는 의무에 충실한 애국자로 보이기 위해 무진 애를 쓰고 있었다. 그러나 드레스덴의 요양소 "하얀 사슴"에서 몇 주간, 때로는 몇 달간 머물면서 치료한 수많은 질병들이 그녀가 내면 깊은 곳에서부터 무너지고 있음을 여실히 보여 주었다. 괴벨스 가족은 마지막 순간에도 이상화된 그들의 우상에게 충성을 보여 주기 위해, 다른 대부분의 충신들이 수도 베를린을 떠난 것과는 달리, 제국수상청사의 지하 벙커로 옮기겠다는 결심을 알렸다. 그들은 이런 결심이 어떤 결과를 가져올지에 대해서 결코 숨기지 않았다. 가족이 1945년 4월 22일에 지하 벙커로 옮겼을 때, 막다는 "이제 우리 모두는 독약으로 목숨을 끊어야 한다"라고 솔직하게 말했다. 아무도 그들이 총통 벙커에서 살아 나갈 수 있을 것이라고는 생각하지 않았다.

개인적으로 막다 괴벨스는 죽음을 별로 두렵게 생각하지 않았다. 그녀가 가지고 있던 불교 세계관대로, 그녀는 죽음이 또 다른 삶으로 향하는 문을 열어 준다고 믿고 있었다. 이복동생인 아리아네 리첼이 묘사한 바에 따르면, 언젠가 그녀가 아버지와 함께 카프리 섬으로 소풍을 가서 깎아지른 듯한 절벽 가장자리에 서게 되었을 때, 그녀는 아버지에게 "보세요, 아버지. 이 모습이 내 인생 같아요. 나는 맨 꼭대기에 올라가게 되면, 밑으로 떨어져 더 이상 존재하고 싶지 않아요. 그렇게 되면 내가 원하는 모든 것을 가지게 될 테니까요!"라고 외쳤다고 한다. 그리고 이제 몇 미터 두께의 시멘트 아래 벙커에서 그녀는 자기 인생의 절정에 도달했다고 믿었다. "총통"은 자살하기 전에 작별 선물로 그의 충성스런 추종자들에게 금장 당 배지를 나눠 주었다. 그들에게만 이 의아스러운 명예가 주어졌다. 평소 같으면 자제심이 많은 막다도 감격에 겨워 눈물을 흘렸다고 한다.

이 순간은 그녀의 남편에게도 눈물이 나도록 기쁜 순간이었다. 왜냐하면 작별을 고한 이 독재자가 그를 이 영락한 제국의 수상으로 지명하면서 자신의 후계자로 삼았기 때문이다. 그러나 요제프 괴벨스는 패전 후 유산 관리인으로서 자신의 목숨을 연장할 생각이 전혀 없었다. 그러므로 그는 유지를 충실하게 받들겠다는 생각을 내비치지 않았을 것이다! "총통"이 죽으면서 남긴 유지는 그에게 구속력이 없었다. 괴벨스는 유언장의 추신을 통해 자살로써 자신의 책임감에서 벗어나려는 의도를 "내 생애 처음으로 총통의 명령 수행을 무조건적으로 거부해야만 했다"라고 해명했다. "내 아내와 자식들은 이 항명 행위에 찬성했다."

아이들은 아무 질문도 받지 않았다. 아이들은 부모가 이미 오래전부터 자신들을 죽음으로 내몰기로 했다고는 꿈에도 생각하지 않았다. 대신 아이들은 "총통 삼촌" 곁에서 매우 재미나고 모험으로 가득 찬 휴가를 갖는 중이라고 생각하고 있었다. 적어도 어린 여섯 아이들만이라도 전투가 치열한 제국 수도 베를린에서 다치지 않게 빼내려는 지인들이나 직원들 그리고 간부들의 온갖 노력은 아이 부모의 반대에 부딪혀 실패했다. 이들은 자신이 가진 모든 것을 무덤으로 가져가려고 했다.

요제프와 막다 괴벨스, 그들의 존재는 자신들이 몸을 바치고 많은 덕을 보았던 정권의 존재와 불가분하게 연결되어 있었다. 그들은 히틀러가 죽은 세상에서, 범죄의 공범이자 관여자로서 책임을 추궁 받게 될 그 세상에서 삶을 유지할 의사가 없었다.

그러나 부모는 왜 전前세대가 저지른 죄로부터 자유로운 이 아이들을 같이 죽음으로 내몰았을까? 나중에 소련 조사관이 전한 얘기에 따르면, 막다 괴벨스가 벙커에서 다른 부인에게 "나는 제3제국을 위해 자식들을 낳았다. 아이들은 제3제국에서 살아야 한다. 만약 제3제국이 더 이상 존재하지 않는다면, 그들 또한 더 이상 삶을 지속해서는 안 된다"라고 말했다고 한다. 옛 시누이였던 사람의 진술에 의하면, 막다가 그녀에게 비슷한 말로 해명을 했다. "우리는 아이들을 데려갈 것이다. 왜냐하면 아이들은 다가올 세상에서 살기에는 너무 예쁘고 착하기 때문이다. 다가올 세상에서 요제프는 독일이 이때까지 배출한 최악의 범죄자 중 하나로 취급당할 것이다. 아이들은 매일 그 얘기를 들어야만 할 것이다. 사람들이 아이들을 괴롭히고 멸시하고 창피를 줄 것이다. 아이들은 아버지가 저지른 모든 일을 짊어지고 살아가야 할 것이다. 그리고 그들에게 보복할 것이다…." 아이들을 보호하기 위해 죽인다? 실제로 이 이기적인 동기가 일을 저지르는 상당한 원동력으로 작용했을 것이다. 이 부모는 가족을 전부 없애버림으로써 자신들의 이야기를 지켜 내고자 했다. 자식들이 계속 생존함으로써 자신들의 허위로 가득 찬 삶이 드러나는 것을 아마도 그들은 참아내기 어려웠을 것이다.

1945년 5월 1일, 막다 괴벨스는 잠들어 있는 자신의 여섯 아이들을 청산가리 앰플로 독살했다. 그런 다음 자신도 남편과 함께 자살했다. 결국 마지막에는 맹목적인 광신주의밖에 남지 않았던 파란만장한 운명 공동체의 비참한 종착점이었다.

옮긴이의 글

　요즘 같은 디지털 시대에도 아날로그적인 사랑에 관한 얘기들이 대중의 시선을 사로잡는다. 세상이 각박해지고 메말라갈수록 사람들은 작은 사랑 이야기와 훈훈한 미담에 자신의 마음을 정화한다. 그것이 한순간에 불과할 지라도.

　사랑의 방식에는 차이가 있겠지만 그 근본은 의사소통이 아닐까 생각한다. 또한 사랑이 의사소통이라면 상호 간에 통하는 그들만의 코드가 있을 것이다. 하지만 그 코드라는 것이 너무도 다양해서 이를 찾기가 무척 힘들다. 하지만 그 작은 가능성에도 사람들은 계속해서 소통을 시도한다. 그래야 하기에.

　사랑에만 의사소통이 필요한 것은 아닐 것이다. 사람들 사는 세상의 모든 것이 의사소통을 통해 굴러간다. 너무나 획일화된 의사소통은 강요를 불러오고 패거리를 만들어 낸다. 다른 소통의 가능성에 대한 인정이 우리 사회를 더욱 풍요롭고 다양하게 만들 것이다.

나와 코드가 맞는, 의사소통이 되는 사람들이 내 주위에 있는 것만으로도 나는 눈물겹게 고맙다. 나를 이해하고 참아주는 가족과 친구들이 있어 나는 행복하다. 곁에서 지켜보기만 해도 든든한 그들이 있어 나의 삶은 언제나 충분한 자양분을 공급받고 있다.

세상 사람들과의 또 다른 의사소통 수단으로 시작한 번역 작업이 네 번째 결과물을 냈다. 묵묵히 이 작업을 뒷받침해준 동호에게 다시 한 번 감사의 말을 전한다.